EMPREENDEDRON

SEÑOR HORNERO

ÍNDICE

EMPREENDEDRON

Introdução _ _

Bem-vindo ao livro mestre para iniciar um negócio com drones.

neste setor, este é o livro onde poderá começar e guiar-se pelas diferentes variantes possíveis que existem, bem como seguir uma série de passos para começar firme no setor ... pensando sempre no longo prazo.

O motivo do meu primeiro livro foi iniciar uma conscientização geral e acabar, de uma vez por todas, com a ilegalidade que envolve todos os países quando se trata de pilotos sem licença de operador de drone. É por isso que depois de lançar os alicerces de ser uma pessoa legal, segura e profissional, devemos lançar os alicerces de como prestar um bom serviço.

Criar uma empresa de drones não é simplesmente colocar dinheiro na mesa, comprar o que há de melhor ou em grande quantidade e se lançar no mercado, é criar relacionamentos interpessoais, é conhecer as necessidades do mercado, mas acima de tudo, trata-se de prestar um bom serviço e estar a serviço do cliente.

Você não deve ir com idéias de arrogância ou de chamar a

atenção em qualquer trabalho , não deve pensar que um é melhor que outro, você tem que pensar em trabalhar duro, de baixo para cima e crescer de baixo para cima. Dia após dia , aprender com os erros, porque se não aprendermos com os erros e não prestarmos um bom serviço, eles serão apenas pessoas engenhosas , mas não engenhosas.

O formato do próximo livro é diferente dos anteriores publicados, pois ao desenvolver diferentes temas e com muito desenvolvimento dos mesmos, optou-se por dividir o livro em 4 categorias .

NEGÓCIOS

AUDIOVISUAL

INDUSTRIAL

AGRICULTURA

A intenção é começar pela parte de Negócios para saber como iniciar um programa de drones próprios e ter todas as ferramentas necessárias em termos de negócios para trabalhar com essas equipes; para depois procurar a especialização que nos interessa e estudá-la em detalhe.

Claro que haverá seções mais desenvolvidas do que outras, devido ao contexto atual em que algumas áreas se desenvolveram mais rapidamente do que outras, ou simplesmente apresentam maior diversidade de temas a serem tratados.

" A melhor semeadura é a honestidade "

NEGÓCIOS

Alguns ótimos truques para alavancar seu negócio de drones

Você está planejando mudar seu trabalho tradicional para uma vida em drones ? Você tem dúvidas por não ter fundos ? Se assim for , temos boas notícias para você. Você PODE construir um negócio de drones de sucesso com um orçamento apertado. Aqui estão alguns truques para ajudá-lo a iniciar seu negócio de drones com pouco dinheiro.

coloque sua papelada em ordem

O primeiro passo para se tornar um piloto de drone é realmente óbvio: obtenha suas licenças de piloto de drone necessárias para operar em seu país , bem como obter seguro de aviação contra terceiros e também registrar seus drones perante a entidade aeronáutica , desta forma eles serão responsáveis para as operações aéreas de suas equipes.

Em seguida , é aconselhável formar uma Sociedade de Responsabilidade Limitada (LLC) sob a qual você pode operar seu negócio de drones . Ter uma identidade corporativa separada e definida permite que você mantenha seus ativos e passivos pessoais separados de seus ativos e passivos corporativos. Se você tem experiência financeira, certamente pode considerar fazer a papelada da LLC por conta própria.

Como etapa final, você precisará configurar uma conta com um processador de pagamento adequado. Veja quais ferramentas financeiras e de cobrança estão se tornando a escolha popular devido a uma ampla gama de ofertas de serviços e excelente compatibilidade de hardware . O registro deve ser gratuito e as taxas de transação devem ser bastante competitivas.

<u>Construa seu conjunto de habilidades de drone</u>

Aproveite um recurso como a Hornero School para aprender os diferentes aspectos do negócio de drones. Ao se tornar um membro da Hornero School, você pode aprender sobre regras e regulamentos, superar desafios operacionais e aprender sobre o negócio de drones em geral com vários especialistas do setor. Este conteúdo o ajudará a fornecer serviços de valor agregado que o diferenciarão em um mercado competitivo.

<u>Comece com kits de drones de baixo custo</u>

As pessoas que se aventuram no negócio de drones muitas vezes têm o equívoco de que não podem construir um negócio sustentável se se contentarem com algo menos do que a linha Inspire . No entanto, em vez de gastar milhares de dólares em um Inspire , considere a linha Mavic mais acessível . Também a linha Phantom permite gravar em 4k a 60 fps. O sensor de imagem aprimorado junto com recursos respeitáveis de controle de vento agregam mais credibilidade ao nosso negócio .

Claro, a câmera do Phantom não pode gravar em um raio de

360 graus como o Inspire. No entanto, você pode fortalecer suas habilidades de vôo gravando com um Phantom. Algumas das empresas mais bem-sucedidas são construídas por aqueles que começaram com um drone menor e depois passaram para um drone maior e mais caro . Em vez de comprar equipamentos mais caros , você pode começar de baixo para cima e crescer de baixo para cima.

Invista em seguro para drones

Os incidentes com drones já são norma, infelizmente por falta de legalidade e prática daqueles pilotos que descumprem a lei ou mesmo dos certificados pela entidade aeronáutica mas que mentem nos seus manuais de operações. Isso destaca a importância de ter seguro de aviação contra terceiros.

O seguro de responsabilidade civil é a principal forma de seguro. Cobre possíveis danos corporais e materiais causados pelo drone .

O seguro do casco cobre danos ao seu drone. Se o dano for mínimo , o seu fornecedor pagará pelos reparos. Se o dano for extenso, você poderá reivindicar o valor de substituição. O seguro de carga útil cobre equipamentos caros conectados ao seu drone. O seguro de equipamentos terrestres cobre equipamentos adicionais, como laptops , controles remotos e sensores.

Dependendo do seu histórico de voo, você terá diferentes preços que poderá acessar para suas aves , porém, apesar das facilidades e preços acessíveis que existem no mercado de seguros de drones, as estatísticas mostram que apenas 19% dos pilotos de drones possuem seguro de drones . Uma pena .

Como construir um negócio de drones de sucesso

3 dicas para transformar com sucesso sua paixão em lucro.

Iniciando seu negócio de drones

investimento mínimo de capital enquanto você aprende a administrar o negócio.

O primeiro passo para construir um negócio de drones de sucesso é óbvio: obtenha suas licenças aeronáuticas do país onde deseja realizar suas atividades aéreas .

É uma boa ideia formar uma Sociedade de Responsabilidade Limitada (LLC) para operar seu negócio de drones.

É uma boa ideia ter uma identidade corporativa separada. Fazer isso separa claramente seus ativos e passivos pessoais de seus ativos e passivos corporativos.

Comprar um drone usado é outra opção para controlar seu investimento inicial. No entanto, você deve estar ciente dos vários riscos que acompanham a compra de um drone usado. Nunca compre em páginas de lojas virtuais.

Sempre compre um drone usado depois de fazer sua devida diligência.

Não se esqueça de verificar se há sinais de estresse, como rachaduras e descoloração. Você também vai querer baterias que estejam em boas condições de funcionamento. Baterias que foram recarregadas 40 vezes ou mais provavelmente não duram muito . Você sabia que também pode aprender sobre a quilometragem do drone a partir de seus registros de voo ?

Depois de obter a certificação e comprar seu drone, é importante se educar continuamente. Continue fortalecendo seu conjunto de habilidades. Os cursos Hornero Podcast e Hornero School são uma ótima maneira de fazer isso. Desenvolver seu conjunto de habilidades resultará em maior criatividade.

Por exemplo, é difícil aprender bons movimentos de planagem e ótimas fotos cinematográficas se você estiver voando no modo GPS . Assim, você tem a oportunidade de construir um negócio sustentável com um drone básico como os da linha Mavic .

Sempre procure maneiras de fornecer mais valor.

Fornecer maior valor por meio de vendas adicionais é uma ótima maneira de se destacar da multidão. C omo você pode diferenciar seus serviços em um mercado competitivo ?

Vamos falar sobre imóveis . É um negócio cruel em que os pilotos estão dispostos a fornecer imagens de vídeo por menos de US$ 500 por casa. Você precisa ser criativo neste cenário. Por exemplo, você pode criar hiperlapses aéreos impressionantes que podem mostrar a propriedade sendo construída do zero até a conclusão .

Você também pode voar dentro de casa, para capturar o interior de uma propriedade. O uso do drone fornecerá imagens fluidas e você poderá capturar todo o comprimento e largura da sala. Outra maneira de impressionar é usar uma solução de iluminação portátil para iluminar uma casa de maneira fácil, profissional e uniforme .

Criar uma página do YouTube para o seu cliente é outra ótima maneira de agregar valor . Se o seu cliente não se sente confortável com a tecnologia , essa ideia certamente impressionará .

Adicionar metadados às suas imagens de drone é outra maneira de se diferenciar . Isso oferece resultados de pesquisa otimizados no Google e, assim, garante maior visibilidade para o seu cliente. Os metadados são dados de segundo plano que informam sobre o que é a sua filmagem . Quando foi gravado ? Quem tirou a foto? De quem são os direitos autorais da foto ? E muito, muito mais . Assim, se alguém compartilhar a foto do seu cliente no Facebook, por exemplo, ter metadados incorporados resultará , a longo prazo, em visualizações mais altas e, portanto, em mais engajamento .

ideia para entregar imagens nítidas ao seu cliente? Grave em 4K e entregue seu conteúdo em 1080. Isso resultará em imagens superiores aos seus pares.

Embora obter imagens em 4K seja simplesmente uma questão de clicar em um botão em seu drone, você descobrirá que seu cliente geralmente está disposto a pagar mais por isso . Portanto, fornecer imagens 4K como um upsell é uma maneira inteligente de obter mais lucro .

Abrace as novas tecnologias.

Estar na vanguarda da tecnologia é uma maneira infalível de se manter competitivo. Por exemplo, você precisa mapear uma grande faixa de terra com folhagem densa? O uso da fotogrametria é uma opção ineficiente e incômoda. Você pode ter que recorrer ao LiDAR neste caso.

O LiDAR pode cortar a folhagem para gerar um mapa ou modelo exato da topografia da Terra . Por não precisar cruzar fotos , essa tecnologia é extremamente rápida e ideal para trabalhar com grandes extensões de terreno. Como os sistemas de drones LiDAR mais baratos custam milhares de dólares, há menos jogadores neste domínio. Se for comercializado corretamente e você souber o que está fazendo , o uso de LiDAR pode render alguns retornos consideráveis.

Da mesma forma, se você deseja trabalhar em setores com altos salários, como petróleo , gás ou mineração, precisará optar por um sistema de drone de imagem térmica . Um sistema de drone de última geração como a linha Matrice junto com o Zenmuse térmico custará aproximadamente US $ 20.000 . Uma maior barreira à entrada significa menos jogadores e, portanto, melhor remuneração.

CONCLUSÃO

abordagem sistemática pode garantir o sucesso em um mercado lotado e competitivo. Ao se aventurar neste espaço, você pode empregar os vários truques que discutimos para manter seu investimento inicial no mínimo . Desenvolver seu conjunto de habilidades é o próximo passo. Depois de desenvolver seu conjunto de habilidades, você pode encontrar maneiras inovadoras de fornecer maior valor à sua clientela.

É importante investir em uma tecnologia melhor depois de construir uma clientela estável. Isso o colocará em posição de aceitar empregos altamente qualificados e mais lucrativos. Voe seguro! E não hesite em se conectar conosco.

Cinco coisas que ajudarão você a construir um negócio bem-sucedido de drones

1. Modo de atitude é tudo

Não estamos falando apenas de voar no modo Atti. Uma atitude positiva e empreendedora é fundamental para quem quer iniciar qualquer negócio, muito menos um tão dinâmico quanto o dos drones. Então, acredite em você e vá em frente. É importante sair da zona de conforto e correr riscos. Se você não correr riscos, não terá sucesso .

O hardware e o software estão em constante evolução e é importante que um piloto de drone fique por dentro de tudo. Para isso, você precisa cultivar uma mente aberta, capaz de aprender e abraçar novas tecnologias . Crie sistemas e processos que irão ajudá-lo a criar um fluxo de trabalho mais eficiente .

Você também precisa cultivar relacionamentos interpessoais. As pessoas que trabalham como engenheiros ou contadores podem não estar acostumadas a conversar com os clientes e a fazer chover na sua empresa. Para essas pessoas, o networking e a venda de serviços podem ser um desafio . Mas certamente não é intransponível.

Recursos para ajudá-lo a administrar seu negócio de drones:

- Google Calendar: Para organizar não só o seu trabalho, mas reuniões, tarefas administrativas e tarefas de edição .
- Google Drive: para gerenciar seus arquivos e compartilhá-los com facilidade e rapidez .
- Facebook Ads: Para alcançar os clientes certos.
- PREVISÃO UAV: Para poder analisar em profundidade o clima do local de trabalho.

2. Use o equipamento certo

Faça a manutenção adequada do seu drone e certifique- se de que está em perfeitas condições de funcionamento. Algumas etapas simples de bom senso podem ajudá-lo a fazer isso. Por exemplo, o uso de almofadas de liberação evitará o acúmulo de sujeira na lente da câmera . Usar o filtro ND correto durante o dia ajudará a melhorar a filmagem do drone. Certifique -se de usar os cartões SD corretos.

Busque redundância máxima enquanto estiver no ar. Por exemplo, carregar um drone reserva é sempre uma boa ideia. Você também deve trazer controles remotos de reserva, baterias de reserva e acessórios .

Outra dica de manutenção: nunca abuse dos acessórios do drone. Troque seus acessórios após 10 horas de voo.

3. Não acredite em tudo que as pessoas dizem

Nunca sucumba ao hype. Quando um novo drone ou câmera for lançado , ignore as notícias e espere a poeira baixar antes de dar uma olhada completa e tranquila no equipamento. Afinal , você não quer ser o cara que tem que resolver problemas.

Dica profissional: não faça uma atualização de firmware apenas por diversão . Primeiro, entenda o que a atualização do firmware faz. Seu drone não cairá do ar se você optar por não instalar uma atualização de firmware .

4. O marketing é fundamental

Existem duas estratégias de marketing que você pode empregar: marketing interpessoal e marketing digital. Nesta era digital, a importância do marketing interpessoal não pode ser prejudicada. Construir relacionamentos ainda é a melhor forma de conquistar novos clientes e construir um negócio sustentável. E ter uma forte presença online funcionará como um catalisador para seus esforços .

Manter seu funil de vendas completo é fundamental para um negócio de drones devido à sua natureza cíclica . Se você está apenas entrando no negócio de drones, pode ter trabalho suficiente para talvez 6 meses em um ano . Mas ao construir relacionamentos, você também pode encontrar maneiras de se manter ocupado durante os períodos de escassez . Por exemplo, você pode fotografar eventos de snowboard no inverno. Ou talvez gravar no exterior ou simplesmente em outros lugares do seu país .

De um modo geral , os clientes podem ser divididos em quatro quadrantes:

1. Baixo lucro, baixa manutenção
2. Baixo lucro, alta manutenção
3. Alto lucro, alta manutenção
4. Alto lucro, baixa manutenção

Clientes de baixo lucro e alta manutenção são definitivamente aqueles que você deseja evitar. Você provavelmente vai acabar perdendo dinheiro aqui . Estes são os clientes extremamente exigentes que pagarão mal e farão com que seus níveis de estresse disparem . Fornecer seu serviço a clientes de alto lucro e baixa manutenção é a melhor alternativa para você.

5. Negocie com os clientes

Seja no seu negócio de drones ou na vida em geral, cultivar fortes habilidades de negociação pode ajudá-lo tremendamente. Para pessoas que estão entrando no negócio de drones, recomendamos primeiro praticar suas habilidades de negociação em um cenário de baixo risco. Por exemplo, você pode tentar convencer seus amigos a irem ao restaurante de sua preferência. Ou talvez você negocie e convença seu cônjuge a assistir a um filme de que você goste (um cenário de alto risco, alguns podem dizer).
Outro fator importante que pode virar uma negociação a seu favor é ter um BATNA forte. O MAAN é uma " melhor alternativa a um acordo negociado " . Portanto, se, como piloto de drone, você tiver fortes opções para recorrer, isso automaticamente o tornará mais assertivo durante as negociações. Lembre-se, porém: a empatia sempre precede a afirmação . Mesmo se você for um piloto de drone sob demanda, seja sempre compreensivo com seus clientes. Ser desrespeitoso e arrogante significa que você vai queimar suas

pontes com um cliente em potencial. Você não quer fazer isso. você ?

Para ter um BATNA forte , você precisa garantir que seu funil de vendas esteja sempre cheio. Isso só é possível se você trabalhar em seu marketing .

Ao lidar com clientes, seja sempre claro sobre os pagamentos. Recomendamos solicitar 50% adiantado antes de iniciar um trabalho. Se o seu cliente for genuíno , não há razão , ele não concordaria com isso.

Dica PRO: Um mau negócio é pior do que nenhum acordo.

Como entrar e encontrar oportunidades lucrativas na indústria de drones

C omo entrar na indústria de drones

De um modo geral , os trabalhos com drones se enquadram em duas categorias :

- Volume alto e margem baixa
- Baixo volume e alta margem

Há muitas pessoas que adotam a abordagem baseada em volume e são capazes de ganhar a vida. No entanto, este é um trabalho muito mais difícil . Claro. Se você é um novo participante na indústria de drones, DEVE mirar na fruta discreta. Para iniciantes, aceitar trabalhos imobiliários fáceis é uma ótima maneira de aprender os processos do setor e fortalecer os conjuntos de habilidades.

No entanto, trate isso como um trampolim para um trabalho maior , melhor e com mais valor agregado . Considere isto. Por que ganhar $ 25 por hora quando você tem a oportunidade de ganhar $ 350 por hora?

É aconselhável trabalhar como piloto de drones para uma empresa ou como contratado?

Os sites têm uma tonelada de empregos imobiliários simples. Embora você possa obter um fluxo constante de trabalho, não poderá ganhar muito dinheiro fazendo esses trabalhos. Essas empresas/sites estão protegendo suas próprias margens . E o descompasso entre oferta e demanda também é bastante distorcido a favor dessas organizações. É fácil para eles encontrar pessoas dispostas a assumir esses empregos de baixa remuneração.

Além disso , eles têm contratos rígidos em vigor . Por exemplo, os pilotos geralmente são proibidos de dar seus cartões de visita a empresas enquanto trabalham como vendedores. No entanto, assim que o trabalho estiver concluído, você PODE entrar em contato com esses clientes.

Empresas e corporações estão contratando pilotos de drones por apenas US$ 35.000 por ano. Na melhor das hipóteses, você deve tratar esta fase de sua carreira como um estágio remunerado, um trampolim para coisas maiores e melhores .

Portanto, embora você possa considerar trabalhar para uma empresa ou como contratado inicialmente, seria sensato criar seu próprio negócio independente de drones. Você deve ser mais do que "apenas um piloto de drone" para administrar um negócio de drones de sucesso. Você precisa ter as habilidades para voar com mau tempo. Você deve ser capaz de lidar com quaisquer problemas de manutenção. Lembre-se: bons pilotos têm um sistema e o seguem até o fim .

Como ganhar mais dinheiro com seu drone

Numa fase posterior, depois de ter desenvolvido o seu conjunto de habilidades, seria útil categorizar os tipos de trabalho da seguinte forma:

- Trabalhos de alta manutenção e alta margem
- Trabalhos de alta manutenção e baixa margem
- Trabalhos de baixa manutenção e alta margem
- Baixa manutenção, trabalhos de baixa margem

Portanto, você normalmente começaria com um trabalho de baixa manutenção e margem baixa. Como tirar fotos para agentes imobiliários . Ou talvez uma sessão de casamento. O tipo de trabalho mais lucrativo ? Baixa manutenção, trabalhos de alta margem. Você deve ser um piloto extremamente bom para assumir esses trabalhos. Esses são os trabalhos que podem ser executados em equipamentos básicos e pagam muito bem. Por exemplo, inspeções de linhas de energia . Um drone da linha Phantom é suficiente para este trabalho. E você terá que comprar um espectrômetro. Mas quando você considera o ROI, é uma proposta extremamente atraente. Tenha em mente que as inspeções de linhas de energia são incrivelmente difíceis . E se você estiver errado, as repercussões são enormes.

Quais são alguns dos outros trabalhos lucrativos com drones ? Filmar esportes de ação também lhe pagará muito bem . Da mesma forma, hotéis e resorts de luxo também podem ser um mercado lucrativo. Se você ficar em cidades com muito vento, pode ter um parque eólico por perto. As inspeções de moinhos de vento são outro segmento que você pode querer considerar. Normalmente você pode ganhar US$ 350 - U$S 400 por inspeção .

Você precisa de equipamentos de alta qualidade para executar trabalhos de alta margem e alta manutenção. Portanto, se você precisar mapear grandes extensões de terra, talvez seja necessário optar por um drone de asa fixa equipado com LiDAR. O equipamento de nível básico para esses trabalhos custará US $ 25 mil a US $ 30 mil. E bem, o céu é o limite .

conclusão _ _

Você certamente pode ganhar a vida como piloto de drone. Mas você precisa criar estratégias e canalizar suas energias nas direções certas. Sempre aponte para os trabalhos difíceis que exigem mais criatividade e um conjunto de habilidades mais alto. Depois de desenvolver seu conjunto de habilidades, confie em sua capacidade e no valor que você oferece. E aprenda a articular sua proposta de valor para seus clientes atuais e potenciais.

3 dicas importantes para divulgar seu negócio de drones

ALGUNS PONTOS SOBRE MARKETING PARA EMPREENDEDORES DE DRONE

Sejamos honestos: começar um negócio de drones é um trabalho árduo. Envolve treinamento sem fim, uma boa quantia em dinheiro e um amor louco por UAVs até mesmo para considerar viver a vida do drone .

Claro, quando você chegar lá , vale a pena.

Uma das partes mais difíceis dos estágios iniciais do empreendedorismo de drones é fazer com que as pessoas se importem com seus serviços . Se você passou ou está iniciando um negócio de drones, pode estar se perguntando como conseguir clientes. Afinal , você provavelmente tem o equipamento certo e algumas habilidades de voo sólidas, então tudo o que você realmente precisa é da base de clientes para oferecer seus serviços de drone .

Para se beneficiar dos drones, você precisará saber como começar a comercializar seu negócio de drones. Pode ser difícil fazer a bola rolar, mas aqui estão algumas dicas sobre como conseguir os clientes certos para ajudá-lo a ganhar dinheiro voando drones.

Encontre as pessoas que precisam de imagens de drones

Para começar a ganhar dinheiro com suas habilidades de drone, você precisa saber exatamente para quem deseja comercializar essas habilidades. Essas, é claro, têm que ser pessoas que precisam da incrível cinematografia aérea que você é capaz de produzir. Embora seja bem conhecido que imóveis , agricultura e até agências governamentais precisam urgentemente de imagens aéreas , existem infinitas oportunidades para outros trabalhos de drones.

Pense nas suas habilidades e em quem pode se beneficiar delas. Considere quais tipos de proprietários de empresas podem usar seu serviço de drone e descubra como encontrá-los. Se você está tentando conseguir empregos de drones em concessionárias de automóveis, por exemplo, encontre a maior lista de concessionárias de automóveis possível. Isso fornecerá um bom ponto de partida para planejar sua estratégia de marketing.

Descubra como (e onde) alcançá-los

Para começar a vender seus serviços, você precisará entrar em contato com seus alvos. Você terá que mostrar a eles que suas habilidades com drones podem realmente aumentar seus negócios.

Muito provavelmente , você precisará atingir seus clientes potenciais por meio de uma combinação de técnicas de marketing online e offline . Isso significa que ir de porta em porta e fazer ligações não solicitadas é tão importante quanto criar um site e postar vídeos no YouTube. Quanto mais exposição você conseguir, mais ampla será sua base de clientes em potencial . Participe de eventos de networking nos quais seus clientes-alvo provavelmente participarão e use metadados e hashtags para garantir que seus vídeos de drones sejam vistos pelas pessoas certas.

Aja como um profissional

Depois de começar a conseguir empregos e vender seus serviços de drones, é importante que você conclua os trabalhos da maneira mais profissional possível. Afinal , seus clientes querem ter certeza de que estão investindo seu próprio dinheiro em um negócio legítimo de drones . Uma atitude profissional não apenas deixará seu cliente feliz, mas também poderá ajudá-lo a conseguir mais trabalhos no futuro. Em última análise , afinal , você deseja construir uma rede de clientes que pensem em você toda vez que alguém disser a palavra "drone". Ser organizado, obter as licenças adequadas e voar com responsabilidade ajudará a adicionar um toque profissional às suas habilidades de pilotagem de drones.

Como gerenciar seu programa de drones

Etapas para aproveitar ao máximo suas operações com drones

Depois que sua organização decidir usar drones de acordo com suas ambições e regulamentos locais, é hora de montar um sistema de gerenciamento viável.

Desde a padronização de procedimentos operacionais e treinamento de pilotos até o trabalho com terceiros, familiarizar-se com os elementos-chave do gerenciamento de programas é tudo. As porcas e parafusos do seu programa de drones determinarão sua eficácia e impacto.

Aqui estão algumas áreas que valem a pena revisar antes de começar.

Construindo a equipe certa

programas de drones mais bem-sucedidos começam e são executados por um gerente de programa dedicado. Essa pessoa é responsável por impulsionar a inovação interna, estabelecer fluxos de trabalho e delinear procedimentos operacionais.

Encontrar a pessoa certa para o trabalho é fundamental. O candidato ideal terá profundo conhecimento dos desafios técnicos, econômicos e operacionais da área em que os drones estão sendo aplicados . Eles também precisarão trabalhar em rede e lidar com pessoas, porque os programas de drones invariavelmente envolvem a conexão de diferentes departamentos e a garantia de que equipes diferentes estejam na mesma página .

Em seguida, vem uma das decisões mais importantes a serem tomadas ao gerenciar seu programa de drones: trabalhar com pilotos internos ou com um provedor de serviços de drone terceirizado.

Construir uma equipe interna permite que você assuma o controle total sobre a coleta de dados aéreos , garanta que os fluxos de trabalho sejam respeitados e requalifique os funcionários existentes.

Optar por trabalhar com um fornecedor terceirizado reduz os custos iniciais de seu equipamento e pode lhe dar espaço para experimentar antes de assumir um compromisso maior . Você também evitará alguns dos custos contínuos que acompanham a execução de um programa de drones, incluindo treinamento de pilotos e manutenção da frota . E você pode se beneficiar de drones sem o mesmo nível de conformidade e desafios logísticos .

Em alguns casos, fará sentido avançar com um modelo híbrido . Sua organização pode querer trabalhar com um provedor de serviços de drones de tempos em tempos para complementar ou dimensionar as operações.

Cabe ao administrador do programa fazer a chamada.

<u>Fique a par dos regulamentos locais</u>

Em todo o mundo, os regulamentos que regem o uso comercial de drones estão evoluindo .

Nem é preciso dizer que é essencial garantir que suas operações estejam em conformidade com os regulamentos locais.

Dependendo da natureza e complexidade de suas operações atuais e planos para o futuro, pode valer a pena buscar orientação de conformidade externa ou criar uma função dentro de seu programa de drones para essa finalidade .

<u>Padronização de procedimentos operacionais</u>

Para cada tipo de missão de coleta de dados que sua organização pretende realizar, é importante ter um fluxo de trabalho passo a passo que descreva como sua equipe irá desde o recebimento de uma solicitação de dados até a conclusão da missão .

Definir cada etapa do processo reduz a margem de erro e

simplifica o processo de integração de novos pilotos. É também uma forma de manter diferentes equipes conectadas e cientes de seu papel no cenário geral.

Deve haver vários estágios descritos em seus procedimentos operacionais, incluindo iniciação da missão , gerenciamento do piloto, planejamento de voo, coleta de dados e análise .

<u>Avaliação e mitigação de riscos</u>

Onde há aviação, há risco. Sua organização precisará garantir que cada etapa dos procedimentos operacionais do seu programa de drones seja cuidadosamente avaliada quanto ao risco. Só então você pode tomar medidas para mitigar o risco envolvido.

Isso também conta para preocupações não físicas, como segurança de dados. Cada vez mais , os drones operam em ambientes sensíveis e coletam dados que devem ser cuidadosamente protegidos .

À medida que essa tendência continua , a segurança cibernética está se tornando uma grande prioridade que deve ser abordada em todas as etapas do seu programa de drones, desde a aquisição de hardware e integridade operacional até o envolvimento de terceiros e armazenamento de dados.

Todos esses riscos devem ser considerados e mitigados para que seu programa de drones alcance todo o seu potencial .

C omo iniciar um pequeno negócio de sucesso gastando menos de US$ 1.500 !

Você está cansado do seu trabalho mundano das 9 às 5 ? Quer mudar de carreira, mas não sabe o que fazer ? Você quer fazer parte de uma indústria em crescimento que pode lhe dar liberdade financeira? Em caso afirmativo, tenho ótimas dicas para ajudá -lo a estabelecer seu próprio pequeno negócio de sucesso.

Neste capítulo , forneço informações sobre a indústria de drones ou veículos aéreos não tripulados . Discutimos várias maneiras pelas quais você pode fazer uma mudança de carreira e fazer parte dessa indústria promissora.

<u>Uma empresa de drones pode ser uma ideia de pequena empresa bem-sucedida?</u>

Impulsionada pela crescente demanda de setores como construção, agricultura e mineração , a indústria de drones experimentou um rápido crescimento nos últimos anos . Um fluxo constante de trabalho, baixos custos iniciais e um bom potencial de ganho atraíram muitas pessoas para o mundo UAV . De acordo com as estatísticas mais recentes , o número total de registros de UAV está se aproximando rapidamente de um milhão nos Estados Unidos, e o mundo é uma tendência clara que continua a ser observada .

Como realizar a pesquisa inicial para montar seu negócio de drones

Não posso enfatizar suficientemente a importância deste primeiro passo. Frequentemente surpreendidas por uma ideia, as pessoas correm para iniciar seu pequeno negócio sem pesquisar todos os aspectos de um pequeno negócio. Esta é uma receita para o desastre e só levará a perdas .

A indústria de drones é complicada e os drones têm diversas aplicações em muitos setores. O setor imobiliário é o ponto de partida para a maioria dos novos entrantes na indústria de UAV. O setor imobiliário é um assunto estático e os trabalhos com drones nesse campo podem ser executados com relativa facilidade. Trabalhar no setor imobiliário lhe dará a oportunidade de estudar o fluxo de trabalho . Você pode entender as nuances da aquisição de dados e entregas do cliente. Isso lhe dará confiança para passar para empregos mais lucrativos e com melhor remuneração.

A construção, seguida da agricultura, são os setores que empregam o maior número de pilotos de UAV. Outros setores notáveis onde os pilotos de UAV podem encontrar emprego incluem mineração , telecomunicações, transporte, petróleo e gás . As taxas horárias médias comandadas por pilotos de UAV em mineração e petróleo e gás estão entre as mais altas .

Você também precisará aprender sobre as regras de drones da entidade aeronáutica do seu país. Como piloto de UAV, você precisa saber para onde pode voar e, mais importante , onde não pode voar.

Todas essas informações podem ser esmagadoras para alguém novo no setor. Nós da **Hornero School** podemos ajudá-lo a desenvolver suas habilidades de vôo e confiança.

Taxas de registro e certificação para configurar seu negócio de drones

Depois de se equipar com algumas habilidades básicas , você pode querer considerar formar uma Sociedade de Responsabilidade Limitada (LLC). Como o nome sugere, ao formar uma entidade separada, você limita sua responsabilidade pessoal. Ao fazer isso, você garantirá que seus bens pessoais e os de sua empresa sejam claramente diferenciados do ponto de vista jurídico. Formar uma LLC não é nada difícil . Na verdade, se você tem experiência financeira, deve ser capaz de lidar com a papelada por conta própria.

Para operar como piloto comercial, você precisa obter sua certificação junto à entidade aeronáutica correspondente .

Quais são os equipamentos e suprimentos necessários para iniciar seu negócio de drones ?

equipamentos e suprimentos básicos para iniciar um negócio de drones. Se o seu orçamento inicial for de apenas US$ 1.000, considere a compra de um DJI Phantom recondicionado. Esta unidade está disponível por $ 959 na loja DJI. O custo de um Phantom novo é de aproximadamente $ 1.350.

Um drone DJI recondicionado foi cuidadosamente verificado pela DJI quanto a defeitos. Unidades recondicionadas são aquelas que foram devolvidas à DJI em até 7 dias após a compra.

Publicidade e promoção para encontrar clientes para o seu novo negócio de drones

Você pode promover sua marca postando vídeos de marketing (imagens de drones) no Facebook e no YouTube . Se você não possui as habilidades de edição de vídeo necessárias, recomendamos fortemente que você faça alguns cursos para corrigir isso. Você pode contratar ótimos editores de vídeo por US$ 15 a US$ 20 a hora por meio de plataformas como Upwork ou Fiverr. Antes de contratar um freelancer, seja claro sobre seus requisitos. Caso contrário, o produto final será de má qualidade.

Se você tiver orçamento, também pode usar os anúncios do Facebook para dar mais visibilidade à sua marca. Você também pode criar um site básico, mas atraente. Você pode direcionar os visitantes do Facebook para o seu site. O blog também é uma ótima maneira de construir sua marca, articulando seu conhecimento.

Os novos participantes também podem considerar trabalhar para sites que vinculam empregos on-line para pilotos de drones. No entanto, esta fase da sua carreira deve ser tratada como um "estágio remunerado " : um trampolim para coisas maiores e melhores. Acordos contratuais proíbem você de entrar em contato com um cliente enquanto estiver trabalhando. No entanto, uma vez concluído o trabalho, você pode, na maioria dos casos , abordar esses clientes sem passar por uma plataforma. Recomendamos revisar cuidadosamente seu contrato antes de chegar a qualquer conclusão.

Convencer um cliente em potencial a lhe dar um emprego requer um certo nível de habilidade. É sempre benéfico encontrar clientes em potencial que tenham uma boa ideia do que estão procurando . Seria mais fácil para você, o piloto de UAV, explicar os benefícios da tecnologia drone para esses clientes .

Para alcançar altas conversões, é importante pesquisar profundamente o setor que você pretende atender. Quais são os vários pontos problemáticos que você pode resolver oferecendo seus serviços de drone ? Conhecer o negócio do seu cliente intimamente ajudará você a articular como SEU serviço pode fornecer insights acionáveis, levando a decisões MAIS INTELIGENTES e MAIS RÁPIDAS .

5 maneiras de expandir seu negócio de drones sem voar

Nem sempre é fácil se manter ocupado como piloto de drone comercial. É por isso que é importante sempre refinar suas habilidades como piloto de drone e empresário.

Você provavelmente voa com fins lucrativos porque é apaixonado por voar. Dessa perspectiva, não pilotar seu drone não parece muito divertido. Mas pode ser recompensador se esse tempo no campo for gasto com sabedoria.

Aqui estão algumas maneiras simples de preencher esse precioso tempo no chão.

Definir metas desafiadoras ajudará você a expandir seus negócios com drones.

É difícil chegar onde você quer estar se você não sabe para onde está indo. Definir metas pode ser uma das coisas mais fáceis e gratificantes que você pode fazer com seu tempo como operador de qualquer negócio, sem falar em algo tão dinâmico quanto as operações comerciais de UAV .

Encontre seu nicho no negócio de drones

Você pode mitigar o perigo de tentar fazer muito e, consequentemente, conseguir muito pouco, encontrando algo pelo qual seja apaixonado dentro da estrutura de voar.

Esteja você criando mapas, gravando vídeos de ação ou imprimindo e vendendo fotos aéreas de paisagens , é importante encontrar uma especialidade no ramo de drones e ser excelente nisso.

Crie oportunidades para o seu negócio de drones

A chamada fria geralmente causa pesadelos aos vendedores, mas todo piloto comercial de UAV precisa enfrentar essa realidade em algum momento . Gerar seus próprios leads pode ser cansativo, para dizer o mínimo, mas não precisa ser entediante.

Participar de eventos de networking profissional, visitar empresas que podem se beneficiar de seus serviços e até mesmo tirar uma foto cega por telefone pode ser muito gratificante. Equipar-se com algum conhecimento básico também pode permitir que você use mídia digital, como anúncios online e marketing por e-mail, para gerar leads para o seu negócio de drones .

Aprenda as nuances do negócio de drones

Simplificando, há muita coisa acontecendo na indústria de UAV para acompanhar , e isso significa que os proprietários de empresas de drones experientes precisam trabalhar duro para colher todas as vantagens possíveis. Cursos de qualquer tipo, especialmente os oferecidos pela Escola Homero, podem ajudar bastante no início ou manutenção de sua carreira como piloto comercial de drones.

verifique seu equipamento

Nada é pior do que receber um pedido de trabalho e não ter o equipamento para fazê-lo. Faça um favor a si mesmo quando não estiver voando e verifique seu UAV quanto à manutenção regular, conforme recomendado pelo fabricante. Além disso , certifique -se de ter todas as ferramentas necessárias para qualquer trabalho em potencial que surgir .

C omo escalar suas operações com drones

Diretrizes para levar seu programa de drones a novos patamares

Os programas de drones começam com vários graus de ambição. Muitas organizações simplesmente desejam automatizar tarefas demoradas ou aumentar o escopo de suas operações. Outros têm objetivos maiores : reinventar a aparência da produtividade e, por fim, digitalizar seus ambientes de trabalho.

Não importa a intenção, o desafio é passar suavemente pelos estágios necessários, desde a prova de conceito e identificação de seus principais aplicativos, até a padronização de procedimentos operacionais e a construção de um caso de negócios sólido, para chegar ao ponto em que você está pronto e capaz para escalar.

Aqui estão alguns pontos a serem considerados ao dimensionar suas operações de drone .

Definir padrões e cumpri-los

Os programas de drones podem ser complexos. Eles normalmente conectam diferentes departamentos em uma organização e passam por vários estágios entre o início da missão e a produção de um resultado final útil.

Essa complexidade provavelmente ficará clara durante a fase inicial do seu programa. E se não o fizer , certamente o fará quando se trata de expandir suas operações.

Por esse motivo, é vital padronizar os processos que sustentam seu programa de drones. Isso se aplica a tudo, desde planejamento e gerenciamento de missões até treinamento de pilotos, manutenção de hardware, análise de dados e conformidade regulatória.

À medida que suas operações aumentam , você precisará de um sistema robusto e repetível para se apoiar. Quando sua organização está realizando várias missões em locais diferentes com equipes diferentes, ter processos definidos é a única maneira de garantir resultados consistentes.

<u>Expandindo sua frota</u>

Do ponto de vista prático , dimensionar um programa de drones significa que você precisará de mais hardware e mais pilotos, especialmente se suas operações forem internacionais ou em locais geográficos diferentes .

Existem várias maneiras de reforçar sua frota. A melhor opção para sua organização depende da escala de operações que você deseja realizar, do tipo de missão que está sendo realizada e da extensão de seu desejo de manter o controle sobre cada voo.

Uma opção popular é configurar uma equipe de operações centralizada em sua sede. Este departamento irá gerenciar suas missões aéreas e supervisionar as tripulações que trabalham em diferentes locais. Você pode até precisar montar várias equipes de operações para cobrir diferentes locais.

De qualquer forma, uma abordagem interna permite que você fique de olho em todas as missões de coleta de dados aéreos que ocorrem em seu nome.

Mas nem sempre é a solução mais prática . Uma maneira mais econômica de expandir pode envolver o trabalho com um provedor de serviços de drone terceirizado. Ao trabalhar com fornecedores terceirizados, você pode reduzir seu gasto inicial com equipamentos e treinamento de pilotos à medida que escala e explora.

Priorize o armazenamento e o gerenciamento de dados

O cerne de todo programa de drones são os dados. Não importa se você está pesquisando infraestrutura, mapeando um canteiro de obras ou coletando informações sobre produtividade agrícola , são os dados coletados por drones que conduzem a uma tomada de decisão mais inteligente .

Cada vez mais , essas informações são altamente valiosas e altamente sensíveis . Seu programa de drones deve incluir etapas para proteger, armazenar e gerenciar todos os dados coletados.

Esse aspecto do seu programa de drones é ainda mais relevante se você estiver trabalhando em projetos com clientes ou parceiros. O Regulamento Geral de Proteção de Dados da União Europeia (GDPR) foi um avanço significativo na maneira como as empresas de todo o mundo pensam sobre a segurança dos dados de seus clientes.

É aconselhável ficar à frente dessa curva, onde quer que suas operações ocorram, e investir em práticas recomendadas de armazenamento e processos de gerenciamento de dados. Essas medidas devem ser perfeitamente integradas aos seus padrões operacionais . E, assim como esses padrões , aplicá-los antes do dimensionamento minimizará os riscos no futuro.

Drones na educação : como os drones podem tornar o ensino uma experiência divertida e envolvente

Como a tecnologia avança rapidamente , é importante que nossos métodos educacionais evoluam para acompanhar essas mudanças. Um modelo educacional moderno e dinâmico permitirá que os alunos compreendam os conceitos com mais facilidade.

Uma dessas tecnologias que está se assimilando lenta mas seguramente em nossa educação é a tecnologia dos drones . Então, como a tecnologia drone pode tornar o ensino uma experiência divertida e envolvente? Existe alguma lei que regule o uso de drones para educação ? Quais drones são ideais para ensinar conceitos educacionais básicos ? Continue lendo para descobrir enquanto eu divido cada um desses pontos.

<u>Drones na educação: alunos de séries iniciais podem compreender conceitos fundamentais com facilidade</u>

Sejamos honestos. Drones são legais. Ter um drone na sala de aula certamente despertará os níveis de curiosidade dos alunos. Em primeiro lugar, as crianças podem melhorar a coordenação mão-olho ao dominar o movimento do controle remoto com um drone de treinamento.

As crianças das séries superiores podem aprender

matemática , física e ciências com a ajuda de drones. como é isso ? Vamos começar com a matemática . Muitas crianças lutam particularmente com a matemática devido à sua natureza abstrata. Usando drones, as crianças podem aprender sobre distância e tempo. Eles podem aprender gráficos e trigonometria observando a trajetória de voo do drone .

Montar um drone também pode ser uma experiência de aprendizado para as crianças. Mostrando as funções de todos os componentes: o ESC, o controlador de vôo e as hélices ajudarão as crianças a entender melhor os conceitos de física e aerodinâmica .

A tecnologia drone é uma ótima maneira de introduzir os alunos à codificação

O DJI Tello é uma ótima maneira de introduzir os alunos à codificação. O Tello foi desenvolvido pela tecnologia Ryze baseada em Shenzen em colaboração com DJI e Intel.
O Tello pode ser programado com DroneBlocks, Scratch ou Python desenvolvido pelo MIT. DroneBlocks é um aplicativo de código aberto que permite aos alunos codificar missões de voo autônomo usando programação de blocos. A programação visual permite arrastar e soltar.
O pequeno Tello pode ser programado para realizar missões de voo, como voar em um padrão de caixa, pousar em sua mão e até virar. Além do Tello, o DroneBlocks também funciona com drones DJI como Phantom, Mavic e Spark.

A tecnologia dos drones também tem aplicações no ensino superior

Além da educação primária, os drones também podem ajudar estudantes de engenharia em nível de bacharelado ou mestrado .
Por exemplo, os alunos de construção podem estudar as operações do local e criar modelos/simulações para descobrir e eliminar ineficiências do processo. Por exemplo, suponha que

um estudante de gerenciamento de construção queira estudar as operações de uma pedreira e obter informações práticas para otimizar as operações no local. Em termos gerais , as operações de extração de pedra podem ser subdivididas em:

- perfuração _ _
- Adicione explosivos .
- Explosão.
- Divisão de pedras de pedreira em pedaços menores .
- Transporte .

Ao usar drones, será fácil para os alunos entenderem as operações do site. Em primeiro lugar, usando drones amarrados (voo amarrado), pode ser possível capturar operações de uma pedreira 24 horas por dia, 7 dias por semana. Além disso , o uso de fotos aéreas significa que você pode capturar uma área maior . Certamente, o uso de drones é uma alternativa mais barata e eficiente ao emprego de múltiplas câmeras fixas em todo o canteiro. A qualidade dos dados também será muito melhor.

Quanto tempo demoram as operações de perfuração ? As operações lentas de perfuração são um gargalo que obstrui toda a cadeia? Ou você tem caminhões parados porque só tem uma carregadeira no local? Usando drones conectados, você pode capturar dados para simular operações com precisão, permitindo que os alunos respondam a essas perguntas. Portanto, a tecnologia drone pode ajudar os alunos a entender intimamente as operações do site , mesmo sem calçar as botas para pisar no site.

Além disso , como a tecnologia drone é usada com destaque em filmes e publicidade, os alunos nessas áreas podem se beneficiar muito ao incluir os drones em seu currículo. Os estudantes de agricultura descobrirão que o conhecimento sobre tecnologia de drones e mapeamento NDVI é extremamente útil ao entrarem na vida profissional. E os estudantes de arquitetura podem estudar a fachada do edifício e as técnicas de construção em grande detalhe usando a tecnologia drone .

Como saber se você está contratando um piloto de drone seguro

Como um gerente saberá se está contratando um piloto de drone seguro ? Muitas vezes os gestores e RH não possuem experiência em aviação ou drones, como saberão se um piloto voará com segurança e diminuirá o risco de acidentes ?

A indústria de drones se tornou quente à medida que funcionários de licença lotam a escola de voo. Novos pilotos querem aprender como se tornar um piloto de drone. Enquanto a indústria está experimentando um influxo de novos pilotos, está se tornando cada vez mais difícil para as empresas saber como avaliar um piloto de drone. Pilotos de drones experientes sabem que aprender a passar no exame da ANAC é apenas o primeiro passo.

Começar sua carreira com drones pode ser realmente emocionante! As empresas estão contratando pilotos de drones a uma taxa recorde recentemente . Combine pilotos entusiasmados com gerentes sem instrução e você terá uma receita para o desastre. Os gerentes pediram ao Señor Hornero (através da divisão Hornero School) que desenvolvesse um questionário para avaliar os pilotos de drones. Os gerentes se perguntam como saber se um piloto de drone pode realmente voar com segurança. Os gerentes podem aprender a vetar pilotos de drones quando o próprio gerente não pode voar ? Não se preocupe, este questionário ajudará os gerentes a contratar o piloto de drone certo.

Embora os pilotos de drones estejam ansiosos para assumir novos empregos, eles têm dificuldade em mantê-los. Pilotos de drones experientes realizam trabalhos inacabados quase semanalmente. Como eles contratam novos pilotos de drones em vez de experientes ?

Agora as empresas estão cansadas de perder tempo e dinheiro. Eles querem contratar pilotos de drones que reduzam o risco e a ineficiência, entreguem consistentemente e se comuniquem com respeito. Recentemente, no Señor Hornero, recebemos inúmeras perguntas sobre a verificação de pilotos de drones. A pergunta mais comum é " como saber se o piloto do drone é realmente capaz de fazer o trabalho?" Teremos como saber se eles realmente estão voando com segurança? A equipe saberá se um piloto de drone limita a responsabilidade e não cria mais responsabilidade ?

<u>Como examinar adequadamente um piloto de drone.</u>

O desastre afetará todos os pilotos de drones. Como saber se o piloto do drone foi treinado para evitar desastres ? C omo um piloto de drone pode provar que está voando com segurança ? Sem revelar nosso molho secreto, no entanto, desenvolvemos um questionário para ajudar os empregadores que planejam contratar pilotos de drones.

O questionário oferece perguntas específicas que teriam conhecido as respostas de pilotos de drones qualificados e experientes. As perguntas não são específicas para um estilo de coaching. Se um piloto de drone tiver experiência suficiente, ele poderá responder a essas perguntas facilmente . Antes de contratar um piloto de drone, faça com que o piloto responda a este questionário. Se o piloto não receber uma pontuação de 80% ou superior , o piloto pode estar exagerando demais em seu conjunto de habilidades.

QUESTIONÁRIO

1) Como um piloto de drone pode garantir um voo verdadeiramente seguro ?

- Ciclo profundo das baterias a cada 10 vôos
- <u>Verifique a voltagem da bateria carregada após a decolagem .</u>
- Verifique o desvio de tensão das células da bateria antes da decolagem.
- Realize o teste de partida do motor enquanto verifica a porcentagem da bateria .

2) Qual é a segunda regra de decolagem ?

- Decolagem na mesma direção do vento
- <u>O drone e o piloto devem ter a mesma orientação</u>
- Certifique -se de que a calibração da bússola está completa .

3) Qual é a terceira regra de decolagem ?

- Lance para cima e para longe para limpar a zona de lançamento, avançando e subindo agressivamente .
- Decole para cima e para longe e execute uma varredura de controle.
- <u>Decole e afaste-se, execute o teste de partida do motor e controle de varredura.</u>

4) Como você para um drone que está voando sem motivo (Flyaway) ?

- Mude para o modo esportivo e assuma o comando.
- <u>Mude para o modo de atitude (ATTI) e assuma o controle.</u>
- botão RTH _

5) Qual é a única direção de vôo que você NUNCA deve voar ?

- Passo reverso completo com subida total .
- <u>diretamente para baixo</u>
- para cima

6) Qual movimento de voo deve ser executado imediatamente após um erro de voltagem da bateria ?

- Descida de escada passo a passo
- <u>Descida do (na forma de) tornado</u>
- Voe para baixo e aterrisse imediatamente

7) Qual indicador é a representação mais precisa do tempo de voo disponível ?

- Porcentagem de bateria .
- Distância voada da área de decolagem.
- <u>Voltagem da bateria</u>

Como saber se um piloto de drone está atualizado ou competente

Quer saber como saber se um piloto de drone é competente? Ao contratar um piloto de drone, pode ser difícil entender verdadeiramente se um piloto é competente, mas manter-se atualizado... é extremamente fácil . Aprenda como determinar se um piloto de drone está atualizado ou competente neste artigo .

Aprender a pilotar um drone pode ser uma tarefa monumental. A maioria dos aspirantes a pilotos de drones vê o exame de certificação da ANAC como um obstáculo difícil de superar . No entanto, pilotos experientes entendem que obter seu certificado de drone comercial é fácil , mas manter a proficiência é extremamente difícil .

Pilotar um drone não é como andar de bicicleta. Você não deixa por meses e pega de novo. Muitos pilotos de drones entendem a miríade de problemas que podem surgir durante o voo. Sem a prática constante de pilotar um drone , cair torna-se muito mais fácil . Você esquece coisas simples com o tempo. Essas nuances simples, devido ao grande número de nuances, podem se transformar rapidamente em um desastre total.

À medida que os drones se tornam mais aceitos em uma infinidade de indústrias, muitos administradores lutam para distinguir os pilotos de drones de qualidade dos detentores de licenças. Como os gerentes são forçados a contratar pilotos de drone cada vez mais úteis , eles lutam para distinguir entre um piloto de drone competente e de qualidade e um piloto de drone atual. Gerentes e executivos podem levar quase o dobro do tempo para discernir a qualidade de um piloto. Quanto tempo e dinheiro eles vão gastar antes de encontrar um piloto de drone de qualidade ?

No entanto, como você saberá se o seu piloto de drone é competente e atualizado ?

Certificação vs. ___ Competência

À medida que mais drones são colocados em operação no país , a necessidade de pilotos qualificados só aumenta . Muitos empregadores corporativos confiaram na ANAC para ajudar a elevar o nível dos pilotos de drones. O que significa que os gerentes geralmente contratam pilotos de drones simplesmente porque possuem um CE-UAV .

O CE-UAV não inibirá a responsabilidade do piloto do drone. Na verdade, o certificado apenas garante a conformidade do piloto do drone com sua cobertura de seguro. Os gestores não podem esperar que a ANAC ensine pilotos de drones a voar , afinal , eles nunca o fizeram.

Certificação aeronáutica : significa essencialmente que o piloto está em dia com seu CE-UAV. Pode verificar se um piloto de drone está atualizado , pedindo- lhe que junte todas as credenciais da entidade aeronáutica competente .

Competência do Piloto de Drone: Se o piloto é ou não capaz de realizar operações e tarefas de voo com facilidade e sem estresse . Os pilotos de drones precisam ser legais, experientes e experientes. Realizar missões de voo é fácil , as bases dos hábitos foram lançadas . Esses pilotos geralmente são consistentes quando se trata de operações de drones.

Como saber se o seu piloto de drone é competente.
Embora vários testes de voo tenham sido propostos pelos empregadores, poucos parecem ter resistido ao teste do tempo. Na **Escola Homero** , criamos várias versões de testes de voo de drones. Embora esses testes de voo geralmente façam com que o usuário realize algum tipo de voo e nos envie o log de voo e o vídeo correspondente. Esta não era uma abordagem escalável para entender se um piloto poderia realmente realizar as tarefas da missão .

O teste não conseguiu discernir a capacidade do piloto de voar perto de objetos (voos de proximidade: torres de telefonia celular , telhados)
O teste não conseguiu discernir a capacidade dos pilotos do drone de lidar com situações de emergência.
O teste não testaria se um piloto de drone era capaz de enfrentar e resolver problemas em campo.

O teste não conseguiu dizer se um piloto de drone poderia lidar com ambientes quentes ou frios ... ou ambos.

Depois de ver vários programas de drones falharem. Depois de ver vários programas de drones comprarem o equipamento errado e não treinarem novos pilotos, tivemos que criar um método para ensinar pilotos de drones . Em qualquer lugar do mundo. Tivemos que testar sua capacidade de resolver problemas em ambientes frios e quentes . É por isso que a Homero **School** se ramificou para criar o único treinamento de voo de realidade aumentada on-line baseado em cenário . O treinamento baseado em cenários aparentemente resolveu os problemas de "colocar" os pilotos em diferentes ambientes.

Exemplo de exames de competência para piloto de drone

Neste ponto, você está se perguntando se existe um método simples para saber se um piloto de drone é realmente competente. Qual é o trabalho do drone que o piloto irá realizar para você ? Em que tipo de ambiente este piloto de drone irá operar ? Qual é o ambiente operacional mais difícil em que o piloto voará ? Pegue o piloto do drone e peça para ele demonstrar uma operação de voo para você . Agora, se o piloto lhe fornecer entregas para um trabalho, é seu dever pagar pelo serviço. Certifique -se de que o teste não é um trabalho real.

O piloto pode recriar este ambiente perto de sua casa !

Puro e simples, pense na operação de voo a ser executada. Então pense em tudo que pode dar errado. Bem, veja as regras de voo de acordo com a ANAC. É seu dever garantir que o piloto siga as diretrizes da entidade de aviação enquanto estiver operando, caso contrário, você poderá ser responsabilizado.

O que fazer depois de bater um drone na floresta

Saiba o que fazer se você bater seu drone na floresta. Aprenda a encontrar seu drone e saiba por que você não deve deixar rastros na mata.
Durante a temporada de férias, é natural travar ou destruir seu novo drone. Não se sinta mal, todo mundo cai...espero que não os pilotos de aeronaves tripuladas. Vamos discutir o que fazer se você travar seu drone fora de casa.

Francamente, quanto mais cedo você cair, melhor. Todos nós poderíamos usar um pouco de humildade ... (inclusive eu) Especialmente quando se trata de pilotar nossos drones. _Quando começamos a nos sentir confortáveis atrás dos controles, esse é o primeiro sinal de que algo está prestes a dar errado. Normalmente, quando nos sentimos confortáveis, é quando batemos._

Depois que alguns amigos postaram sua postagem sobre o acidente de drone de Natal no Instagram, pensamos que seria uma boa ideia discutir o que fazer após o acidente.

Bater é a melhor oportunidade de aprender, e não podemos enfatizar isso o suficiente. Bater nos ajuda a entender e perceber... e enfrentar nossas dificuldades como motoristas.

Como pilotos de drones, temos sorte, porque somos como gatos e temos 9 vidas. A aviação geral não tem tanta sorte...

<u>Como encontrar seu drone depois de cair (seu drone recreativo)</u>

Esteja você batendo na sua vizinhança ou na floresta, existem algumas maneiras de ajudá-lo a descobrir a localização do drone. Dependendo do drone que você possui, o fluxo de trabalho de como recuperar a aeronave pode ser diferente.

1) Mapa local DJI GO 4 ou DJI FLY : Localizado no canto inferior direito do aplicativo DJI GO 4 ou DJI FLY, este mapa mostra exatamente onde o drone está em relação ao piloto . O drone é mostrado como um triângulo vermelho , quase parece um ícone de avião de papel. Você também pode ver a que distância o drone está na telemetria na tela. Veja a imagem abaixo, o círculo vermelho mostra onde você pode encontrar o mapa. O círculo azul indica a que distância o drone está de você .

2) ESC BEEP: Encontrado na maioria dos drones DJI no menu principal . (A localização do menu depende do drone que você está voando) Quando você liga o bipe do ESC, o drone emite um ruído audível para que você possa caçar e rastrear seu drone... assim como seu iPhone.

Nota: Se o seu drone ainda estiver conectado ao controle remoto, não desligue o controle remoto. Caso contrário, ele pode não se conectar novamente.

Vamos imaginar que foi um lindo dia em um mundo pós-pandemia. Você saiu para uma caminhada e depois um belo voo ao pôr do sol. No entanto, você trava seu drone após o impacto com um obstáculo . O que você deve fazer se bater seu drone na floresta ? Você precisa recuperá-lo e recuperá-lo o mais rápido possível. Como piloto, você concorda com a noção de que o piloto é o responsável final .

Se você derrubou o drone, você é responsável por recuperar a aeronave .

Francamente, se você ama a natureza e fotografias, todos devemos querer cuidar da mãe natureza.

Esteja seu drone danificado ou não, você deve recuperar a aeronave. O drone, que carrega uma bateria de lítio , é um risco extremo de incêndio florestal. Não vamos esquecer que um drone caiu e iniciou um incêndio florestal antes.

Na verdade, quanto mais cedo você recuperar o dirigível... melhor. Existem algumas razões pelas quais você pode querer recuperar a aeronave rapidamente :

- Caso pretenda reutilizar a bateria , não a deve submeter a temperaturas extremas.
A bateria contém material perigoso que pode causar um incêndio florestal... se a bateria for perfurada .

- Você não terá muito tempo para recuperar o drone com o ESC Beeping ativado, quando a bateria acabar , o ESC para também . Apresse- se!

- Você não quer arruinar a floresta
Você gosta de vida selvagem?

A boa notícia é que a maior parte da tecnologia de bateria ficou mais resistente . Embora as baterias ainda sejam propensas a pegar fogo quando carregadas e mal manuseadas, elas ficaram um pouco mais fortes . Durante uma de nossas aulas de Mapeamento de Reconstrução de Acidentes da Escola Hornero, tivemos a incrível oportunidade de testemunhar um aluno derrubar uma bateria Phantom de aproximadamente 30 metros do chão. A bateria sobreviveu ao bater no concreto com danos mínimos . Embora este seja um cenário único , ficamos impressionados com a construção da bateria .

O que fazer após um acidente ?

Bater é a melhor oportunidade de "voltar à prancha", humilhar-se e continuar voando. É assim que aprendemos . Quando as perdas se transformam em aprendizados, o céu é literalmente o limite . Confira nosso podcast sobre o que fazer após um acidente.

O que fazer se você travar seu drone usado para negócios. (CE-AVANT)
Este capítulo foi escrito com a mentalidade de um piloto amador. O que você deve fazer se o drone da sua empresa cair ?

Os pilotos de drones comerciais têm padrões muito mais elevados a seguir de acordo com a entidade aeronáutica. Quando se trata de travar seu drone usado para negócios, pode ser necessário denunciá-lo à ANAC .

Se causar danos superiores a US$ 500 , não incluindo o drone, deve comunicá -lo à entidade aeronáutica .

Infelizmente, os pilotos de drones devem informar a ANAC e o JST se o acidente ou colisão for grave o suficiente. Por exemplo, se o seu drone sofrer durante o voo e atingir uma pessoa, você será solicitado a denunciá-lo ao JST .

Especificamente , se você travar seu drone no trabalho, ele define:

O mais tardar 10 dias após uma operação , que resulte em colisão ou avaria grave, o piloto remoto em comando deve comunicar à Administração Nacional da Aeronáutica Civil, da forma por ela aceitável, qualquer operação de aeronave não tripulada de pequeno porte que implique, pelo menos:

A. Lesões graves a qualquer pessoa ou perda de consciência; qualquer
B. Danos a qualquer propriedade, exceto a pequena aeronave não tripulada, a menos que uma das seguintes condições seja atendida:

Yo. Custo de reparo (incluindo materiais e mão de obra) não exceda $ 500; qualquer

ii. O valor justo de mercado da propriedade não excede US$ 500 em caso de perda total .

Para obter mais detalhes sobre quando relatar seus acidentes com drones ao JST , consulte o site.

Se você pilota um drone recreativo para se divertir ou um drone comercial para negócios... você é um piloto. Se você é um piloto, você é o responsável final . Se você derrubou seu drone sem danificar outras pessoas ou objetos, você está com sorte! Os pilotos comerciais podem ser obrigados a relatar acidentes que resultem em danos de $ 500 ou mais . Se você bater seu drone na floresta, é sua propriedade, você precisa recuperá-lo o mais rápido possível. É um risco de incêndio.

Então saia , voe e divirta- se !

Como precificar seus serviços de fotografia aérea e videografia para obter o que você realmente merece

Estratégias de preços para empresas de drones

A Apple estava no noticiário por atingir a capitalização de mercado de bilhões de dólares. Ao ler os vários artigos sobre o assunto, uma estatística realmente chamou minha atenção : enquanto a Apple traz apenas 18% das vendas totais de smartphones , eles engolem 87% dos lucros totais! Agora, todos os fãs da Apple podem ser rápidos em apontar por que o iPhone ainda está muito acima da concorrência . A segurança dos dados é definitivamente um dos pontos mais fortes da Apple . A compatibilidade com outros dispositivos Apple e a facilidade de uso são outros benefícios importantes. Mas esses recursos não são a única razão pela qual a Apple consegue cobrar mais de US$ 1.000 para um iPhone

O marketing da Apple garantiu que seu "status de marca de luxo" esteja firmemente enraizado na psique do comprador. E isso nos leva ao nosso primeiro ponto.

Se você deseja ter uma vida confortável com seu negócio de drones, e não apenas sobreviver, precisa trabalhar em vendas e marketing .

O marketing é fundamental para estabelecer um negócio sustentável de drones

Em primeiro lugar, é importante ter uma forte crença em si mesmo. Vendas tem tudo a ver com confiança. Você será julgado pelo nível de confiança que tem. Se você mesmo não acredita que vale o preço que está cobrando , você tem poucas chances de convencer o cliente. A função do cliente é falar mal. Você só pode se manter firme se souber que tem outro cliente para ocupar seu tempo. E para ter um funil de vendas completo, é importante focar no marketing do seu negócio de drones. Você precisa trabalhar "ON" em seu negócio, em vez de apenas "DENTRO" do seu negócio.

Forneça valor real

Para ser confiável, você precisa fornecer valor real. Seu trabalho é de qualidade igual ou superior à da concorrência? Você está cobrando menos que a concorrência ? Se as respostas a ambas as perguntas forem sim, é provável que você fique ocupado o ano todo .

Se você gosta de voar e acredita em fornecer valor real ao seu cliente, fará o possível para acertar. Portanto, isso pode significar acordar cedo para gravar durante a hora de ouro. Ou talvez, usar outra bateria para obter aquela foto perfeita que você imaginou.

erro comum cometido por todos os profissionais e não apenas

pelos pilotos de drones é a tendência de se concentrar no resultado final em vez de agregar valor. Lembre-se: se você fornecer valor real, sua estrutura de preços acabará se estabilizando .

Alguns grandes truques que ajudarão os pilotos de drones a aumentar seus lucros

Há algumas pessoas que ficam felizes em voar para sites de redes de empregos por US $ 25 a hora ou menos. E eles acabam ganhando insignificantes $ 30.000 por ano. E ainda há outros que podem ganhar milhares de dólares em uma semana. Você já se perguntou por quê ?

Portanto, a primeira maneira de ganhar mais dinheiro é executando projetos complicados. Por exemplo, sabe-se que pilotos experientes comandam entre US$ 300 e US$ 400 por hora. Inspeções de linhas de energia ou inspeções de petróleo e gás são algumas das indústrias com o maior ROI para pilotos de drones.

A segunda maneira pela qual os pilotos de drones podem fazer mais é por meio da abordagem baseada em volume. Portanto, essas são as pessoas que ainda não desenvolveram suas habilidades . Mas o que os separa de seus colegas de $ 25 por hora é que eles estão interessados em abrir seu próprio negócio, e isso abre muitas oportunidades. Clique aqui para obter ótimos recursos para ajudá-lo a configurar seu negócio de drones.

Vamos falar sobre a indústria da construção. Os pilotos de drones costumam ser contratados para monitorar a construção ou preparar relatórios de progresso. Os pilotos que sistematizam suas operações com drones podem voar em um canteiro de obras com uma bateria ou 15 minutos. E essas pessoas podem cobrir muito mais sites do que o João médio.

projetos de vários clientes é um bom exemplo de uma

abordagem lucrativa baseada em volume. Existem muitas partes interessadas em um projeto de construção: o empreiteiro, os desenvolvedores, o arquiteto, o gerente de projeto... Portanto, se você cobra US $ 200 por semana para monitorar um canteiro de obras em busca de genes exclusivos de imagem , pode facilmente oferecer um multi -desconto de cliente e ofereça sua filmagem para vários clientes. Esta é uma situação ganha-ganha. Ao multiplicar sua renda, seus clientes podem desfrutar de um desconto considerável.

Outra opção é trabalhar em projetos auxiliares. Vamos pegar o exemplo da indústria da construção novamente. Se você já tem um bom relacionamento com seu cliente, pergunte se há outros projetos em andamento. É provável que seu cliente também precise dele em seus outros sites . Como você já está familiarizado com os requisitos de seu cliente, certamente pode prosseguir.

<u>Você deve reduzir os preços base das páginas da web ?</u>

Por último , mas não menos importante, gostaria de discutir uma pergunta frequente: " Devo baixar os preços básicos de sites que oferecem trabalho aéreo?" Sugerimos que não. Em vez de competir na frente de preço, tente educar o cliente sobre como trabalhar com você em vez de uma grande corporação. Compartilhe com eles como essas páginas da web funcionam : eles concedem o projeto ao primeiro piloto que responder ao seu e-mail. E é exatamente por isso que as chances de conseguir algumas imagens de qualidade são mínimas . Enfatize também seu excelente serviço e conhecimento local.

Como precificar seus serviços de mapeamento de drones

Esteja você pilotando drones para tirar fotos ou mapas bonitos, a maioria dos pilotos de drones se pergunta como precificar seus serviços de mapeamento de drones.

O preço dos serviços de mapeamento de drones não ficou mais fácil . Vamos ser sinceros, a indústria de drones não parou por causa da Covid. O volume de serviços de mapeamento e inspeção por drones disparou nos últimos anos . Nosso relatório da indústria mostra que mais de 90 % dos pilotos de drones veem e esperam crescimento do mercado. As licenças de construção atingiram um recorde histórico . A demanda por pilotos de drones para aumentar os negócios existentes está disparando . A capacidade de economizar dinheiro, ganhar dinheiro e limitar a responsabilidade é gratificante para muitas empresas.

Com esse enorme influxo de crescimento, muitos pilotos estão se perguntando exatamente como precificar seus serviços de mapeamento de drones.

Quando um novo serviço chega ao mercado... uma onda de novos usuários diminui os empregos para ganhar participação no mercado. Quando essa estratégia é focada e tem escopo limitado, ela pode ser bem-sucedida . (líder de perdas)

Freqüentemente, um grande número de pilotos oferecendo o mesmo serviço reduzirá os preços . (Economia keynesiana) Os pilotos de drones não devem cair nessa armadilha de correr para o fundo. Os pilotos de drones devem se concentrar em um nicho específico no mapeamento ou modelagem. Eles devem se concentrar em qual cliente desejam atender no quadrante do cliente.

Problemas comuns na precificação de serviços de mapeamento de drones

Depois de treinar vários pilotos, ouvimos as mesmas perguntas nas aulas de mapeamento todas as semanas . Quanto devo cobrar pelos meus serviços ? Devo definir o preço por hora ? E quais entregas ditam qual custo ?

Todos esses aspectos finitos do preço diluem a capacidade de negociação. Seja flexível ao precificar seus serviços, você precisará de alavancagem . Olha... muitos economistas e consultores diriam a você que o mercado só vai suportar determinados preços. Sim , eles nunca conheceram um vendedor estelar... não ... vendedora .

Os maiores problemas de preços que vemos com os pilotos de drones:

- preços por hora
- Preço por entrega
- Preços por hectare
- Incapacidade de oferecer preços de pacotes
- Incapacidade de oferecer preços e pacotes multimídia
- Precificação pelo tempo gasto na aquisição de mídia, não calculando o tempo para processar a mídia.
- Subcotando a concorrência sem a capacidade de igualar a qualidade e seguir em frente.

Qual é o preço médio de um trabalho com drones ?

Antes de mergulharmos nos preços de mapeamento de drones, queríamos dar a você um senso de comparação . Quanto os pilotos de drones cobram pelo trabalho criativo com drones ? Quanto cobram os pilotos de drones pelo trabalho técnico com drones ?

Que tipo de trabalho de drone realmente paga mais , criativo ou técnico ? Os pilotos de drones têm mais trabalhos de mapeamento ou trabalhos mais criativos ?

Fizemos uma pequena pesquisa dentro da indústria... A grande maioria dos pilotos de drones oferece serviços criativos e técnicos . O que ilustra nosso argumento de que os pilotos de drones devem poder oferecer pacotes aos clientes. Eles terão sucesso limitado se um piloto de drone descer muito baixo ou não puder fornecer vídeo e mapeamento suaves . A cartografia não é o único objetivo da maioria das empresas . Eles geralmente querem o mapa mais os meios para comercializar os empregos e seus serviços.

Pesquisa de Inteligência Aérea , os pilotos de drones nos disseram exatamente quanto dinheiro eles estavam ganhando com todos os tipos de trabalho com drones. Embora o preço médio de um trabalho de drone possa surpreendê-lo, não ficamos surpresos ao saber que os trabalhos de mapeamento na verdade pagavam prêmios mais altos do que os trabalhos criativos.

<u>Considerações sobre como precificar seus trabalhos de mapeamento de drones.</u>

O preço médio de um trabalho criativo de drone quase sempre será mais baixo do que um trabalho técnico . Então, quanto os pilotos de drones realmente cobram por seus serviços de mapeamento de drones?

<u>A resposta é, depende.</u>

De acordo com nosso estudo de inteligência aérea , existem dois métodos de precificação diferentes . Alguns pilotos de drones estão precificando seus serviços de mapeamento com base em uma taxa horária. Enquanto a grande maioria dos outros pilotos de drones está cobrando seus serviços com base na taxa diária. Esses dois paradigmas não cobrem os pilotos que valorizam a entrega. No entanto, essas informações realmente não pintam o quadro completo. Há muitas considerações ao precificar seu trabalho de mapeamento de drones. Existem tantas variáveis.

Finalmente, como os pilotos de drones avaliam seus serviços de mapeamento de drones?

Tarifa média por hora US$ 175 - US$ 250
Taxa média diária para mapeamento US$ 800 - US$ 1.200

Considerações sobre preços de mapeamento de drones
É fácil ficar animado quando você recebe uma ligação para um trabalho de mapeamento de drones. No entanto, essa empolgação pode nos cegar para os custos ocultos que sugam nossos lucros. Há muitas considerações a serem feitas ao precificar seu trabalho de mapeamento de drones.

consideração mais importante ao precificar seu trabalho de mapeamento de drones é considerar a oferta de preços de pacotes. Lembre-se de que, durante outra pesquisa que oferecemos, os três principais resultados de drones incluem um mapeamento de drones: um ortomosaico. Os pilotos também precisam adquirir mais do que apenas dados de mapas . Muitas vezes, eles são solicitados a tirar fotos bonitas e vídeos suaves como seda. Faz sentido, a empresa contratante quer garantir que seu tempo seja usado da maneira mais eficiente possível. Uma tendência particular persistiu de pesquisa para pesquisa: preço do pacote.

que tipo de coisas você deve pensar ao precificar seu trabalho de mapeamento de drones? O maior problema é que os pilotos só cobram pelo tempo de voo, não valorizam nem precificam o tempo total para concluir o trabalho. Este é o maior problema que vimos com os pilotos de drones. Ao precificar seus serviços de mapeamento de drones, você pode querer considerar o seguinte ao precificar.

- Considere cobrar pelo tempo de viagem para trabalhos de drones que exijam viagens além de 50 milhas
- Considere cobrar uma taxa diária, em vez de viajar para cobrir o tempo perdido e as milhas percorridas.
- Custo da cobertura de seguro para trabalho com drones
- Custo de aluguel de equipamentos para GCP
- Custo de Almofadas GCP
- Calcule os custos de substituição das baterias (baterias Phantom normalmente podem ter entre 40 e 65 ciclos. Ou entre 13,3 horas de voo e 21,6 horas de voo)
- Calcule o valor dolarizado do serviço que você está prestando ao cliente, o preço deve refletir o valor.
- Considere o preço para produzir uma nuvem de pontos e dimensione os produtos.
- Como os preços com mapeamento de drones variam muito , dependendo da entrega.

Quando se trata de precificar seus serviços de mapeamento de drones, o tipo de trabalho com drones pode variar muito. Alguns trabalhos de mapeamento de drones pedem aos pilotos que apenas coletem fotos. Os pilotos de drones estão sendo contratados por agregadores de empregos de drones, mas geralmente pagam menos. Embora esses trabalhos também exijam a menor quantidade de trabalho. Esses trabalhos também podem configurar um piloto para falhar rapidamente . Eles recebem a falsa suposição de que sabem como concluir os trabalhos de mapeamento de drones. No entanto, eles apenas concluíram a aquisição. Eles não estão executando ou processando os dados ou aprendendo com seus erros. Eles não estão aprendendo qual estratégia de aquisição funcionou para uma determinada área de um mapa. Eles não estão aprendendo com seus erros.

Alguns trabalhos de mapeamento de drones exigirão apenas a aquisição de dados . Alguns trabalhos de mapeamento de drones exigirão processamento de dados . Alguns trabalhos de drone exigirão que você processe dados, forneça um conjunto de dados técnicos , mas também visualize o modelo para o cliente. É por isso que ensinamos sobre Google Poly, Potree/ODM e Sketchfab durante nossas aulas de mapeamento. A maioria dos clientes de mapeamento de drones não consegue visualizar os dados de forma rápida e fácil . Os clientes querem poder visualizar os dados em seus telefones celulares , não apenas no auto cad.

Quando seu cliente solicitar várias entregas de mapeamento de drones , não tenha medo de cobrar por essas entregas adicionais. Se os clientes mudarem de ideia ou não forem educados o suficiente para saber exatamente o que precisam... não é sua culpa. Você deve cobrar pelo tempo adicional para concluir as entregas adicionais. No entanto, você também precisa ter certeza de que o cliente entende o que você está pedindo . Por fim , sempre iniciamos a conversa com " Qual problema você está tentando resolver ? "

Por que a maioria dos salários dos pilotos de drones são tão baixos (e como aumentar o seu)

Não consegue ganhar dinheiro pilotando seu drone ? Você pode não ter as habilidades necessárias para transformar sua paixão em lucro.

Enquanto alguns pilotos de drones experientes ganham um salário de seis dígitos a cada ano, o trabalho médio de drones paga apenas cerca de US$ 30 mil. Debido a que muchos pilotos, que buscan encontrar un trabajo de dron, tienen experiencia en el campo militar, aeron á utico, comercial y otros campos lucrativos, muchas personas encuentran que el salario inicial promedio para un piloto de VANT no es suficiente para llegar a fim de mês. Embora isso possa ser um ótimo salário para alguém recém-saído da faculdade, procurando construir seu portfólio e se divertir enquanto isso, pode não ser suficiente para outra pessoa.

Felizmente, existem soluções para esse problema. Levará tempo, esforço e prática , mas entender por que os pilotos profissionais de drones não recebem altos salários e como você pode aumentar o valor deles ajudará você a ganhar mais dinheiro a longo prazo.

Por que muitos trabalhos com drones, nível básico, pagam tão pouco?

A realidade da situação, aqui , é que há muitas pessoas que sabem pilotar UAVs. Você tem um UAV de nível de consumidor, a certificação certa e um backlog decente disponível. Eles podem até ter tirado algumas fotos aéreas para um negócio imobiliário local . Essa pessoa pode se ver filmando com um drone para uma pequena empresa .

Se essa pessoa achar que $ 30.000 por ano é um salário muito baixo para ela viver, a empresa pode facilmente encontrar outra pessoa que esteja entusiasmada em voar UAVs para ganhar a vida . Existem grandes empresas que empregam equipes de pilotos de drones de baixa remuneração, sabendo que é fácil substituir essas pessoas se necessário.

Esta é a economia básica de oferta e demanda. Infelizmente, embora os pilotos de drones sejam valiosos para muitas empresas, há pessoas suficientes para que essas empresas tenham uma boa chance de encontrar alguém para fazer isso por menos .

Aumente seu valor, aumentará seu salário.

As empresas estão percebendo lentamente , agora, que não vale a pena investir para eles dar empregos de drones a pilotos que não possuem habilidades significativas relacionadas a drones. Reunindo equipes de pilotos que são muito bons em voar, mas não são bons em lidar com outras tarefas envolvidas no trabalho. Como resultado, eles podem acabar terceirizando serviços caros relacionados ao reparo de drones e outras questões de manutenção necessárias. Se você entrar em uma empresa com a capacidade de lidar com tarefas que normalmente precisam terceirizar, aumentará imediatamente seu valor para eles. Equipado com as seguintes habilidades de drone, otimize suas chances de obter um salário de piloto de drone mais alto:

- Manutenção e reparação de drones

-Solução de problemas

-Reparar/substituir sistemas

-Habilidades de software relevantes

-Operando em condições difíceis

Em qualquer negócio, é claro, você pode aumentar seu valor trazendo mais para a mesa. Se você tiver habilidades adicionais a oferecer, é mais provável que aumente sua taxa de pagamento, a fim de ganhar mais dinheiro pilotando drones profissionalmente. Isso significa que você precisa ter mais habilidades do que apenas voar.

Como as empresas de drones podem prosperar durante o inverno

Conhecemos muitos proprietários de empresas de drones que vivem em áreas onde o inverno representa um grande desafio . Afinal , o clima frio não é exatamente amigável para os pilotos de drones . Quem trabalha com campos de golfe, por exemplo, muitas vezes encontra seu trabalho esgotado.

Por sua vez, costumamos conversar com pilotos de drones que simplesmente não sabem como enfrentar os invernos. Eles não conseguem encontrar trabalho, não geram negócios suficientes e sentem que viver a vida dos drones é impossível durante os meses frios .

Então, o que você faz se o inverno atrapalhar o seu negócio de drones?

Lembre-se, as oportunidades estão em toda parte

O inverno é um grande desafio para quem trabalha em diversos setores. Agentes imobiliários falam sobre isso o tempo todo. No entanto, algumas das pessoas mais bem-sucedidas no setor imobiliário são aquelas que veem o inverno como uma oportunidade.

Um de nossos amigos mais próximos no setor imobiliário fala sobre o inverno como o tempo para acelerar. Enquanto outros agentes relaxam, reclamando que ninguém compra casa no inverno, ele vê a época como menos competitiva. Enquanto todo mundo está sentado no escritório, ele está fazendo networking , fazendo marketing e vendendo casas. A concorrência está diminuindo , por isso assume uma postura agressiva nos meses de inverno.

Essa tática também pode funcionar para pilotos de drones. Se todos os outros na sua área guardaram o drone para o inverno, você tem uma grande oportunidade de acumular pistas para si mesmo. Pense no inverno como uma época para acelerar, não para hibernar.

Seja mais criativo com trabalhos de drones

Só porque você é o motorista de um campo de golfe em sua área não significa que você só pode gravar campos de golfe. Se você realmente vai viver a vida do drone, precisa ser o mais flexível possível .

A construção pode diminuir um pouco durante o inverno, mas os empreiteiros ainda precisam de relatórios de progresso e gerenciamento do local. A polícia ainda precisa de relatórios da cena do crime. A inspeção de turbinas eólicas nunca para.

Além disso , algumas indústrias realmente ganham velocidade durante o inverno . Você já pensou em tirar fotos aéreas para estações de esqui ? Que melhor momento para fazer um vídeo de cabine de inverno do que durante os meses de neve ?

Considere suas opções. Pense nas pessoas que dependem do inverno para negócios e tente se comunicar com elas.

aproveite o inverno

Se você mora em uma área particularmente nevada , você realmente tem uma vantagem sobre outros pilotos de drones. Lembre-se, o inverno é lindo. Ao capturar imagens de paisagens com neve, você pode realmente oferecer algo que as pessoas em climas tropicais não podem oferecer. Temos certeza de que muitas pessoas procuram "paisagens de inverno" e "montanhas nevadas" em sites de vídeos o tempo todo, o que significa que você tem algo importante a oferecer.

Pense criativamente sobre o que você pode fornecer que os pilotos de drones em pontos quentes não podem . Obtenha o máximo de material que o inverno permitir e descubra uma maneira de publicá-lo.

Trabalhe em outros aspectos do seu negócio de drones

Se nada mais, o inverno oferece um tempo para se esconder em sua mesa e cuidar de todas as outras tarefas que você adiou enquanto estava quente. Reserve algum tempo para atualizar seu portfólio de demonstração. Obtenha seu site. Encontre novos clientes, faça chamadas frias e comece a construir conexões. Ficar preso dentro de casa pode ser uma bênção, então use o tempo a seu favor.

Claro, não estamos tentando idealizar muito o inverno. Pode ser um incômodo real, especialmente quando a neve inibe sua capacidade de voar. No entanto, administrar um negócio de drones tem tudo a ver com versatilidade e você pode se manter bastante ocupado durante o inverno se trabalhar duro para isso.

Diretrizes de inverno para drones

Dicas para operação e manutenção seguras de drones no inverno

Os drones comerciais DJI Enterprise foram projetados para atender às demandas de nossos clientes, que frequentemente colocam seus drones à prova em ambientes e cenários extremos. Entre as mais desafiadoras dessas missões estão aquelas que ocorrem em grandes altitudes e em condições de neve. Da busca e salvamento nas montanhas ao levantamento e mapeamento em áreas remotas , o inverno e as baixas temperaturas representam um grande desafio tanto para os pilotos quanto para as aeronaves.

Preparamos este guia para ajudá-lo a lidar melhor com a manutenção de drones e atividades de voo em ambientes rigorosos de inverno. Cobrimos problemas comuns de drones causados por clima frio e dicas a serem seguidas antes, durante e depois do voo para melhor manter seus drones.

Problemas comuns com drones causados por clima frio

I. Baixas temperaturas e baterias de drones não combinam

Os drones DJI são alimentados por baterias de lítio .

Temperaturas abaixo de 15 ° C (59 ° F) aumentam a resistência interna de uma bateria , levando a uma diminuição de sua capacidade de descarga e aumento da queda de tensão durante a descarga. Ao voar, se a tensão da bateria cair significativamente (com a tensão da bateria de uma única célula de bateria menor que 3V), a aeronave não conseguirá manter uma alta velocidade de vôo com o empuxo máximo . Se você continuar a voar com a bateria fraca , aumentará o risco de queda acidental de energia.

II. Frio extremo e neve podem causar erros no sistema de controle de voo

O sistema de controle de vôo consiste em um conjunto de instrumentos sensíveis, incluindo sensores de visão , sensores ultrassônicos e a IMU (que por sua vez inclui um giroscópio, termômetro , acelerômetro e barômetro). A neve e o gelo podem obscurecer ou bloquear esses sensores e afetar o sistema de controle de voo. Além disso , a refletividade da neve e as diferenças repentinas de temperatura podem afetar os dados ambientais circundantes coletados por esses sensores, o que também pode afetar a operação normal do sistema de controle de vôo.

III. As variações de temperatura afetam o desempenho das cargas úteis do gimbal

1) Quando a temperatura e a umidade do ambiente operacional mudam, a lente da câmera pode embaçar e afetar a qualidade da fotografia.

2) Ao entrar em uma sala quente de um ambiente externo frio , pequenas gotas de água na superfície da carga do gimbal podem condensar, penetrar e danificar as unidades eletrônicas .

Ambientes frios aceleram o envelhecimento da borracha do amortecedor do gimbal , bem como a solidificação da graxa de amortecimento . Isso pode afetar a qualidade de amortecimento do gimbal e potencialmente causar trepidação na imagem.

Diretrizes de operação e manutenção de inverno para drones

I. Preparação antes da decolagem

1) Carregue totalmente as baterias :
Certifique- se de que as baterias estejam totalmente carregadas antes da decolagem e certifique- se de que a tensão da bateria esteja normal.

2) Pré-aqueça suas baterias :

Use um pré-aquecedor de bateria ou ligue a bateria com antecedência para pré-aquecê-la em mais de 15 ° C , reduzindo assim a resistência interna da bateria .

3) Limpe o gelo e a neve do seu drone:

Limpe a neve e o gelo da superfície da aeronave. Se algum líquido for encontrado nas superfícies do sensor, limpe - o rapidamente para evitar que congele devido a baixas temperaturas enquanto estiver no ar.

4) Aqueça a aeronave:

Depois de ligar o drone, aqueça - o por cerca de 1 minuto antes da decolagem, para garantir o funcionamento normal de vários sensores. Se a lente da carga útil embaçar , ligue a aeronave para pré-aquecê-la e dissipar o vapor de água na lente.

II. dicas de voo

1) Role para aquecer:

Imediatamente após a decolagem , segure o mouse por cerca de 1 minuto após a decolagem para pré-aquecer totalmente a bateria .

2) Monitore de perto as mudanças nos níveis da bateria :

Evite pilotar a aeronave quando a bateria estiver fraca e reserve mais energia da bateria para o processo RTH do que em condições normais de temperatura.

3) Mantenha uma atitude de voo estável.

Para evitar uma queda repentina na voltagem da bateria , evite períodos prolongados de vôo em alta velocidade com potência máxima .

4) Tenha cuidado com as mudanças no ambiente de voo.

Evite voar em ambientes com mudanças drásticas de temperatura para evitar riscos de segurança, como falha do sensor e congelamento de componentes. Além disso , para evitar o mau funcionamento dos sensores visuais, evite voar em baixas altitudes (dentro de 5m) sobre neve espessa ou altamente reflexiva .

5) Opere com responsabilidade

informações meteorológicas extremas , como frio intenso e tempestades de neve . Se o aplicativo de voo exibir alguma mensagem de erro sobre segurança de voo enquanto estiver no ar, aterrisse rapidamente a aeronave.

III. Armazenamento e manutenção após o voo

Limpe rapidamente a aeronave para mantê-la seca:

A diferença de temperatura ao entrar em uma sala quente de um ambiente externo frio pode causar a formação de condensação nas superfícies da aeronave, como a bateria e as lentes. Neste momento, limpe e seque imediatamente a aeronave para evitar danos aos seus componentes eletrônicos .

2) Guarde a aeronave com segurança

Após o término da missão, devolva seu drone ao estojo protetor e guarde-o em um ambiente interno seco a uma temperatura constante entre 5-20 °C . Evite armazenar a aeronave sob luz solar direta.

3) Realize verificações regulares de manutenção

Ambientes operacionais de baixa temperatura irão acelerar o envelhecimento e danos a certos componentes. Ao realizar verificações regulares de manutenção profissional no drone, quaisquer problemas subjacentes podem ser detectados e resolvidos antecipadamente, garantindo operações seguras e eficientes do drone no inverno.

tempo frio ou para pilotos

Os pilotos devem garantir que usam equipamento suficientemente quente e à prova de vento ao trabalhar em ambientes frios . Ao voar em ambientes gelados ou cobertos de neve, os pilotos podem usar óculos de proteção para evitar danos aos olhos causados pela luz refletida.

Encontrando os drones comerciais certos para o seu próximo projeto

Você está interessado na tecnologia drone , mas não acha que poderia ter uma aplicação comercial para o seu negócio ? Pense de novo. Os drones empresariais estão tendo um impacto notável em setores que vão desde mineração a imóveis, construção e agricultura. Tudo isso é possível graças a uma ampla variedade de drones especializados e cargas úteis que oferecem recursos personalizados adequados para praticamente qualquer trabalho.

Continue lendo para descobrir como os Veículos Aéreos Não Tripulados (UAVs) de nível empresarial estão transformando os negócios em todo o mundo. Seu negócio é o próximo ?

Como as empresas usam drones hoje

Se a sua indústria usa dados coletados de um espaço físico , é muito provável que a tecnologia drone tenha um impacto .

Alguns dos principais setores que investem em inovação de drones incluem:

topografia

Durante anos , os profissionais de levantamento confiaram exclusivamente em métodos terrestres , como estações totais, receptores GPS e scanners a laser terrestres para adquirir seus dados espaciais. Cada uma dessas técnicas é demorada e pode se tornar cara rapidamente . Felizmente, existe uma nova forma de realizar levantamentos topográficos .

Com drones como o Matrice 300 RTK, os agrimensores podem mapear até mesmo os terrenos mais desafiadores com mais rapidez e precisão do que nunca . A implantação de drones elimina a necessidade de enviar equipes de pesquisa para áreas perigosas e torna possível coletar facilmente dados sobre recursos inacessíveis, como torres de telefonia celular e copas de árvores .

Além de reduzir os tempos de projeto, o uso de drones pode ser uma vantagem para um topógrafo, oferecendo múltiplas possibilidades de mapeamento , incluindo mapas ortomosaicos 2D e 3D, nuvens de pontos LiDAR, modelos 3D, mapas termais e mapas multiespectrais. Cada um desses métodos pode ser útil, dependendo das especificidades de um trabalho de pesquisa .

conservação ambiental

Com financiamento relativamente limitado em comparação com muitos dos outros setores desta lista, os pesquisadores ambientais devem fazer tudo o que puderem para otimizar cada parte de seu processo. Felizmente, os cientistas encontraram maneiras engenhosas de usar drones para o bem do planeta. Os conservacionistas estão usando veículos de levantamento aéreo não tripulados para mapear ecossistemas frágeis e realizar contagens de espécies ameaçadas. Ter esse tipo de dado em mãos ajuda os ambientalistas a entender melhor como alocar seus recursos e quais áreas precisam de atenção imediata.

Agricultura

Agricultores de todo o mundo encontraram todos os tipos de usos práticos para UAVs comerciais , com diferentes modelos desbloqueando diferentes capacidades . Por exemplo, agricultores de cereais como arroz, trigo e milho estão usando drones de levantamento para detectar mudanças ambientais e tomar as decisões corretas de gerenciamento de campo. Os resultados? Custos operacionais mais baixos, melhor qualidade da colheita e taxas de rendimento mais altas.

No entanto, os drones não ajudam apenas os agricultores a coletar novas informações. Drones como o DJI AGRAS T30 ou T10 podem voar rapidamente sobre um campo e pulverizar fertilizantes ou pesticidas nas plantações. Isso economiza tempo e trabalho e representa um grande avanço para a indústria agrícola .

extinção de incêndio

Nos últimos anos, houve um aumento de incêndios florestais em todo o mundo, uma tendência que infelizmente não deve diminuir tão cedo . Os bombeiros responderam ao desafio com inovação .

Em todas as fases de um incêndio florestal, um sistema de aeronave não tripulada pode ter um impacto positivo. Os drones podem dar aos bombeiros uma visão panorâmica do terreno no início de um incêndio florestal e ajudá-los a determinar para onde as chamas se moverão a seguir , permitindo que tomem decisões rápidas sobre para onde devem ir as equipes e quais cidades precisam ser evacuadas. Isso não apenas ajuda os líderes da tripulação a salvar vidas civis, mas também mantém suas equipes fora de perigo. Além disso , os drones desempenham um papel importante na prevenção de incêndios florestais, ajudando as equipes a realizar queimaduras prescritas e controladas a uma distância segura. Essas queimaduras ajudam a limpar arbustos secos e outras partes do ecossistema que podem se tornar combustível para um futuro incêndio florestal.

Energia

As empresas de petróleo e gás usam drones para monitorar as áreas ao redor dos oleodutos em busca de mudanças ambientais ao longo do tempo. Isso é especialmente importante porque algumas partes dessas operações, como pontas de flare e pontos flutuantes, podem ser difíceis de avaliar totalmente do solo. Além disso , as inspeções de drones limitam a quantidade de tempo que os funcionários precisam gastar em ambientes perigosos, como perto de tubos de vapor expelindo produtos químicos nocivos . Por fim , ao mudar de operações manuais para drones, a indústria de petróleo e gás economiza tempo de inspeção e mantém seus funcionários mais seguros .

No entanto, não são apenas as empresas de combustíveis fósseis que se beneficiam dos UAVs. Usando drones em combinação com sensor remoto a laser , as fazendas solares podem inspecionar seus painéis em tempo recorde e com precisão. Enquanto as fazendas solares eram anteriormente limitadas pelo tempo necessário para realizar inspeções manuais, essas empresas agora podem expandir mantendo os padrões de qualidade, o que significa mais energia verde para o planeta.

Mineração

Uma operação de mineração segura e bem-sucedida requer grandes quantidades de informações, às vezes até milhões de pontos de dados para uma operação maior . Como muitas dessas indústrias, os drones ajudam os operadores de minas a coletar com eficiência muitas dessas informações . A fotografia com drone é usada para reduzir uma quantidade significativa de tempo na medição do volume de estoque.

Além de otimizar a forma como as informações são coletadas, os drones ajudam os operadores de minas a manter seus funcionários mais seguros no trabalho. Em vez de inspecionar manualmente equipamentos perigosos, os pilotos de drones podem ficar a uma distância segura e coletar todas as informações de que precisam. Em uma indústria como a mineração , onde o terreno desafiador e as substâncias nocivas podem ser abundantes, a capacidade de trabalhar de longe é um benefício real para a segurança.

construção

O mapeamento e modelagem de drones estão ajudando os gerentes de construção a tomar decisões seguras e informadas. Construtoras e incorporadoras podem usar a tecnologia para fazer modelos 3D de projetos, coletar medições de centímetros e realizar medições de volume de armazenamento. Do pré-planejamento à otimização da cadeia de suprimentos, os resultados tendem a falar por si .

Forças de segurança

De paradas de trânsito a buscas por pessoas desaparecidas , a aplicação da lei está usando drones para coletar as informações de que precisam em tempo real. Em situações em que um suspeito está fugindo da cena do crime, os policiais podem usar um UAV para segui-lo e planejar uma interceptação, sem criar o tipo de caos que uma perseguição com veículo tripulado pode acarretar . Drones como esses também podem ser usados para verificar a conduta policial e garantir que os policiais estejam seguindo os procedimentos padrão durante as paradas de trânsito .

Os socorristas usam sensoriamento remoto e imagens térmicas para procurar corpos em missões de busca e resgate . Com equipes frequentemente trabalhando no escuro e com prazos apertados, a tecnologia certa pode significar a diferença entre a vida e a morte.

imóveis_

Agentes imobiliários estão usando drones para fazer modelos 3D precisos de casas à venda e oferecer passeios virtuais. Embora essa técnica exista há alguns anos, sua popularidade decolou durante a pandemia do COVID-19, pois permitiu que locatários e compradores em potencial visualizassem uma propriedade de uma distância segura.

Claro

Para fornecer avaliações de propriedades precisas, as seguradoras devem coletar o máximo de informações possível. Os drones podem ajudar a tornar as inspeções mais fáceis e eficazes no tempo. De acordo com a Deloitte, as seguradoras agora contam com um único empreiteiro geral para lidar com essas inspeções devido à grande quantidade de dados que podem ser coletados de um drone. No passado, vários especialistas podem ter sido necessários para o cargo. Os fatores que as seguradoras procuram nessas inspeções incluem danos existentes e o risco potencial de um desastre natural, como uma inundação .

Além das avaliações iniciais, as seguradoras usam drones para avaliar danos materiais e até mesmo eliminar sinistros fraudulentos. Em alguns casos, uma única rota de voo do drone pode ser suficiente para coletar todas as imagens necessárias para uma avaliação .

preservação histórica_

Os arqueólogos estão usando mapeamento e modelagem de drones para obter novas informações sobre alguns dos locais históricos mais importantes do mundo . Os modelos de drones podem ser usados para coletar dados antes de uma escavação e também ajudar as equipes a otimizar a maneira como trabalham, descobrir novos ativos históricos e entender a arquitetura de um edifício. No Japão, por exemplo, os arqueólogos usaram o DJI Terra para criar um modelo de nuvem de pontos 3D do Castelo de Karatsu, uma peça marcante da arquitetura do século XVII.

Encontrando os melhores drones e cargas úteis para o seu negócio

O drone certo para você depende da sua linha de trabalho e dos tipos de recursos e suporte necessários .

Os recursos a serem considerados ao fazer uma compra incluem:

Vida útil da bateria – Embora os trabalhos possam ser concluídos em apenas alguns voos, outros exigirão que você tire milhares de fotos aéreas com precisão de um centímetro .

Desempenho de voo – Você precisa de um drone que possa se mover com agilidade por uma trajetória de voo automatizada? É mais importante voar em linha reta a uma velocidade constante? O tamanho e o peso do drone e a carga afetarão o quão bem o drone pode voar.

Precisão da imagem – Enquanto alguns drones comerciais exigem precisão de um centímetro , outros podem ser suficientes com uma visão mais ampla . Saiba o que você está procurando antes de fazer uma compra.

Cargas úteis – Drones diferentes são projetados para armazenar diferentes tipos de cargas úteis , como câmeras e sensores, *e* alguns drones mais pesados ainda têm a capacidade de transportar várias cargas úteis ao mesmo tempo .

Independentemente do setor em que você trabalha, vale a pena investir em um drone comercial, em vez de um projetado para uso amador. Os drones comerciais tendem a ser mais duráveis do que seus equivalentes recreativos para atender aos rigores do uso diário. Os recursos a serem procurados incluem melhor resistência ao vento, baterias com autoaquecimento e maior tolerância a condições extremas.

também oferecerão a seus clientes corporativos um nível mais alto de suporte pós-venda, pois é mais provável que os drones corporativos sejam usados regularmente e colocados em posições onde possam sofrer danos maiores.

Usos inovadores de drones que você talvez não conheça

O uso de drones na agricultura e no setor imobiliário são usos populares para drones com os quais a maioria de nós está familiarizado. Porém, existem alguns usos inovadores de drones que têm um ótimo ROI e, portanto, estão ganhando força lentamente. Neste capítulo, falo sobre 5 usos legais de drones. São:

inspeções de barragens
· Conservação da vida selvagem
· Pesca
inspeções de esgoto

· Fábrica_ _

: como os drones são usados para monitorar infraestrutura crítica

No final do dia, as autoridades começaram a usar drones para pesquisar áreas de difícil acesso das barragens . Não é possível inspecionar todas as áreas desta gigantesca estrutura usando meios de inspeção tradicionais, como scanners . No entanto, com o uso de drones, as autoridades podem localizar pequenas rachaduras que podem levar a vazamentos de água. Além disso , os dados de cada inspeção podem ser comparados. Isso é particularmente útil , pois o tamanho e a dimensão das anormalidades podem ser comparados em inspeções subsequentes.

Devido às fortes regulamentações das entidades aeronáuticas, as autoridades têm voado no interior, apenas na sala principal do gerador. Este é outro exemplo que destaca a necessidade urgente de mais isenções de certificações de drones .

Como os drones estão ajudando na conservação da vida selvagem

Os drones estão substituindo os helicópteros na pesquisa da vida selvagem devido à flexibilidade, precisão dos dados e custo-benefício. Os pesquisadores observam que, devido aos baixos custos, é possível repetir voos para um local designado. Durante a época de reprodução , voos repetidos são necessários para construir um modelo de dados preciso.

Outra equipe de pesquisadores engenhosos usou um drone para coletar DNA de uma baleia jubarte. O pesquisador conseguiu atingir seu objetivo colocando placas de Petri em um drone. Quando perceberam que a baleia estava prestes a emergir, lançaram o drone. O drone estava estrategicamente sobrevoando a baleia.

Mas quão precisos são os dados do drone? Para responder a essa pergunta, um grupo de ambientalistas de Adelaide colocou milhares de patos de plástico na praia. Eles então tentaram comparar dois métodos de contagem : a abordagem humana tradicional e a abordagem do drone. Eles descobriram que usar um drone era 96% mais preciso do que a abordagem humana!

Vá pescar com drones e delicie-se com a captura do dia

Drones também são usados para pesca. Então, como funciona a pesca com drones? Na pesca com drones, o drone é simplesmente usado para lançar uma linha . Para que a pesca com drone funcione, você precisará usar um clipe de liberação. Depois de iscar um peixe, a pressão descendente resultante fará com que o clipe solte a linha do drone. Então você pode voar com segurança com seu drone.

Não recomendamos a pesca sem clipe de liberação. Se você pegar uma grande isca, a pressão para baixo pode ser suficiente para derrubar seu drone.

Os drones também podem fazer o trabalho sujo !

Isso mesmo . Drones estão sendo usados para inspeções de cocô, de todas as coisas. A cidade de Barcelona tem usado drones para suas inspeções de esgoto. As inspeções de esgoto são um trabalho perigoso e desagradável. E muitas vezes existem alguns limites estreitos que são difíceis de serem acessados por um ser humano. O uso de drones nega a necessidade de entrar no ventre da cidade. Como o inspetor pode controlar o drone de uma van, o uso da tecnologia drone torna essa tarefa muito mais tolerável .

No Reino Unido, a tecnologia de drones pairando está sendo usada para inspecionar esgotos. Um drone montado em um flutuador é baixado no esgoto. O drone está equipado com EO e câmeras térmicas . Usando imagens de alta resolução e modelos 3D, as autoridades da cidade podem tomar decisões baseadas em dados, economizando tempo e custos.

Drones descem na fabricação

Imagine entrar em uma movimentada empresa de fabricação de bombas. De repente, uma máquina CNC crítica quebra e para a linha de produção . Implacável, o operador puxa o controle remoto de seu drone e, em pouco tempo , o drone pega a peça de reposição correta da prateleira de armazenamento superior. Um tempo valioso é economizado e a produção perdida é minimizada . Bem. Então esse cenário foi inventado. Mas, este dia certamente não está longe .

Atualmente, os drones já estão sendo utilizados para a gestão de estoque nos armazéns da empresa . Uma instalação de fabricação terá milhares de peças. E o gerenciamento de estoque é a chave para operações eficientes. Eyesee, um drone AI é capaz de escanear uma etiqueta RFID e registrar esses dados. Isso resulta em um gerenciamento de estoque rápido e preciso .

Outro uso legal para drones é inspecionar espaços confinados. Drones equipados com recursos de detecção e prevenção podem acessar áreas de difícil acesso com facilidade, reduzindo a intervenção humana e, portanto, o risco. O Elios é um daqueles drones que podem pesquisar essas áreas de difícil acesso .

conclusão _ _

Custos de capital mais baixos , facilidade de aquisição de dados e resultados precisos significam que muitas indústrias estão descobrindo usos novos e inovadores para drones. À medida que os drones se tornam mais inteligentes e capazes , a tecnologia dos drones eliminará alternativas cada vez mais ineficientes (e caras) .

C omo a DJI se tornou a empresa mais valiosa da indústria de drones

DA - Jiang Innovations ou DJI é uma empresa sediada em Shenzen com origens humildes. Frank Wong financiou a DJI com o dinheiro de sua bolsa de estudos em 2006. O cenário atual é bem diferente, para dizer o mínimo.

As vendas anuais da DJI são estimadas em US$ 3 bilhões. E eles têm quase 3.000 funcionários em sua lista. De acordo com a última rodada de financiamento em abril de 2018, a DJI foi avaliada em US$ 15 bilhões, tornando Frank o primeiro bilionário drone do mundo. Então, como a DJI conseguiu alcançar essa posição invejável? Passemos ao nosso primeiro ponto: as suas origens chinesas .

As instalações de produção chinesas da DJI são a única razão para seu sucesso ?

Atribuir o sucesso da DJI simplesmente aos baixos custos de produção, cortesia de sua base de produção chinesa, é uma visão estreita e incorreta. Claro, os baixos custos de fabricação são um fator, mas certamente não o único .

A fabricação de drones é incrivelmente complicada e requer domínio sobre os processos de produção, como moldagem por injeção e usinagem de precisão .

Aqui está o que Tim Cook, da Apple, disse quando perguntado sobre a fabricação do iPhone na China:

"Há uma confusão sobre a China... a concepção popular é que as empresas vêm para a China por causa do baixo custo da mão de obra. Não tenho certeza de onde elas vão, mas a verdade é que a China não é mais o país. " é baixo custo de mão de obra há muitos anos e essa não é a razão para vir para a China do ponto de vista da oferta...

...a razão é por causa da habilidade...e a quantidade de habilidade em um lugar...e o tipo de habilidade que é. Os produtos de que precisamos requerem ferramentas realmente avançadas. E a precisão que é preciso ter nas ferramentas e no trabalho com os materiais que fabricamos são de última geração. E a habilidade da ferramenta é muito profunda aqui .

Claramente, a fabricação de peças de drones também é uma indústria que requer ferramentas e habilidades de engenharia do mais alto grau. Portanto, embora os baixos custos sejam uma das razões do sucesso da DJI , o acesso à mão de obra qualificada também é um fator importante.

Outra razão importante para o sucesso da DJI é sua capacidade de resposta às necessidades do mercado. Mike Winn, co-fundador da DroneDeploy, observa que usar a mesma plataforma de tecnologia para soluções de negócios e consumidores permite que a DJI inove e lance novos produtos na velocidade da luz. Portanto, isso permite que um usuário da linha Mavic tenha a mesma experiência de usuário ao atualizar para a linha Matrice, resultando também em uma adoção mais rápida .

A parceria da DJI com a Microsoft permitiu que os usuários da DJI acessassem o ecossistema da Microsoft por meio de um SDK. Isso permitiu que os pilotos de drones oferecessem soluções industriais autônomas e escaláveis.

<u>Os concorrentes acham difícil competir com um DJI ágil</u>

A GoPro e a DJI certamente são um estudo de caso interessante para pessoas que desejam estudar estratégia de mercado e concorrência. A GoPro, fundada em 2002, tornou-se pública em 2014. Com o sucesso de suas câmeras de ação , o preço das ações da GoPro atingiu o pico de US$ 87 em outubro de 2014. Hoje , as ações estão sendo negociadas por menos de US$ 11 . Então o que realmente aconteceu ?

Indiscutivelmente, a maior mania da GoPro foi sua incursão no negócio de drones, uma decisão repleta de problemas desde o início. Depois de falar sobre uma possível colaboração com DJI e 3DR, a GoPro decidiu assumir o controle de todo o processo de desenvolvimento e fabricação. Após vários atrasos, o Karma finalmente foi lançado no final de 2016. Citando forte concorrência e margens baixas , a GoPro saiu totalmente do negócio de drones em janeiro de 2018 .

O CEO da MOTA, Michael Faro, resume muito bem a atual dinâmica do mercado :

"Não estamos competindo com a DJI. Aquele cantinho do mercado está cheio . "

O que o futuro reserva para os mercados de drones ?

Com mercados primários de drones como os Estados Unidos experimentando um crescimento exponencial, e com países como a Índia permitindo operações comerciais de drones, não há sinais de que o mercado de drones sofrerá uma desaceleração nos próximos anos . Na verdade, o Gartner prevê que o mercado de drones chegará a US$ 25 bilhões até 2025 .

Um forte departamento de P&D e uma linha de produção ágil significam que a DJI está bem posicionada para capturar esse crescimento. A disposição de trabalhar com margens de lucro baixas também torna difícil para novos concorrentes encontrar uma base firme no mercado. Estima-se que a participação de mercado da DJI tenha aumentado de 72% em 2017 para 80 % em 2023 .

Entrega por drone na Amazon: realidade ou sonho distante?

A Amazon estava no noticiário por outros motivos além de seu desempenho estelar: sua corrida para tornar o Amazon Prime Air uma realidade. Junto com a Amazon, gigantes corporativos como Google e DHL também estão interessados nessa tecnologia . Isso não é surpreendente. A adoção dessa tecnologia contribuirá significativamente para os resultados de uma empresa.

No entanto, os regulamentos das companhias aéreas, as preocupações com segurança e privacidade estão impedindo que essa tecnologia decole . Até que haja uma grande mudança na percepção social, é improvável que as entregas por drones encontrem aceitação. Basta relatar o primeiro incidente com drones na Argentina, ocorrido na estação Constitución, para entender que meu ceticismo não é realmente descabido.

As entregas por drones são um enorme desafio logístico . Os atuais regulamentos das entidades aeronáuticas permitem entregas por drones? Como os drones irão "se comunicar " e evitar colisões entre si ? É possível um pouso totalmente autônomo ? As entregas por drones são boas para o meio ambiente? Vamos nos aprofundar nesses tópicos.

Os atuais regulamentos das entidades aeronáuticas são

favoráveis às operações de entrega de drones?

O surgimento da identificação remota de drones é um passo na direção certa. As identificações remotas de drones permitem que os policiais determinem a localização exata de um drone. O Aeroscope Tracking System da DJI pode ser chamado de placa eletrônica para drones. Este sistema de identificação remota permite que os usuários da DJI identifiquem voluntariamente a localização de seu drone para as autoridades. O Sistema de Identificação Remota da DJI tem a capacidade de gerar um arquivo semelhante ao TCAS (Traffic Collision and Avoidance System). O TCAS é o sistema que permite o vôo seguro de aviões e helicópteros .

O projeto de lei de reautorização da FAA de 2018 propôs que o Controlador Geral dos Estados Unidos pudesse cobrar uma taxa adicional aos pilotos de drones. Esta taxa é para financiar a infraestrutura de um sistema de gerenciamento de segurança. A implementação dessa taxa, no entanto, é um desafio . Existem milhões de drones registrados no mundo. No entanto, esse número é minúsculo quando olhamos para o número total de drones não registrados. Então, os pilotos cumpridores da lei serão os únicos a pagar essa taxa? Não é exatamente justo. É?

Este projeto de lei também propôs a exigência de um certificado de companhia aérea para prestadores de serviços de entrega por drones. Claramente, isso cria uma barreira à entrada de provedores de serviços de drones. Então, a entrega por drones se tornará domínio exclusivo de grandes corporações? Somente o tempo dirá

As entregas por drones são amigáveis ao meio ambiente?

O transporte é um dos maiores emissores de poluição do mundo. A partir de 2013, 25% dos hidrocarbonetos emitidos podem ser atribuídos ao transporte. Então, substituir um caminhão a diesel por uma frota de drones é bom para o meio ambiente? Determinar isso é um grande desafio . Existem muitos fatores da vida real que precisam ser levados em consideração. Existem algumas teorias interessantes

#1 Maior melhoria nas emissões de gases do efeito estufa é observada em locais que dependem de fontes de energia mais limpas :

Em várias partes do mundo, eles usam diferentes fontes de energia para produzir eletricidade. Enquanto alguns lugares são mais dependentes de fontes poluidoras não renováveis, outros têm sido prudentes em aumentar sua dependência da energia solar e nuclear .

Então, o que isso significa?

Carregar seu drone em cidades "mais verdes" será menos poluente e deixará uma pegada de carbono menor em comparação com carregar seu drone em uma cidade dependente de combustíveis não renováveis .

Da mesma forma, o uso de drones para entrega exigirá vários pequenos armazéns. A eletricidade do armazém é outro fator a ser considerado ao determinar os benefícios ambientais.

2 A entrega de pequenos drones gera ganhos significativos em comparação com grandes entregas de drones:

sugerem que o uso de drones menores resultará em significativamente menos poluição . No entanto, as descobertas para drones maiores não foram realmente conclusivas. Como drones maiores exigem mais energia para armazenar , o uso de veículos elétricos seria uma alternativa melhor em cidades que dependem fortemente de fontes limpas de energia .

carreiras de drones

Funções do operador de drone em todos os setores

Chegou o dia do drone. A tecnologia de drones está mais avançada e capaz do que nunca, e inovadores e pioneiros em vários setores estão aprendendo como colocar drones comerciais para funcionar. Esta não é apenas uma boa notícia do ponto de vista da eficiência empresarial. À medida que a demanda por Veículos Aéreos Não Tripulados (UAVs) e as informações poderosas que eles fornecem aumentam, também aumenta a necessidade de pilotos de drones e gerentes de programas que possam tirar o máximo proveito dessas ferramentas. A ascensão dos drones naturalmente leva a vagas nas corridas de drones.

Os drones já estão sendo usados para funções como levantamento, fotografia aérea e videografia, agricultura de precisão, segurança pública e muito mais. Futuras mudanças legais podem introduzir ainda mais possibilidades, como entrega de encomendas de longa distância. Mesmo dentro das categorias existentes, há muitas opções: Levantamentos e inspeções são importantes para empresas que vão desde seguradoras e operadoras de minas até empresas imobiliárias e de serviços públicos.

Mas como serão as cargas de trabalho diárias para os trabalhos de piloto de drone? Quais habilidades os operadores de drones e o pessoal de suporte devem possuir? Como é o processo de licenciamento em vários países? Ao descobrir as respostas para essas perguntas e coletar informações relacionadas, um aspirante a piloto pode se aproximar de uma carreira gratificante em um campo com um futuro promissor.

Carreiras com drones: estado do mercado de trabalho

Ao considerar a operação de drones como uma carreira, é importante saber a diferença entre drones pessoais e comerciais. Com preços acessíveis e projetados para uso individual, os primeiros estão ajudando os drones a se tornarem mais populares na imaginação do público. Estes últimos, no entanto, são a força motriz por trás do crescente papel dos drones.

corporativos em cinco categorias (Agricultura, Construção e Mineração, Seguros, Mídia e Telecomunicações e Aplicação da Lei) gerarão um CAGR de 66,8% para as vendas de drones.

A expansão do uso de drones nesses cinco segmentos da indústria mostra a grande variedade de situações em que se espera que os pilotos de drones comerciais operem. Alguns serão responsáveis por inspecionar campos agrícolas e aplicar produtos químicos do ar, enquanto outros liderarão operações de busca e salvamento e outros ainda serão responsáveis pela captura de fotos e vídeos.

Nas condições atuais da indústria, a maioria desses operadores de drones voará com suas naves dentro do alcance visual. Isso se deve às leis da aviação comercial que limitam o uso de aeronaves além da linha de visão (BVLOS). Isenções às regras BVLOS são atualmente raras. No futuro, a aprovação adicional das operações do BVLOS pode levar a novos casos de uso de drones e ainda mais variedade de oportunidades de carreira.

Comece como um observador visual ou operador de sensor

As melhores práticas de operação de drones hoje geralmente envolvem mais de uma pessoa designada para um drone específico: um operador líder e um observador ou operador de sensor. Mesmo nos casos em que não há necessidade legal de ter duas pessoas em uma equipe de veículo não tripulado, as empresas podem usar um observador ou operador de sensor para maior segurança e controle de qualidade. Muitos drones comerciais, como as séries Matrice e Inspire , suportam o modo de controle duplo, onde um segundo piloto pode operar câmeras e sensores enquanto o outro piloto se concentra em voar. Ou em missões de busca e salvamento, um piloto se encarregará de controlar o drone com segurança, enquanto um observador procurará de perto a pessoa ou pessoas desaparecidas.

Em alguns casos, as funções de observador naturalmente levam a oportunidades de pilotagem meses ou um ano a partir de agora. Assumir uma função de tripulação que não inclua funções de pilotagem pode ser uma maneira eficaz de se tornar um piloto de drone comercial em um ambiente de suporte. Os funcionários que demonstram seu conhecimento na área podem ser prováveis candidatos a promoção para funções de piloto, pois estão mais familiarizados com os detalhes do trabalho que ajudam a concluir do que os funcionários externos.

Visando o sucesso como piloto de drone

Considerando a variedade de descrições de trabalho que lidam com drones e empresas interessadas neles hoje, não há caminho certo para uma carreira e sucesso em drones. No entanto, existem algumas práticas recomendadas sólidas que podem fazer um candidato voar:

Devidamente licenciado e certificado: uma licença comercial

para operar uma aeronave a casco nu é essencial para aceitar trabalhos de drones. A agência responsável pela emissão desta certificação será diferente de acordo com o país, assim como o processo exato de aplicação e teste. Onde quer que o trabalho em questão esteja localizado, um bom candidato será licenciado para voar para lá.

Rede com outros pilotos: encontrar empregos de drones não é necessariamente uma competição. Quando uma empresa contrata um piloto de drone, ela pode procurar vários outros funcionários ao mesmo tempo para criar uma equipe de drones mais completa. Os candidatos que se relacionam com outros pilotos podem segui-los para empresas que estão contratando em massa.

Mantenha-se ativo online e nas mídias sociais: existem vários caminhos online para o trabalho de operação de drones. Pesquisar sites especificamente voltados para a indústria de drones é uma maneira de descobrir vagas de emprego, embora elas tendam a ser empregos de nível básico, e não funções mais estabelecidas. No final, o LinkedIn pode se tornar o melhor recurso para um piloto.

Considere adquirir um seguro para drones – Embora os drones sejam a forma mais segura de aviação que o mundo já conheceu, qualquer pessoa que queira construir uma carreira em drones deve considerar se proteger com um seguro para drones. Do seguro de capacete e responsabilidade civil aos preços. Além disso, você pode optar por um plano de cobertura DJI Care Enterprise que oferece reparos, peças de reposição e muito mais.

Crie um nicho e uma marca pessoal: em alguns casos, ser um operador de drone não significa se tornar uma parte intercambiável de uma hierarquia corporativa. Em vez disso, os trabalhos são atribuídos a contratantes independentes. Um piloto de drone pode operar como empresário, reivindicando um nicho específico. Talvez um piloto individual se destaque no trabalho fotográfico ou tenha sido bem-sucedido em inspeções de utilitários; transmitir essa história de forma eficaz é uma maneira de encontrar mais trabalho.

Transformar a pilotagem de drones em uma carreira de longo prazo é um processo complicado, e se estabelecer no campo pode levar tempo e esforço. No entanto, uma vez que um piloto demonstra sua capacidade de realizar trabalhos com segurança e eficácia, inúmeras oportunidades podem surgir. Atualmente, as empresas procuram com frequência operadores de UAV, e a necessidade só se intensificará com o tempo.

Foco na segurança dos drones

Embora existam muitos elementos que contribuem para o sucesso como operador de drone, o mais importante é a operação segura e consistente do equipamento. A segurança é mais do que apenas uma questão de cumprir requisitos e obedecer às leis da aviação, embora essas sejam prioridades essenciais. Em vez disso, ser um piloto confiante é a base sobre a qual todas as outras habilidades de pilotagem de drones são construídas.

Tornar-se um piloto profissional de drones significa incorporar segurança e eficiência. Enquanto um piloto de drone recreativo pode ter começado a voar como um hobby, um operador de drone comercial deve entender que está lidando com equipamentos caros e de alta potência que podem causar sérios danos ou danos à propriedade se ocorrer um erro.

A segurança afeta as perspectivas de emprego de várias maneiras. Os aspirantes a operadores de drones devem:

Entendendo a segurança de drones – Ao procurar empregos que possam levar a carreiras de piloto de drones de longo prazo, a segurança é fundamental. Os empregadores não contratarão pilotos que não priorizem operações seguras e confiáveis. Um acidente em voo, ou mesmo um quase acidente resultando em violações regulatórias, pode ser muito prejudicial para um programa de drones e para uma empresa em geral. Portanto, os gerentes de contratação gravitarão em torno de candidatos a pilotos que tenham um histórico de segurança.

Trabalhe com listas de verificação – As listas de verificação pré-voo, a bordo e pós-voo são ótimas maneiras de garantir que seu equipamento seja usado de maneira adequada e segura. Os pilotos de drones veteranos que construíram carreiras de drones podem atestar: aderir às listas de verificação de segurança simplifica tudo e ajuda você a gerenciar os recursos da tripulação e do equipamento para garantir o sucesso.

Use EPI apropriado no solo: Ser um operador seguro vai além das habilidades de pilotagem para abranger como um piloto age no solo e até mesmo o que ele veste. Dependendo do ambiente de trabalho, o equipamento de proteção individual (EPI) de um piloto de drone pode consistir em capacete, colete de alta visibilidade e botas com biqueira de aço. O equipamento retardador de fogo também é algo a considerar. O uso regular de equipamentos seguros é outra maneira de mostrar uma mentalidade séria e de segurança em primeiro lugar.

O foco na segurança e no uso responsável de equipamentos pode causar uma forte impressão positiva nos empregadores, nenhum dos quais deseja aumentar o risco de sofrer um incidente.

Licença e Certificação de Drone Racing

Não existe um órgão internacional que certifique pilotos de drones para operar comercialmente. Isso significa que, onde quer que o próximo trabalho leve um aspirante a operador de drone, ele deve ter a licença apropriada para aquele país ou território.

Antes de começar a operar drones em um determinado local, é essencial verificar com as autoridades de aviação locais e garantir que todos os problemas de licenciamento sejam resolvidos. Alguns países podem simplesmente não permitir vários tipos de drones ou estilos de operação, como o BVLOS, e é muito melhor saber disso com antecedência do que ser surpreendido pelo não cumprimento.

começando a aprender

Depois de decidir obter uma dessas licenças ou certificados, é natural que os aspirantes a pilotos de drones se perguntem onde podem desenvolver suas habilidades e adquirir as competências necessárias. Felizmente, existem várias opções disponíveis para ajudá-lo a começar .

Algumas das opções são cursos pagos, distribuídos por aplicativo ou por sites. Ao se concentrar na preparação para o exame, esses serviços ajudam os pilotos aspirantes a desenvolver o tipo de conhecimento e experiência de que precisam para progredir de amadores a pilotos de drones comerciais certificados.

Outros materiais de teste e guia de estudo são distribuídos gratuitamente por meio de sites como o YouTube. Eles são criados por provedores de conteúdo que ganham dinheiro por outros meios, como associações e programas de parceria, para permitir que eles liberem seus cursos gratuitamente.

Qualquer que seja a forma que um aluno escolha para desenvolver seus conhecimentos, o caminho para a pilotagem profissional de drones precisará envolver uma educação especializada que leve a um teste de licença. Para onde eles vão depende de seus interesses específicos.

Melhores oportunidades de carreira em drones

Enquanto mais e mais pessoas estão construindo carreiras na indústria de drones, esta ainda é uma profissão relativamente nova. Nas últimas décadas, a tecnologia UAV se desenvolveu rapidamente, tornando os trabalhos de operação de drones em tempo integral uma opção de carreira viável e em constante evolução. Os dados permanecem limitados sobre essas profissões, com um salário médio em torno de US $ 50 . 000 e os 10% mais ricos ganham mais de $ 95.000 por ano .

Existem vagas para operadores de drones comerciais qualificados em muitos setores, com mais surgindo à medida que as leis e a tecnologia dos drones evoluem. Dito isto, alguns setores são especialmente promissores para pilotos de drones que buscam um trabalho estável e gratificante.

A seguir estão algumas das funções que estão mostrando interesse e demanda em relação ao uso de drones no momento, juntamente com alguns dos fatores que os tornam únicos e os tipos de trabalho que se espera que os pilotos façam se contratados.

Inspeção no setor de serviços públicos

O que torna esse papel único?

A infraestrutura de serviços públicos, como linhas de energia, turbinas eólicas, parques solares e dutos, precisa cobrir grandes distâncias. Em muitos casos, isso levou as empresas a recorrer a drones em vez de equipes de inspeção de solo quando chega a hora de inspecionar equipamentos quanto a danos ou desgaste.

A chave para uma rede forte e confiável é a manutenção proativa. Realizar inspeções de infraestrutura frequentes e direcionadas, em vez de esperar que ocorram falhas, é uma boa maneira de garantir um serviço confiável. Ao empregar equipes de drones, as organizações podem adotar esses princípios com menos funcionários e menos esforço, aproximando-se de equipes remotas, em terrenos acidentados ou ambos.

O que os operadores de drones fazem?

Os operadores de drones que fornecem serviços de inspeção de serviços públicos têm a tarefa de coletar imagens precisas e de alta qualidade. Eles podem trabalhar em equipe, com um piloto e outro observador por perto. Embora o levantamento de utilidades possa ser um caso de uso promissor para o voo BVLOS no futuro, as isenções do BVLOS são raras atualmente.

Habilidades especializadas são necessárias para navegar em um UAV próximo à infraestrutura elétrica e coletar dados. Felizmente, algumas empresas de serviços públicos oferecem cursos de treinamento para inspetores. Os pilotos de drones já devem ser certificados para operação comercial para ingressar nos cursos, mas a conclusão pode preparar esses trabalhadores para assumir novas funções neste campo tão procurado.

Filmagem e fotografia no entretenimento

O clássico tiro do guindaste de Hollywood encontrou seu sucessor: o tiro do drone. A fotografia aérea pode ser um grande impulso para um filme, programa de TV ou comercial, e há um nicho especial para pilotos de drones que são adeptos da captura de vídeo e imagens estáticas do ar.

O que torna esse papel único?

Uma das coisas que definem o uso de drones na indústria do entretenimento são os rígidos limites de tempo envolvidos e a necessidade de cumprir horários. A necessidade de manter uma filmagem em andamento e não interferir nos procedimentos significa que os operadores de drones devem estar confiantes em sua capacidade de concluir tarefas na primeira tentativa. Portanto, voar para fins cinematográficos é considerado uma das formas de maior estresse na operação de drones.

Operadores de drones na indústria do entretenimento precisam ter conhecimentos que vão além do uso de seus equipamentos. Eles devem entender os rudimentos de filmagem e ser capazes de se comunicar com diretores e operadores de câmera em linguagem cinematográfica.

O que os operadores de drones fazem?

Um operador de drone trabalhando em uma filmagem terá a tarefa de capturar tomadas de filme a partir da perspectiva única fornecida por seus drones. Eles podem trabalhar de forma independente, controlando o drone e a câmera, ou como parte de uma equipe com um operador designado para cada tarefa. Embora a habilidade de pilotagem seja claramente importante para este trabalho, os diretores podem considerar a habilidade de tiro mais importante.

Os operadores de drones no teatro serão chamados para obter cenas específicas, geralmente em linguagem exclusiva da cinematografia, em vez de pilotagem. Eles terão que usar essa entrada e tirar a foto, enquanto potencialmente enfrentam restrições como a necessidade de capturar uma foto antes que a luz mude. Um operador de câmera aprendendo a pilotar um drone pode ter mais sucesso no cinema do que um operador de drone aprendendo cinematografia.

Drone busca e elevador de resgate

As missões de busca e resgate geralmente ocorrem em locais rurais acidentados com terrenos e ambientes desafiadores. Esses fatores podem dificultar as equipes de terra, especialmente quando as áreas de busca abrangem longas distâncias. Além disso, muitas missões de busca e resgate acontecem à noite porque as vítimas só pedem ajuda quando o sol está se pondo e a bateria do telefone está acabando.

O que torna esse papel único?

Os drones fornecem uma visão essencial do céu durante as missões de busca e resgate, permitindo que mais terreno seja percorrido e que pessoas desaparecidas sejam localizadas mais cedo. Drones empresariais como o M300 RTK eles podem ser equipados com uma câmera térmica como o H20T ou H20N, enquanto outros drones como o M30T ou o Mavic 2 Enterprise

Advanced possuem sensores térmicos integrados. Esses sensores avançados ajudam as equipes de busca a ver durante a noite e até identificar as assinaturas de calor daqueles que estão desaparecidos. Juntos, os drones tornam toda a missão mais segura, tanto para as vítimas quanto para as equipes de busca.

O que os operadores de drones fazem?

Os operadores de drones em missões de busca e salvamento precisam estar calmos sob pressão e ter treinamento e preparação adequados. Muitos pilotos de drones de busca e resgate são voluntários e oferecem sua ajuda às organizações de resgate locais quando surge a necessidade. Como voluntário, você ainda precisa aprender mais detalhes sobre a busca para resgatar, a fim de integrar-se de maneira útil à equipe.

Para equipes de resgate profissionais, as demandas da função são bastante semelhantes, embora com drones Enterprise mais capazes. Ao sobrevoar áreas de busca, você precisa ficar atento não apenas à pessoa desaparecida, mas também a obstáculos e mudanças de altitude que possam colocar seu drone em risco. Os drones do modelo Enterprise mais avançados oferecem um modo de controle duplo, onde um piloto controla o drone, enquanto outro controla o gimbal e a câmera.

Agricultura de Precisão Vigilância na Agricultura

A agricultura hoje pode ser muito mais precisa e eficiente do que nos primeiros dias da agricultura mecanizada, e os drones são um dos avanços tecnológicos responsáveis por essa transição. Os drones desempenham vários papéis na agricultura de precisão, desde o fornecimento de informações aéreas altamente precisas sobre as condições do campo até a distribuição de pesticidas e fertilizantes em áreas específicas.

O que torna esse papel único?

Voar drones em um ambiente agrícola geralmente faz parte

de um projeto maior de agricultura de precisão, que envolve o uso da terra de maneiras muito específicas. Este é um estilo de cultivo eficiente, porque os campos podem ser subdivididos em pequenas unidades e receber cuidados e atenção adequados.

A agricultura de precisão com a ajuda de varreduras aéreas por drones também pode ajudar as fazendas a cumprir regulamentos mais rígidos sobre o uso de pesticidas e outros produtos químicos. Os drones permitem um grau de controle que a maioria dos equipamentos agrícolas padrão não pode suportar.

O que os operadores de drones fazem?

Os operadores de drones na agricultura provavelmente serão encarregados de pesquisar campos, pulverizar plantações ou ambos. Esses trabalhos exigem voos sobre vários tipos de terreno e a coleta e uso de dados precisos.

Os operadores de drones podem expandir as operações agrícolas além dos parâmetros padrão se tiverem o equipamento e as habilidades para trabalhar à noite, acrescentando turnos adicionais ao dia. As mesmas habilidades que tornam um piloto adequado para um trabalho de topografia podem ajudar esse profissional a se destacar na agricultura.

O futuro das corridas de trabalho com drones

O céu é o limite para corridas na operação de drones. As leis em evolução podem em breve permitir práticas de voo que atualmente são limitadas ou permitidas apenas por renúncia, como operação BVLOS e enxame (um operador que controla muitos drones). Existe tecnologia de drone avançada o suficiente para que essas mudanças possam acontecer rapidamente.

Além de funções em campos que já investiram pesadamente em drones, trabalhos que incluem entrega de pacotes de longa distância podem em breve se tornar oportunidades privilegiadas para operadores de drones. Existem muitas razões para começar a aprender as habilidades do comércio agora.

Guia de trabalhos de piloto de drone: 13 trabalhos de drone mais populares

Você está considerando uma carreira como piloto de drone? Em caso afirmativo, é importante entender o que os pilotos de veículos aéreos não tripulados (UAV) ganham ? O salário do piloto de drones é compatível com outros empregos na aviação? O que você pode esperar ganhar neste campo empolgante e em rápido crescimento?

Continue lendo para saber mais.

A ideia de ser um piloto de drone comercial certificado parece empolgante. Mas é realmente possível ganhar dinheiro suficiente como piloto de UAV para viver confortavelmente na economia de hoje?

E se sim, como exatamente? Existe algum emprego de operador de drone assalariado por aí, ou é estritamente uma indústria/ economia freelance ?

É importante responder a essas perguntas antes de embarcar nesta carreira emocionante e gratificante.

Como piloto de drone, você pode esperar ganhar um salário competitivo. Quanto você ganha vai depender de vários fatores; como seu nível de experiência, o setor em que trabalha e se você é autônomo ou funcionário em período integral. Sua capacidade de fazer networking e vender a si mesmo também será um fator importante.

As indústrias que usam drones extensivamente, como cinema e televisão, normalmente pagam taxas horárias mais altas do que outras indústrias. No entanto, o salário médio do drone depende das habilidades e experiência dos operadores de UAV .

Quem emprega pilotos de drones?

Uma das perguntas mais comuns que os aspirantes a pilotos de drones fazem é quem contrata os operadores de drones. A resposta, simplesmente, é quase todo mundo que deseja usar drones para fins de trabalho ou negócios.

pilotos de veículos aéreos não tripulados (UAV) do que outras. Indústrias como agricultura e construção estão em alta demanda por serviços de voo comercial, enquanto setores como cinema e televisão dependem fortemente de pilotos de UAV para fotografia aérea e videografia.

pilotos de UAV optam por trabalhar como freelancers, oferecendo seus serviços a diferentes empresas ou clientes, projeto a projeto. Outros optam pelo emprego em tempo integral, seja como funcionários de empresas de pilotagem de drones ou empresas grandes o suficiente para contratar seus próprios pilotos de UAV. Uma grande construtora é um exemplo disso.

Você pode escolher entre três caminhos possíveis:

Pilotos de drones empresariais
Pilotos independentes de drones
Pilotos profissionais de drones

Pilotos de drones empresariais

Esses pilotos de drones são aqueles que possuem e operam seus próprios negócios. Este caminho é mais adequado para pilotos experientes que têm uma sólida compreensão da indústria de drones e se sentem à vontade para comercializar seus serviços para clientes em potencial.

Como operador de drone autônomo, você será responsável por encontrar seu próprio trabalho e negociar suas tarifas. Você também precisará obter as licenças e seguros necessários para o seu negócio.

Embora esse caminho ofereça mais flexibilidade, ele também traz mais riscos. Os operadores de drones empreendedores devem estar confortáveis com a incerteza e ter um forte espírito empreendedor.

Pilotos independentes de drones

Pilotos autônomos de drones são aqueles que trabalham por contrato para diferentes clientes. Este caminho é uma boa opção para pilotos que desejam ter mais controle sobre seus horários de trabalho e taxas.

piloto independente de UAV , você será responsável por encontrar seu próprio trabalho e negociar suas próprias tarifas. Você também precisará obter as licenças e seguros necessários para o seu negócio.

Um dos principais benefícios desse caminho é que você terá a liberdade de escolher quais projetos empreender e quanto dinheiro ganhar. No entanto, os pilotos independentes de UAV geralmente enfrentam desafios quando se trata de garantir um trabalho estável e obter clientes recorrentes.

Pilotos profissionais de drones

Os pilotos profissionais de drones são contratados principalmente como freelancers com base no projeto, pois é mais conveniente contratar um piloto de drone disponível localmente. Existem várias redes de pilotos de UAV , que permitem que operadores profissionais de drones se inscrevam, construam seus portfólios e sejam pagos.

Esses portais ajudam você a encontrar projetos freelance de vários setores e você pode escolher com base em suas preferências. O pagamento dependeria da experiência e habilidades dos operadores de drones.

Quanto ganham os pilotos de drones?

os salários dos pilotos de UAV e tivemos algumas ideias.

Acreditamos que o pagamento é de $ 62.000 a $ 70.000 anualmente para os funcionários da base .
A maioria das listas de empregos de "Operador de Veículo Aéreo Não Tripulado" paga entre $ 33.000 e $ 40.000 por ano .
Com isso dito, vamos dar uma olhada nos salários dos pilotos de drones em todos os setores.

Salário médio de piloto de drone em todos os setores

médio anual de um piloto de drone na indústria :

Aeroespacial e Defesa US $ 84.000
Construção US $ 79.000 _ _
Serviços Ambientais U $ S 83.000
Filme e Vídeo US $ 69.000
Mapeamento e Topografia U $ S 88.000
Imóveis US $ 77.000 _ _
Transporte US $ 85.000 _ _
Todas as outras indústrias US $ 89.000

ver na tabela acima, os pilotos de drones da indústria aeroespacial e de defesa ganham um salário médio de $ 84.000 . A construção segue com US $ 79.000 e os serviços ambientais com US $ 83.000 . A indústria que paga o menor salário de operador de drone é a de filmes e vídeos, com uma média de US$ 69.000 por ano .

Salário do operador de drone por localização

A localização do trabalho do piloto do drone também afeta o salário. Aqui está uma rápida visão geral do salário do piloto de drone por local.

Salário Anual de Piloto de Drone por Local

Centro US $ 87.000 _ _
Centro-Oeste US $ 81.000 _ _

Norte US $ 76.000 _ _
Sul US $ 90.000 _ _

Taxa horária para pilotos de drones

A taxa horária para pilotos de drones varia de US$ 40 a US$ 75 .
A tarifa média por hora é de US $ 6,00 .
A tabela a seguir mostra a taxa horária para pilotos de drones
por nível de experiência.

Taxa horária de nível de experiência

Nível de entrada US $ 4 0
Experiente US $ 5 0 _
Nível Sênior U $ S 7 5

Se você está interessado na carreira de piloto de drones, não
deixe de investir em treinamento e certificação para aumentar
seu potencial de ganhos. Com muitas indústrias usando
drones extensivamente, há muitas oportunidades de sucesso
neste campo emocionante.

Salário de Piloto de UAV Freelance vs Tempo Integral

Os salários dos pilotos autônomos de drones variam de US$
35 a US$ 150 por hora, com um salário médio de US$ 85 por
hora . Por outro lado, pilotos de drones empregados em tempo
integral ganham em média US$ 80 . - US $ 120 por hora com
valor médio de US $ 95 por hora .

Portanto, os pilotos autônomos de UAV podem ganhar salários
por hora mais altos do que os pilotos de drones empregados
em tempo integral. No entanto, se você preferir trabalhar em
equipe e ter uma renda mais estável, uma posição de piloto de
drone em tempo integral pode ser a certa para você.

Você pode ganhar a vida como piloto de drone comercial?

À medida que a popularidade dos drones continua a aumentar,
também aumenta a demanda por operadores de drones. Mas

você pode ganhar a vida como operador de drone? A resposta curta é sim, mas depende de vários fatores, incluindo seu nível de experiência, o setor em que trabalha e se você é freelancer ou funcionário em período integral.

O salário mínimo por hora para pilotos de drones é de US $ 20. Isso significa que o salário mínimo anual para um piloto de drones é de US$ 42.000 . Mas muitos pilotos de drones ganham muito mais. Na faixa superior, o salário médio de um piloto de drone é de $ 171.500 com um salário por hora de $ 82. A resposta parece bastante óbvia. Você certamente pode ganhar a vida com um trabalho de piloto de drone.

A maioria dos freelancers ganha cerca de US$ 150 por hora , com os que mais ganham até US$ 500 por hora .

Que trabalhos de UAV estão ganhando um salário superior a US $ 100.000 anualmente ?

Alguns trabalhos com drones são mais lucrativos do que outros.

Engenheiro agrimensor ou cartógrafo:

O levantamento por drones tem um enorme potencial para especialistas em GIS. Os levantamentos topográficos podem ser realizados com um drone da mesma qualidade que os realizados com métodos tradicionais, mas em um tempo relativamente curto. Isso reduz significativamente as despesas com uma pesquisa no local, bem como a carga dos profissionais de campo.

Com um salário de US$ 115.000 e uma taxa horária de US$ 56 , esses pilotos de drones estão em alta demanda .

Fotógrafo imobiliário:

Casas e apartamentos com fotos de drones têm até 68 % mais chances de vender do que aqueles sem fotos.

As imagens aéreas permitem aos compradores uma visão maior da aparência, proporções e configuração da propriedade.

Os fotógrafos aéreos imobiliários ganham um salário médio de $ 107.500 com uma taxa horária de $ 51 .

Instrutor de Piloto de UAV :

Como instrutor de piloto de drone, você ensina indivíduos que desejam aprender e melhorar suas habilidades operacionais de voo e no mundo real e fornece treinamento líder do setor, orientação de alunos, orientação e experiência em teoria e prática de drones.

Esta posição paga um salário anual de $ 100.600 e um salário por hora de $ 48 .

Inspeção e Monitoramento:

Para isso, um sistema de monitoramento baseado em veículos aéreos não tripulados é desenvolvido para obter tanto a ampla cobertura de área de sensores distantes quanto os altos níveis de detalhamento e precisão de inspeção e monitoramento de solo a um baixo custo.

Ao contrário dos sistemas de alta altitude em satélites ou aeronaves, o UAV se assemelha a um helicóptero, com todo o equipamento de medição instalado abaixo para coletar informações abrangentes de baixas altitudes. Embora o levantamento seja realizado do ar, a resolução e a precisão são comparáveis às do levantamento e monitoramento no solo.

Além disso, o UAV pode coletar dados de forma rápida e segura para controle de poluição, inspeção de linhas de energia, detecção de incêndios florestais, inspeção ferroviária, controle de desastres, etc.

O operador de drone nesta função pode esperar um salário anual de $ 100.600 e um salário por hora de $ 48.

Busca e resgate:

Drones usados em operações de busca e salvamento são veículos aéreos não tripulados usados por serviços de emergência, como bombeiros, resposta a desastres ou equipes de resgate. Os UAVs são úteis para fornecer informações e dados visuais em tempo real após desastres naturais, como terremotos ou furacões . Eles também se tornaram uma ferramenta insubstituível para ajudar a encontrar pessoas desaparecidas e perdidas.

Nesta função, você pode esperar um salário anual de $ 100.000 e um salário por hora de $ 48. Observe que provavelmente existem outras obrigações e/ou requisitos associados a este nível de renda .

Quando ocorre um desastre natural, os socorristas precisam de imagens em tempo real e outras informações essenciais para tomar melhores decisões e economizar tempo e custos em missões de busca e resgate.

você pode ver, muitos trabalhos com drones pagam mais de US $ 100.000 por ano . Então, se você quer ganhar a vida como piloto de drone , aqui estão algumas das melhores posições para procurar.

Como você pode obter um salário mais alto como piloto de drone?

Existem muitos empregos diferentes para pilotos de drones que podem render a você um salário de seis dígitos. Mas é importante lembrar que experiência, habilidade e indústria desempenham um papel importante em quanto você pode esperar ganhar como piloto de drone. Se você está apenas começando, talvez não consiga, de fato, provavelmente não conseguir o mesmo salário de um piloto de drone experiente trabalhando em um setor de altos salários.

Mas aquele piloto experiente não deve ser visto como uma barreira, mas sim como um exemplo do que é possível.

Se você está procurando um melhor salário para piloto de drone , as posições acima são bons lugares para começar. Esteja você interessado em pesquisar paisagens remotas ou inspecionar telhados para projetos de construção, há muitas oportunidades no campo de rápido crescimento dos drones.

Se você quer começar a ganhar muito dinheiro como piloto de drones, esses são os empregos que você deve almejar. Com habilidades como engenharia de levantamento e mapeamento, fotografia imobiliária ou treinamento de piloto de UAV , não há limite para quanto você pode ganhar neste campo emocionante!

Acelere seu crescimento com o treinamento e a certificação certos

Com o treinamento e a certificação certos, você pode se tornar um piloto de UAV muito procurado e ganhar um salário competitivo.

Perguntas frequentes

As empresas de drones são lucrativas?

As organizações estão começando a usar drones para uma variedade de propósitos, incluindo entrega de pacotes, inspeção de construção e infraestrutura, monitoramento de colheitas e gado, inspeção de áreas danificadas após desastres naturais e muito mais.

Com a abordagem certa, as empresas de drones podem ser muito lucrativas e fornecer um serviço valioso aos seus clientes. Portanto, se você está pensando em iniciar um negócio baseado em drones, é importante que você faça sua pesquisa.

Existe uma demanda por pilotos de drones?

Pesquisa e Mercados prevê uma taxa de crescimento de 51,1% nos próximos cinco anos. Espera-se que organizações como agências de publicidade, empresas de segurança e construtoras gastem mais de US$ 16 bilhões em drones nos próximos oito anos.

Os drones ainda não são totalmente automatizados. A supervisão humana continua a ser essencial para determinadas operações e para o desempenho de tarefas específicas. Sem falar que a partir de agora, e provavelmente no futuro previsível, as regras da ANAC para voo de drone é que há um piloto que está no comando do drone o tempo todo.

Qual é o futuro do salário do operador de drone?

O futuro parece brilhante para os pilotos de drones. Com a expectativa de crescimento exponencial da indústria nos próximos anos, haverá mais oportunidades para os pilotos de drones encontrarem um emprego bem remunerado. Algumas estimativas sugerem que a indústria de drones pode criar 100.000 novos empregos nos próximos 10 anos.

Portanto, se você está pensando em se tornar um piloto de drone, agora é a hora de perseguir seus sonhos. Com o treinamento e a certificação certos, não há limite para quanto você pode ganhar como operador de drone!

À medida que mais indústrias investem em drones, fica claro que os pilotos de drones estão bem posicionados para ter sucesso na economia atual. Então, por que não considerar uma carreira como operador de drone?

Os pilotos de drones ganham um bom dinheiro ?

Há algum debate entre os especialistas sobre se os pilotos de drones ganham ou não um bom dinheiro. De acordo com algumas fontes da indústria, uma carreira como piloto de drone pode ser bastante lucrativa. Muitas vezes, você pode ganhar salários de seis dígitos com apenas alguns anos de experiência e fortes habilidades técnicas.

Com isso dito, existem muitos fatores que podem afetar o potencial de ganho de um piloto de drone. Estes incluem: o tamanho e o tipo de negócio, bem como as diferenças regionais de remuneração.

Apesar desses desafios, vale a pena se tornar um piloto de drone se você tiver as habilidades e a motivação certas. Com a crescente demanda por serviços de drones e excelentes perspectivas de emprego, existem muitos bons motivos para se tornar um piloto de drones!

Salário do Piloto de Drone: Quanto Ganham os Pilotos de Drone?

empregos bem remunerados em UAV disponíveis para operadores de drones? Você está interessado em aprender sobre os trabalhos de piloto de drone atualmente em demanda e o que é necessário para pousar um? Neste capítulo, faremos o possível para responder a essas e outras perguntas.

Se você deseja seguir uma carreira como piloto profissional de UAV ou simplesmente está procurando um emprego de operador de drone básico, há muitas oportunidades disponíveis para explorar.

Alguns dos trabalhos mais comuns de UAV incluem tomadas aéreas e levantamentos, operações de busca e resgate, inspeções, monitoramento de colheitas, logística de socorro e muito mais.

Antes de entrarmos no tipo de trabalho de piloto de drone

disponível, vamos examinar o básico e entender a função, as habilidades e as certificações necessárias para se tornar um piloto de drone sob demanda.

O que faz um operador de UAV ?

Um piloto de drone é responsável por pilotar um drone ou um veículo aéreo não tripulado (UAV). Os drones são equipados com câmeras e outros sensores e são usados para diversos fins, como fotografia, levantamento e mapeamento de drones.

Como piloto de drone, você deve estar familiarizado com os vários controles do drone para operá-los de forma eficaz. Você também precisará conhecer os regulamentos que regem o uso de drones em sua área, bem como os procedimentos de segurança a seguir para evitar acidentes.

Se você tem interesse em seguir a carreira de operador de drone, ou mesmo se deseja apenas ganhar um dinheirinho extra com seu drone nos finais de semana, o primeiro passo é obter a certificação CE-VANT emitida pela Administração Nacional de Aviação Civil . . (ANAC). Você também deve considerar receber treinamento formal em fotografia aérea, videografia e/ou mapeamento. Depois de ter as habilidades necessárias, você pode começar a procurar empregos em UAV em sua área.

Habilidades para trabalhos de piloto comercial de drones

Para ser um piloto de drone bem-sucedido, você precisará de forte proficiência com a tecnologia de drones, bem como bom julgamento e habilidades de tomada de decisão. Você precisará ser capaz de operar o drone com segurança e se comunicar de forma eficaz com sua equipe e/ou clientes.

Além disso, você também pode precisar de certificações especializadas ou treinamento para encontrar uma carreira em trabalhos de UAV , dependendo do tipo de trabalho que você está procurando.

A tecnologia dos drones está em constante evolução. Portanto, você também precisa acompanhar os últimos desenvolvimentos e tendências.

Se você planeja seguir o lado criativo da indústria; setores como videografia e cinematografia, você vai querer um conhecimento prático de edição.

Qual profissão usa drones?

Agora que você sabe o que é preciso para ser um operador de drone, pode estar se perguntando que tipo de trabalho de operador de drone está disponível.

Há uma variedade de trabalhos de piloto de drone disponíveis para você, dependendo de seus interesses, histórico e habilidades.

As posições comuns incluem a obtenção de imagens aéreas e videografia, levantamento e mapeamento, levantamentos aéreos, cinematografia, pesquisa da vida selvagem, conservação e muito mais.

Pesquisas adicionais relatam que empresas de todos os setores gastarão mais de US$ 16 bilhões em drones e serviços de drones. Isso atuará como um catalisador no crescimento do mercado de serviços de drones, criando 100.000 novos empregos até 2025.

Não importa quais sejam seus objetivos, há muitas oportunidades disponíveis para você. Vamos explorar as opções de trabalho UAV disponíveis para você e começar sua jornada para uma carreira de sucesso como piloto de drone.

1. Empregos de operadores de drones imobiliários

É uma das indústrias mais comuns que empregam pilotos de drones. A fotografia aérea e a videografia são essenciais para o marketing imobiliário, e os drones fornecem uma perspectiva única que pode destacar as propriedades.

Um único piloto de drone trabalhando como freelancer pode capturar fotos aéreas e vídeos de uma propriedade à venda, que o corretor de imóveis usará em marketing e promoção.

Como piloto de drone neste campo, você precisará ser capaz de voar e gravar vídeos ou fotos.

Para ingressar neste campo, você deve ter experiência em fotografia ou videografia, além de experiência em drones voadores. Com as habilidades e o treinamento certos, você pode oferecer seus serviços aos clientes e ajudar a comercializar suas propriedades com eficiência.

Melhor software de drone para imóveis

Existe uma vasta gama de software disponível para você neste campo, dependendo de suas necessidades e preferências. Algumas opções populares incluem Pix4D, DroneDeploy e 3DR Site Scan.

Cada software oferece recursos e capacidades diferentes, então você vai querer fazer alguma pesquisa e encontrar aquele que melhor atende às suas necessidades.

Ao escolher um software para drones, é importante considerar fatores como facilidade de uso, compatibilidade com drones e câmeras e a variedade de recursos oferecidos.

Com o software certo, você pode facilmente capturar Vídeos impressionantes e fotos aéreas para seus clientes, facilitando a comercialização de propriedades e a conexão com potenciais compradores.

Quanto dinheiro você pode ganhar como piloto de drone no setor imobiliário?

A quantidade de dinheiro que você pode ganhar como piloto de drone neste setor dependerá de vários fatores, incluindo seu nível de experiência, habilidades e os tipos de clientes com os quais você trabalha.

Por exemplo, pilotos de drones iniciantes podem cobrar taxas mais baixas ou oferecer seus serviços de forma independente. Por outro lado, pilotos mais experientes podem ganhar um salário maior ou trabalhar para empresas estabelecidas.

Nesta indústria, o piloto de drone pode ganhar um salário médio anual de US $ 7.000 .

Tipos de drones de trabalho imobiliário para os quais são usados

os pilotos de UAV normalmente voam, como:

listas de propriedades
Complexos e centros comerciais
Campos de golfe

Como piloto de drone, você terá a oportunidade de realizar uma ampla variedade de trabalhos diferentes para seus clientes, o que lhe dará a flexibilidade e a experiência de que você precisa para ter sucesso.

2. Campo de construção para operadores de drones

Um relatório recente descobriu que a indústria da construção representa o maior bolo no mercado de drones comerciais.

O uso de drones na construção aumentou exponencialmente em apenas alguns anos, tornando este setor um dos mais rápidos no uso de drones comerciais.

E há muitas razões para isso.

Um projeto de construção comercial típico está atrasado 20 meses e inflado em quase 80%.

A utilização de drones na construção civil está trazendo vantagens consideráveis para as empresas do setor.

Os operadores de UAV estão ajudando essas empresas a economizar quantias significativas de dinheiro realizando pesquisas que os ajudam a monitorar vários elementos de suas funções, desde o volume de reserva e localização até o progresso do desenvolvimento do projeto, em locais remotos e questões críticas de segurança do site. O benefício de economia de custos do uso de drones na indústria da construção é incrível.

A indústria da construção abriu algumas oportunidades realmente interessantes para ingressar em operadores de UAV , como:

Seleção do local – Você pode voar para um local em potencial para obter a visão mais atualizada da propriedade e ajudar na seleção e planejamento do local.

Reuniões de zoneamento: as reuniões de zoneamento podem ser uma tarefa árdua e causar atrasos indesejados. Você pode usar dados de drones e enviá-los para o conselho de zoneamento, agilizando o processo.

Proteção Legal e Documentação: Você pode documentar as condições da estrada criando um mapa ou fazendo um vídeo. Dessa forma, a equipe de construção conhece o local antes que os caminhões e equipamentos pesados apareçam.

Supervisão e gerenciamento de construção – Empreiteiros de construção podem obter os mapas mais atualizados e de alta resolução de seus locais de trabalho para melhor supervisão e gerenciamento geral do local.

Progressão da construção – Você pode importar o plano do local mais atualizado para o mapa do drone e comparar os projetos com a realidade em 2D e 3D. Isso pode ajudar as empresas de construção a rastrear com precisão o progresso real da construção. Também é uma ótima maneira de manter as partes interessadas, como investidores, atualizadas sobre o progresso.

Uma empresa de construção pode pesquisar uma vasta região com um drone, processar os dados com software especializado e determinar onde estão todos os seus materiais ou onde o trabalho pode estar atrasado.

Drones também podem ser usados para ajudar a planejar projetos: uma construtora pode aprender onde pode e não pode construir usando dados aéreos. Essas informações podem não ser tão precisas sem um drone, pois devem ser coletadas manualmente por agrimensores ou outro pessoal que percorre todo o local, o que é demorado e menos preciso. Os drones podem coletar informações com mais rapidez e segurança do que os humanos, porque podem cobrir áreas maiores com mais eficiência e eficácia.

Os drones são usados para uma variedade de tarefas na indústria da construção, como inspeções no local, monitoramento do progresso e inspeções de segurança. Os drones são amplamente utilizados na indústria da construção para aplicações como levantamento e mapeamento aéreo, progresso da construção, inspeção de segurança e qualidade, logística de campo e monitoramento do progresso.

O melhor software para drones de construção é aquele que é fácil de usar e oferece os recursos de que você precisa.

Alguns dos principais aplicativos de software do mercado incluem Pix4Dcapture, DJI Terra, Propeller, Pix4Dmapper, DroneDeploy e Site Scan.

Esses programas de software são projetados para facilitar a captura de imagens e dados de alta qualidade que podem ser usados para diversas finalidades.

Quanto dinheiro você pode ganhar como piloto de drone de construção?

O salário médio anual de um piloto de drone na indústria da construção é de $ 79.000 . Embora o salário do piloto de drone de construção também dependa de fatores como experiência, nível de habilidade e o tipo de trabalho que você faz.

A taxa horária começa em US$ 50/hora para um piloto iniciante e varia de US$ 250 / hora a US$ 500 / hora para um piloto de drone altamente qualificado que oferece entregas mais complexas.

Tipos de trabalhos de construção em que os drones são usados

Os pilotos de UAV de construção normalmente realizam uma variedade de missões diferentes, incluindo inspeções pré-construção de terrenos, pontos de drenagem em potencial e outros fatores para determinar os melhores locais para construir, escavar ou armazenar materiais.

Esses tipos de missões exigem que os operadores de UAV tenham uma sólida compreensão dos padrões da indústria e das melhores práticas quando se trata de coleta de dados aéreos.

Esteja você trabalhando para uma grande empresa ou uma pequena start-up, há uma alta demanda por pilotos de UAV neste setor.

3. Trabalhos de Operador de Drone de Mineração e Agregação

Os drones também desempenham um papel importante na indústria de mineração, onde são usados para tarefas como mapeamento, levantamento e inspeções de segurança.

Na indústria de agregados, os drones são usados para tarefas como gerenciamento de estoque, rastreamento de progresso e controle de qualidade.

Uma empresa de mineração ou agregados pode ver quais locais são melhores ou piores para escavar e armazenar materiais usando um mapa 3D gerado a partir de dados aéreos.

Um drone pode coletar a mesma quantidade de dados em menos de 20 minutos que uma pessoa a pé levaria horas para fazer. Além disso, os drones eliminam a necessidade de pessoal ir a locais potencialmente perigosos para coletar dados.

Os benefícios do uso de drones nessas indústrias incluem maior eficiência, redução de custos e maior segurança.

As empresas dos setores de mineração e agregados estão começando a perceber o potencial dos drones e estão usando-os de várias maneiras.

O melhor software de mineração e drone agregado é aquele que é fácil de usar e fornece os recursos de que você precisa.

Alguns dos melhores softwares do mercado incluem Delair.ai, Pix4Dmapper, DroneDeploy e Site Scan.

Quanto dinheiro você pode ganhar como piloto de drone em mineração ou agregados?

O salário de um piloto de drone de mineração ou agregados pode variar de acordo com a experiência, o nível de habilidade e o tipo de trabalho que realizam.

Os operadores de UAV podem ganhar de $ 50 a $ 500 ou mais por hora, dependendo do trabalho, localização e nível de habilidade exigido do operador do drone. Alguns operadores de drones nessas indústrias podem até ganhar mais de US$ 100.000 por ano.

Tipos de drones de construção, mineração ou trabalhos agregados são usados para

Os operadores de UAV que trabalham em mineração ou agregados geralmente executam uma variedade de missões diferentes, incluindo pesquisas de campo, monitoramento de progresso e inspeções de segurança.

Na medição de pilhas de terra, areia, argila ou outros materiais agregados.

Monitoramento de progresso: Fotos, vídeos e mapas para mostrar quanto trabalho foi feito em um site.

Com o treinamento e a experiência certos, você pode se tornar um ativo valioso em qualquer equipe de mineração ou agregação.

4. Trabalhos de operador de drone de cinema

O uso de drones na produção de filmes tornou-se cada vez mais popular nos últimos anos. Simplesmente porque oferecem uma perspectiva única que pode dar vida a qualquer sequência de filme.

Os drones são significativamente mais acessíveis do que os helicópteros, além de mais versáteis. Os drones não têm as mesmas despesas operacionais ou de seguro que os helicópteros. Além disso, o uso de drones em vez de helicópteros significa eliminar o risco de lesões para os pilotos. Tudo isso significa que há cada vez mais trabalho para os operadores de UAV na indústria cinematográfica.

De acordo com os operadores de drones que trabalham na indústria cinematográfica, a maior parte do trabalho de filme disponível para os operadores de drones será para projetos específicos em que um piloto de drone pode ser contratado para capturar uma tomada aérea de uma sequência de perseguição ou um local, mas não fique equipe ao longo de uma filmagem.

Os drones podem ser usados para uma variedade de finalidades diferentes na produção de filmes, como configurar tomadas, acompanhar a ação e capturar imagens aéreas. O uso de drones para reconhecimento de localização também está se tornando cada vez mais popular.

O desenvolvimento de serviços e aplicações envolvendo drones tem sido muito promovido com o crescimento da indústria de UAV. Além disso, muitas indústrias, como a indústria do entretenimento, usam drones para realizar tarefas difíceis ou inseguras de realizar usando métodos convencionais.

Tipos de drones de trabalho de filme são usados para

os pilotos de UAV podem realizar na indústria cinematográfica.

Alguns tipos comuns de missão incluem imagens aéreas e videografia, cinematografia e vigilância.

A fotografia aérea normalmente envolve tirar fotos ou gravar vídeos de um local específico a partir de um drone.

As tomadas cinematográficas envolvem a captura de imagens artísticas mais complexas com um drone.

Imagens aéreas para cenas de perseguição, cenas de luta e outras sequências de ação

Como piloto de drone que trabalha na indústria cinematográfica, é importante estar familiarizado com todas essas áreas de trabalho com drones e se sentir confortável pilotando seu drone em diferentes condições e cenários.

Se você pretende trabalhar na indústria cinematográfica como piloto de drones, é importante escolher um drone que atenda às suas necessidades.

Há uma variedade de opções de software disponíveis para pilotos de UAV que desejam trabalhar na indústria cinematográfica.

operadores de UAV incluem Adobe After Effects, Final Cut Pro, Adobe Premiere Pro e DroneDeploy.

Essas ferramentas oferecem recursos avançados para edição e pós-processamento de imagens do seu drone, bem como recursos avançados de mapeamento e processamento de imagens.

Além disso, muitas dessas ferramentas de software oferecem tutoriais e recursos úteis para ajudá-lo a aprender as habilidades necessárias para ter sucesso nesse campo.

Quanto dinheiro você pode ganhar como piloto de drone na indústria cinematográfica ?

Os salários dos pilotos de drones que trabalham na indústria cinematográfica podem variar amplamente com base em muitos fatores, incluindo seu nível de experiência, o tipo de trabalho que você faz e a empresa ou estúdio em que trabalha.

Você pode esperar algo entre US$ 200 e US$ 500 por hora , dependendo do trabalho e do tipo de trabalho, enquanto o salário médio de um piloto de drone na indústria cinematográfica é de US$ 69.000 .

No entanto, os salários podem variar dependendo do trabalho específico de piloto de drone que você está procurando.

os operadores de UAV que trabalham como freelancers podem ter potencial para ganhar mais dinheiro do que aqueles que trabalham para uma empresa ou estúdio específico.

Além disso, os operadores de drones com mais experiência ou trabalhando em projetos maiores também podem ter potencial para ganhar mais. Outra coisa a ter em mente é que os operadores de drones podem incluir uma "taxa de aluguel" em seu contrato como outra fonte de renda. É uma taxa cobrada da produtora pelo uso do equipamento do piloto.

Se você estiver interessado em seguir carreira como piloto de drone na indústria cinematográfica, é importante pesquisar os salários médios dos pilotos de drones para definir expectativas realistas de seus ganhos.

5. Trabalhos de Operador de Drone de Segurança Pública

Os drones se tornaram uma ferramenta cada vez mais valiosa

para os funcionários da segurança pública, pois podem ser usados para diversos fins, incluindo operações de busca e salvamento, combate a incêndios, logística de socorro e muito mais.

Para ser um piloto de drone de segurança pública bem-sucedido, você precisa de fortes habilidades de comunicação e deve estar familiarizado com as mais recentes tecnologias e regulamentações relacionadas a drones. Você também deve se equipar com procedimentos de segurança para pilotar drones em situações de alto risco.

cargos potenciais de UAV para operadores de drones de segurança pública incluem operadores de drones de busca e resgate, pilotos de drones de socorro a desastres ou pilotos de drones de conservação da vida selvagem. Muitos deles são de meio período, dependendo de quando surge a necessidade, mas podem ser recompensadores tanto financeira quanto emocionalmente.

A aplicação da lei também usou drones para criar mapas 3D de locais de alto tráfego, que podem ser usados para auxiliar na evacuação durante uma crise, como um cenário de tiro ativo.

Tanto a polícia quanto o corpo de bombeiros usam drones após desastres naturais, como enchentes ou furacões, para localizar pessoas que precisam de assistência e entender a extensão dos danos para que possam direcionar melhor seus recursos para as áreas que mais precisam.

Os bombeiros usam drones para melhorar sua consciência situacional durante os incêndios. Eles também usam drones para criar mapas ortomosaicos de escolas locais e outros edifícios/instalações onde um incêndio pode ocorrer, permitindo que eles vejam onde estão todos os pontos de saída de incêndio.

A capacidade de usar drones em segurança pública pode variar consideravelmente dependendo da finalidade.

Para começar neste campo, você pode precisar concluir programas especializados de treinamento ou certificação. Você quer aprender as habilidades e informações necessárias para trabalhar com drones em segurança pública. Ajuda ter alguma experiência em uma indústria relacionada.

pilotos de UAV , dependendo de suas necessidades específicas.

Se você estiver interessado em trabalhos de segurança pública, existem alguns programas de software que podem ser particularmente úteis, como DJI Terra, Pix4D Mapper, DJI GS Pro, Agisoft, DroneDeploy, etc.

O DroneDeploy é ideal para aplicações de segurança pública e inclui recursos como recursos de mapeamento e modelagem 3D.

Com o software certo, você pode gerenciar e analisar com eficiência os dados do seu drone, garantindo que você tenha as informações necessárias para tomar decisões informadas em situações de alta pressão.

Quanto dinheiro você pode ganhar como piloto de drone de segurança pública?

Existe um grande potencial para os operadores de UAV no campo da segurança pública obterem uma boa renda.

Embora os salários variem de acordo com sua função e responsabilidades específicas, normalmente você pode esperar ganhar um salário anual de $ 40.000 a $ 100.000 por ano como piloto de drone de segurança pública .

os operadores de UAV de segurança pública normalmente realizam. Alguns dos tipos de missão mais comuns incluem:

Mapeamento da cena do crime
Operações de busca e salvamento

Investigação de acidentes e gerenciamento de tráfego.
As consequências de um desastre
Serviços de emergência

Drones na indústria de segurança pública são normalmente usados em várias missões, incluindo:

Operações de busca e salvamento:

Um dos tipos mais comuns de missões que os pilotos de UAV de segurança pública realizam são as operações de busca e salvamento. Nessas situações, os drones podem ser usados para localizar pessoas desaparecidas de forma rápida e eficiente em áreas de difícil acesso.

Drones equipados com câmeras termográficas permitem que os pilotos de UAV localizem pessoas desaparecidas mesmo em condições escuras, nebulosas ou difíceis.

Logística de ajuda em desastres:

operadores de UAV de segurança pública é a logística de socorro a desastres. Nessas situações, os drones podem ser usados para transportar suprimentos e equipamentos para áreas afetadas por um desastre natural.

Isso pode ser particularmente valioso em situações em que estradas e outras infraestruturas foram danificadas ou destruídas, tornando inacessíveis os métodos tradicionais de transporte.

Conservação da vida selvagem :

Além das operações de busca e salvamento e logística de socorro, outro tipo comum de missão de segurança pública que os operadores de UAV realizam é a conservação da vida selvagem.

Os drones podem ser usados para fazer mapas detalhados de habitats naturais, rastrear populações de animais, identificar atividades de caça ilegal e muito mais.

6. Trabalhos de Operador de Drone de Seguros

As seguradoras estão usando cada vez mais drones de muitas maneiras diferentes.
Por exemplo, as seguradoras estão usando drones para criar mapas de propriedades em 3D. Isso os ajuda a avaliar o risco e calcular os prêmios com mais precisão.

As companhias de seguros geralmente recebem vários pedidos de seguro por danos no telhado após mau tempo em um local específico.

Para avaliar essas reivindicações, as companhias de seguros geralmente precisam enviar um inspetor ou regulador de seguros que vai fisicamente ao local, sobe uma escada e fotografa cada telhado para o qual uma reivindicação foi registrada.

Um piloto de drone pode tirar fotos de um telhado danificado em 20 a 30 minutos e obter todas as imagens necessárias para avaliar uma reivindicação de seguro depois de sobrevoar um padrão pré-planejado com um UAV .

Esse tipo de trabalho é simples e muito procurado, pois é uma alternativa rápida e econômica às inspeções manuais.

O uso de drones na indústria de seguros ainda está em seus estágios iniciais. No entanto, espera-se que o uso de serviços de drones continue aumentando nos próximos anos, trazendo muitos benefícios tanto para as seguradoras quanto para os clientes.

os operadores de UAV a trabalhar com mais eficiência e eficácia no setor de seguros.

As melhores opções incluem Pix4D e DroneDeploy.

O Pix4D é uma poderosa ferramenta de software de

mapeamento que permite aos usuários criar mapas e modelos 3D de alta qualidade.

O DroneDeploy é um popular software de mapeamento de drones que oferece uma interface amigável e recursos avançados que ajudam os usuários a criar mapas detalhados e modelos 3D.

Quanto dinheiro você pode ganhar como piloto de drone na área de seguros?

geral , os pilotos de UAV que estão começando podem esperar ganhar um salário médio por hora entre $ 60 e $ 200, dependendo de suas habilidades e experiência .

No entanto, pilotos de UAV experientes com habilidades especializadas podem ganhar salários significativamente mais altos e também podem ser elegíveis para incentivos ou bônus baseados em desempenho.

os operadores de UAV normalmente realizam no setor de seguros.

Alguns dos tipos mais comuns de missões incluem avaliação de danos, inspeção de propriedade para documentar risco e/ou um ativo, mapeamento e até mesmo algumas pesquisas.

As missões de avaliação de danos envolvem drones voadores sobre uma área que foi danificada por um desastre natural ou acidente, como um incêndio florestal, furacão ou tempestade severa.

As missões de inspeção de propriedades envolvem drones sobrevoando prédios, casas e outros tipos de propriedade para avaliar danos e criar relatórios detalhados para seguradoras.

As missões de mapeamento envolvem o uso de software de imagem de drone especializado para criar mapas de alta qualidade e modelos 3D que as seguradoras podem usar para avaliar o risco e o valor da propriedade.

As missões de levantamento envolvem drones sobrevoando

grandes áreas para coletar dados que podem ser usados para planejamento de terras e atividades de levantamento.

os pilotos de UAV desempenham um papel importante no setor de seguros, ajudando as empresas a avaliar danos, inspecionar propriedades e coletar dados valiosos em várias áreas diferentes.

7. Empregos de operador de drone no jornalismo

Os drones são usados no jornalismo para fornecer outra perspectiva sobre uma história, pois imagens aéreas e filmagens podem adicionar mais detalhes e drama à cobertura de notícias.

As imagens de drones podem oferecer uma perspectiva única que os métodos tradicionais de fotografia e videografia não podem. Ele pode ser usado para capturar imagens e filmagens que, de outra forma, seriam inacessíveis.

Os drones se tornaram uma ferramenta frequente no jornalismo.

Imagens aéreas tiradas por drones nos permitem entender as notícias em um nível totalmente novo, como uma inundação danificou uma área ou o tamanho de uma multidão ou a extensão de um incêndio florestal.

Uma coisa a ter em mente sobre o uso de drones para jornalismo é que existe uma ampla gama de aplicações e graus de qualidade necessários. Ter a câmera mais avançada disponível pode não ser tão crucial para as últimas notícias ou cobertura de desastres quanto ter a filmagem em primeiro lugar.

Por outro lado, se você está tentando capturar uma imagem artística para uma narrativa mais longa baseada em vídeo que ajudará a cobrir, você pode querer um drone mais caro com uma carga personalizável. Dessa forma, você pode conectar sua própria câmera de última geração e obter as melhores fotos possíveis.

Os drones rapidamente se tornaram uma ferramenta importante para os jornalistas, fornecendo uma nova maneira de capturar eventos e histórias interessantes. As habilidades necessárias para operar drones no jornalismo também variam dependendo do cenário específico. Se você é um documentarista, pode precisar de uma experiência considerável em fotografia e videografia, por exemplo.

Quanto dinheiro você pode ganhar como piloto de drone no jornalismo?

Os salários iniciais dos estudantes de jornalismo são em média de US$ 35.000 por ano.

Obviamente, quanto você ganhará no jornalismo é determinado por uma variedade de fatores, incluindo onde você mora e seu nível de experiência. Uma cidade grande geralmente pagará mais do que uma pequena.

geral , os pilotos de UAV na indústria do jornalismo podem esperar ganhar um salário anual de US $ 53.000 com um mínimo de 2 a 3 anos de experiência.

Obviamente, os salários variam de acordo com sua experiência, habilidades e o setor específico em que você está trabalhando.

Para maximizar seus ganhos como piloto de drone, é importante ganhar o máximo de experiência possível e atualizar continuamente suas habilidades.

O networking com outros profissionais do seu setor também é importante, pois isso pode abrir novas oportunidades de trabalho como piloto de drone e aumentar seu potencial de ganhos.

Com muito trabalho e dedicação, você pode se tornar um piloto de drone de sucesso no campo do jornalismo e ganhar um salário altamente competitivo.

Tipos de trabalho jornalístico para os quais os drones são usados

os pilotos de UAV podem realizar na indústria do jornalismo. Alguns dos tipos mais comuns de missões incluem:

Desastres cinematográficos: incêndios, inundações, tempestades, furacões, tornados e outras calamidades.
Responsabilidades de Vigilância
suporte de mapeamento
Relatórios AO VIVO de tiroteios, tomada de reféns, prédios desabados e outros eventos ao vivo. Esses cenários podem ser bastante delicados por natureza e exigem que o piloto tenha cuidado e possivelmente discrição ao filmar nesses ambientes.
relatórios de tráfego
Fotojornalismo: captura de imagens estáticas e vídeos de alta qualidade para contar uma história visual.

8. Trabalhos de operadores de drones agrícolas

De acordo com a Association for Unmanned Vehicle Systems International (AUVSI), espera-se que a indústria agrícola seja o maior mercado para aplicações de drones nos próximos anos.

Como piloto de drone na indústria agrícola, você precisará estar familiarizado com as várias ferramentas de software e recursos usados para gerenciamento e análise de dados. Você também precisará de fortes habilidades técnicas, bem como de bom senso e capacidade de tomada de decisão quando se trata de identificar possíveis problemas ou perigos nas plantações.

Um mapa de índice de vegetação de diferença normalizada, geralmente chamado de mapa NDVI, é um dos resultados mais comuns que um piloto de drone fornece a um agricultor. Esses mapas podem ser usados para identificar qual planta está crescendo em uma propriedade e também como cada uma está indo.

Se você estiver interessado em trabalhar na indústria agrícola, há uma variedade de empregos para pilotos de drones disponíveis.

Você pode trabalhar como operador de drone em uma fazenda ou rancho, ou pode fornecer serviços de consultoria para empresas agrícolas.

Você também pode iniciar seu próprio negócio baseado em drones, oferecendo serviços como mapeamento de culturas, reconhecimento ou monitoramento.

os operadores de UAV , e há muitas oportunidades disponíveis para aqueles com as habilidades e treinamento adequados.

Quanto dinheiro você pode ganhar como piloto de drone na indústria agrícola?

O salário dos pilotos de UAV que trabalham na indústria agrícola varia de acordo com vários fatores, incluindo seu nível de experiência e treinamento, tamanho e tipo de empresa para a qual você trabalha e suas responsabilidades específicas de trabalho.

Você pode esperar uma taxa horária média de US $ 160 / hora na indústria agrícola.

Se você deseja fazer uma carreira lucrativa como piloto de drones, não há campo melhor do que a agricultura. Com as habilidades e treinamento certos, você pode desfrutar de uma carreira gratificante e bem-sucedida neste setor em crescimento.

Tipos de Drones para trabalhos agrícolas são usados
os operadores de UAV normalmente realizam na indústria agrícola, incluindo reconhecimento de culturas, mapeamento de culturas e monitoramento de gado.

O reconhecimento de culturas envolve sobrevoar os campos

para identificar problemas ou perigos potenciais, como infestações de pragas ou doenças, deficiências de nutrientes, estresse da planta ou outras preocupações.

O mapeamento de culturas envolve o uso de imagens de drones para criar mapas detalhados de saúde e rendimento das culturas, o que pode ajudar a otimizar o gerenciamento da terra e melhorar os rendimentos.

O monitoramento de gado envolve o uso de drones para rastrear a atividade e o comportamento do gado, como padrões de pastejo ou estresse térmico nos animais.

Monitoramento de irrigação: Drones com câmeras térmicas instaladas podem ajudar a identificar problemas de irrigação ou áreas que recebem pouca ou muita água.

Análise de solo e campo: é possível detectar a qualidade do solo, o manejo de nutrientes e as zonas mortas do solo usando mapas 3D de solos existentes.

Esses dados podem ser usados para calcular os padrões de plantio, uso de água e manejo de nutrientes mais eficazes.

9 . empregos de operador de drone em energia

Os drones são uma tecnologia inovadora na área de inspeções de linhas de energia e painéis solares para empresas de energia.

Para profissionais de energia que procuram usar sistemas de drones em seu trabalho, existem muitas oportunidades disponíveis. Os operadores de UAV podem ser contratados por empresas do setor de energia para realizar uma variedade de tarefas, como fotografia aérea e videografia, levantamento e mapeamento, monitoramento de dutos, logística de limpeza de derramamento de óleo e muito mais .

Para fazer esse tipo de trabalho como piloto de drone, você precisará de conhecimento técnico em linhas de energia, painéis solares e outras inspeções de infraestrutura relacionadas à energia. Geralmente, essas inspeções são feitas para identificar regiões que requerem manutenção, para que as dificuldades possam ser detectadas com antecedência e abordadas, mas, novamente, à medida que o software progride, esse conhecimento pode se tornar menos vital.

Para inspeções de linhas de energia, é necessário conhecimento de termografia aérea. A interferência magnética gerada por linhas de energia também pode afetar seu controlador de voo e dificultar o voo. Ao realizar inspeções aéreas, deve-se manter uma distância segura de pelo menos 30 metros de quaisquer linhas de energia e, se possível, voar entre linhas de energia deve ser evitado.

Para ter sucesso como piloto de drones no setor de energia, você precisará de fortes habilidades técnicas e um alto nível de proficiência com a tecnologia UAV . Além disso, você também pode precisar de certificações ou treinamentos especializados, dependendo do tipo de trabalho que está realizando.

Independentemente das ferramentas ou softwares específicos que você escolher, investir em sistemas de drones de alta qualidade pode ajudá-lo a obter sucesso como piloto de drones no setor de energia.

Quanto dinheiro você pode ganhar como piloto de drone na indústria de energia?

pilotos de UAV que trabalham no setor de energia varia de acordo com vários fatores, incluindo nível de experiência, funções de trabalho específicas e muito mais.

No entanto, a maioria dos pilotos de UAV pode esperar ganhar entre US$ 70.000 e US$ 100.000 por ano ou mais, dependendo de suas habilidades, experiência e localização .

Tipos de trabalho com drones no setor de energia:

os pilotos de UAV podem fazer na indústria de energia.
Para ter sucesso em missões de drones relacionadas à energia, é importante ser detalhista, eficiente e consciente da segurança.

Alguns exemplos de trabalhos relacionados a drones incluem:

Inspeções de painéis solares: Procure falhas ou danos em painéis solares usando termografia aérea.
Turbinas eólicas: utilização de dados aéreos para avaliar o estado das turbinas eólicas.
Linhas de energia: procure linhas de energia cortadas ou danificadas usando dados aéreos.
Oleodutos—Encontre vazamentos ou rachaduras em oleodutos usando dados aéreos.
Inspecione estações, vigas de suporte e outras infraestruturas associadas aos elementos acima mencionados usando dados aéreos.

1 0 . Empregos Operador de drones de telecomunicações

No setor de telecomunicações, os operadores de drones estão revolucionando os procedimentos de inspeção realizando levantamentos e inspeções de torres em uma fração do tempo que leva para enviar uma pessoa a uma torre, tornando o processo mais econômico e seguro.

O uso de drones na indústria de telecomunicações está crescendo rapidamente. Os drones são usados para uma variedade de tarefas, como inspeção de torre de celular, manutenção de rede e instalação de equipamentos.

A AT&T usa drones para inspeções de torres de celular há algum tempo, e a Verizon vê muito potencial no espaço dos drones, tendo comprado a Skyward, uma empresa de drones, em 2017.

É vital entender o que verificar ao conduzir essas inspeções e levantamentos de torres.

A radiação eletromagnética emitida pelas torres de comunicação pode causar a queda do seu drone se você voar muito perto (ou seja, menos de 30 metros). É importante ser um piloto altamente competente e poder tirar fotos de longa distância (com zoom) para trabalhar como operador de drone de telecomunicações.

Uma das principais vantagens do uso de drones para telecomunicações é que ele permite que os trabalhadores acessem áreas de difícil acesso sem se colocarem em perigo. Por exemplo, em vez de escalar uma torre de celular para inspecioná-la em busca de danos, um drone pode ser usado para fazer o mesmo trabalho com rapidez e segurança.

Além disso, os drones podem ser usados para transportar pequenas peças e equipamentos para locais remotos, economizando tempo e dinheiro.

À medida que o uso de drones na indústria de telecomunicações continua a crescer, haverá uma demanda crescente por operadores de drones qualificados.

Com a combinação certa de conhecimentos técnicos e habilidades de comunicação, você pode construir uma carreira de sucesso como piloto de drones no setor de telecomunicações.

Esteja você interessado em gerenciamento de docas, serviços de emergência ou proteção de recursos ambientais, há muitas oportunidades interessantes disponíveis para pilotos de UAV como você no setor de telecomunicações.

1 1 . Campo educacional para operadores de drones

Como piloto de drone, você tem a oportunidade única de usar suas habilidades e conhecimentos para causar um impacto positivo na educação. Esteja você apoiando o aprendizado em sala de aula com novas tecnologias ou realizando pesquisas que melhorem nossa compreensão das práticas e tendências educacionais, os pilotos de UAV podem contribuir para esse setor de várias maneiras.

Os UAVs podem ser usados de várias maneiras e podem ser

usados para abordar uma ampla gama de tópicos instrucionais para atender aos interesses do instrutor e dos alunos. Vários sensores podem ser instalados em um UAV para estudar muitas disciplinas.

Nas áreas de ciência, tecnologia, engenharia e matemática (STEM) , o uso de Veículos Aéreos Não Tripulados (VANTs) tem crescido. Isso implica que o treinamento em UAV deve ser incorporado à educação STEM em uma taxa mais alta.

Algumas funções comuns para operadores de drones neste campo incluem suporte a instrução em sala de aula, realização de pesquisas sobre práticas educacionais e desenvolvimento de novos aplicativos para a tecnologia UAV neste setor.

Ao selecionar um drone para usar neste campo, é importante considerar as necessidades específicas de seus alunos e educadores. Alguns fatores a serem considerados incluem a idade de seus alunos, o nível de instrução que você fornece e o tipo de atividade educacional para a qual você usará o drone.

Há uma variedade de aplicativos e recursos curriculares disponíveis para pilotos de drones que desejam colocar suas habilidades em prática.

Quanto dinheiro você pode ganhar como piloto de drone na educação?

Não há uma resposta única para essa pergunta, pois os ganhos dos pilotos de drones nesse campo podem variar com base em vários fatores.

Algumas considerações importantes incluem sua experiência e nível de habilidade, o tipo de trabalho que você faz e o tamanho e as necessidades da organização ou instituição na qual você trabalha.

Dito isso, muitos pilotos de drones podem ganhar um salário confortável e ter a satisfação de saber que seu trabalho está fazendo a diferença na vida de outras pessoas.

você está no emprego de operador de drone e de onde você mora, um professor do ensino médio pode ganhar cerca de US $ 40.000 por ano . Pode ser mais do que o dobro se você for professor universitário em uma instituição de elite.

Se você estiver interessado em seguir carreira como piloto de drones neste setor, pesquise as expectativas salariais para seu nicho e localização específicos.

13. Construa seu próprio negócio de drones

Primeiro, você precisará obter as licenças e autorizações necessárias para operar comercialmente.

Você também precisará criar um plano de negócios, incluindo metas, estratégias de marketing e projeções financeiras. Depois de ter toda a documentação necessária em ordem, você pode começar a anunciar seus serviços de drones para clientes em potencial.

Com a preparação e o planejamento certos, iniciar seu próprio negócio de drones pode ser uma ótima maneira de entrar no excitante mundo da pilotagem de drones. Faça alguma pesquisa e explore as diferentes opções disponíveis para encontrar o melhor caminho para você.

Há uma série de etapas que você pode seguir para iniciar sua jornada para se tornar um piloto de drone.
Pilotos autônomos de drones podem ganhar de US$ 25 a US $ 250 ou mais por hora , dependendo de suas habilidades, base de clientes, qualidade do trabalho e quão conhecida é sua reputação em seu setor.

Aqui estão sete coisas que você pode fazer para começar com sua própria empresa de serviços de drones:

1. Conheça as normas da ANAC para pilotos comerciais de veículos aéreos não tripulados.

A ANAC considera que todo trabalho realizado com um drone na Argentina para qualquer tipo de compensação é comercial. Para realizar funções de drone comercial na Argentina , você deve obter um Certificado de Operador de Veículo Aéreo Não Tripulado (CE-VANT) , o que implica a aprovação no Teste de Conhecimentos Aeronáuticos da ANAC .

2. Conecte-se com outros pilotos de drones por meio de uma comunidade de drones: podem ser online ou até mesmo pessoalmente e locais, dependendo de onde você mora e voa.

3. Aprenda sobre as muitas variedades de drones disponíveis, desde modelos básicos de baixo custo até drones de vídeo e drones profissionais de última geração.

4. Leia sobre os principais negócios de drones e considere onde seus interesses e relacionamentos existentes sugerem que você deve começar.

5. Voe, voe e voe mais um pouco. Em última análise, quanto melhor você estiver nas varas, mais oportunidades terá.

6. Considere os vários elementos do seu negócio que precisam ser abordados. Tudo, desde a seleção da entidade até as considerações de seguro, deve ser avaliado e decidido.

7. Identifique o nicho em que deseja trabalhar, pense em como seriam as vendas e o marketing para o seu negócio de drones e faça um planejamento comercial preliminar, incluindo o desenvolvimento de um orçamento inicial e a determinação dos segmentos-alvo. .

Juntar-se a uma rede de pilotos de UAV é uma abordagem para obter trabalho freelance como operador de UAV .

Juntar-se a uma rede pode ser uma ótima abordagem para aumentar seu portfólio e conhecimento - em vez de fazer fotos grátis para um amigo obter amostras para clientes em potencial, você pode ser compensado por fazer fotos. Este tipo de trabalho também pode lhe dar experiência de trabalho em pesquisa do espaço aéreo, bem como desenvolver seu profissionalismo no trabalho.

As 7 principais ideias e oportunidades exclusivas de negócios com drones

Neste capítulo , vamos compartilhar com você as melhores ideias de negócios com drones. Se você está procurando oportunidades incríveis de negócios com drones, vale a pena pensar seriamente nos drones.

Drones ou Veículos Aéreos Não Tripulados (UAVs) estão se tornando cada vez mais uma alternativa popular em muitos setores e verticais diferentes. À medida que surgem cada vez mais casos de uso de drones, há uma quantidade incrível de potencial comercial esperando para ser descoberto.

Aqui estão algumas ideias de negócios de drones escolhidas a dedo a serem consideradas.

1. Negócio de fotografia de eventos com drones

A fotografia com drones está se tornando popular com o tempo e não há dúvida de que se tornou uma forma popular de tirar fotos e vídeos em eventos.

Se você é um fotógrafo criativo, pode ganhar dinheiro adicionando um negócio de fotografia de eventos baseado em drone às suas ofertas.

A fotografia de eventos é uma das indústrias mais lucrativas para iniciar um negócio de drones. Os drones permitem que você capture eventos de uma perspectiva única. Você pode obter fotos e vídeos incríveis dos eventos que não são fáceis de capturar de outra maneira.

A fotografia de eventos iniciais pode ser uma das ideias de negócios de drones de baixo risco e alto retorno.

Você pode começar tirando fotos em casamentos, festivais e outros eventos. Você pode capturar a energia e a emoção dos eventos do ponto de vista de um pássaro e obter fotos verdadeiramente únicas para deixar seus clientes felizes.

2. Drone Curso Online Empresarial

Se você é apaixonado por drones e opera drones, pode começar um negócio ensinando outras pessoas a pilotar o drone. Existem muitos cursos online disponíveis, mas sempre há espaço para mais. Simplesmente porque voar drones envolve muitas complexidades e desafios.

Fornecer um curso de ensino sobre como pilotar drones pode ser uma das melhores ideias de negócios com drones. Ou pode ajudar aspirantes a pilotos de drones a aprender o básico. Você pode até se tornar um treinador de drones e ajudar aspirantes a piloto a levar suas habilidades de voo para o próximo nível.

Sem dúvida, pessoas de diversos setores começaram a perceber a utilidade dos drones em seus negócios.

Criar e vender um curso online para educar aspirantes a pilotos de drones comerciais sobre tudo o que eles precisam saber pode ser uma maneira fantástica de gerar renda passiva.

3. Ideias de negócios para aluguel de drones

Para muitas pessoas e organizações, comprar e gerenciar inventário de drones é um pé no saco. Você pode resolver esse problema com o aluguel de drones.

Alugar drones pode ser uma ótima maneira de manter suas opções em aberto e você também pode obter uma renda decente com eles.

As empresas locais geralmente procuram a tecnologia de drones para ajudar seus negócios. Além de alugar, você também pode oferecer a eles um contrato de um dia para testar os drones antes que eles façam um acordo com você.

Você pode iniciar um pequeno negócio alugando os drones para operadores que desejam fotografar eventos ou apenas por diversão por um único motivo.

Drones também são alugados mediante solicitação para fins de avaliação de danos causados por ocorrências como furtos, enchentes e desastres naturais.

Esta é uma ótima maneira de ganhar dinheiro com seus drones sem precisar usá-los o tempo todo.

4. Negócio de banco de imagens

Se você tem talento para tirar ótimas fotos, pode iniciar um negócio de banco de imagens usando drones. Isso envolve a venda de suas fotos para empresas e marcas que precisam delas para publicidade, marketing e outros fins.

É uma ótima maneira de ganhar dinheiro com sua paixão e pode ser muito lucrativo se você tiver um grande portfólio de fotos de alta qualidade.

Esta pode ser uma ótima opção para você, se você é um nômade ou se costuma fazer caminhadas, passeios turísticos e até caminhadas no parque. Essas atividades podem resultar em dinheiro decente no seu bolso.

O vídeo e a fotografia aérea podem oferecer possibilidades infinitas porque a maioria das empresas precisa de fotos para ajudar a construir sua marca e gerenciar seus ativos digitais de maneiras inovadoras.

Ainda não tem certeza de como iniciar um negócio de drones e quer saber se a fotografia de estoque é o negócio mais adequado para você entre as outras ideias de negócios de drones?

Existem vários sites de vídeos populares como Shutterstock, Pixabay, Pexels, etc. Todos estes são muito populares para gráficos de alta qualidade. Os compradores também estão dispostos a pagar centenas de dólares por vídeos com apenas alguns segundos de duração. Imagens naturais e paisagens urbanas estão sempre em demanda, sequências de vídeo, bem como imagens que representam e correspondem ao que está na moda.

5. Seguro de drone e consultoria de licença

Se você estiver familiarizado com a indústria de drones, poderá oferecer consultoria de seguro e licenciamento para empresas e indivíduos que desejam operar drones. Esta é uma ótima maneira de ajudar as pessoas a cumprir os regulamentos estaduais e federais e evitar qualquer responsabilidade associada às operações de drones.

Em todos os países, você precisa de licenças e autorizações especiais para usar drones. Existe a necessidade de estabelecer uma empresa de consultoria nesta área. Você deve ter pleno conhecimento dos regulamentos locais, provinciais e nacionais relacionados à operação de drones.

Quase 17% dos drones comerciais são usados para serviços de seguros. A chave para o sucesso na administração de um negócio neste campo é construir relacionamentos com seguradoras e reguladores locais.

Os reguladores muitas vezes se deparam com dificuldades em tempos de crise, com recursos humanos insuficientes para lidar com cada sinistro de forma rápida, segura e correta.

Os operadores de drones podem implantar suas ferramentas para tirar fotos de danos e gerar relatórios em questão de minutos, permitindo que as reivindicações sejam tratadas e pagas com mais eficiência.

Certifique-se de entender os parâmetros e padrões que se aplicam a esse tipo de negócio e siga as precauções de segurança recomendadas.

6. Negócio de serviço de entrega de drones

Você pode iniciar um serviço de entrega de drones com seu pássaro. Isso envolve o uso de seu drone para entregar itens como alimentos, documentos ou pacotes para indivíduos ou empresas. É uma ótima maneira de ganhar dinheiro com o drone e pode ser muito conveniente para seus clientes.

As pequenas empresas podem se beneficiar muito dos drones quando operam dentro dos parâmetros das regras e regulamentos locais. Os drones podem transportar mercadorias, materiais, mercadorias e serviços, ao mesmo tempo em que assumem funções simples que podem ajudar pequenas empresas a economizar dinheiro.

entrega de comida rápida

Se você mora em uma área densamente povoada, pode iniciar um serviço de entrega de fast food com um drone. Esta é uma ótima maneira de gerar renda usando seu drone.

Entrega de pacote

Se você não estiver interessado em entregar comida, pode iniciar um serviço de entrega de pacotes. Existem muitas ideias e oportunidades de negócios com drones disponíveis, mas essa também pode ser uma maneira incrível de ganhar dinheiro com drones.

7. Empresa de serviços de reparo de drones

Drones, como qualquer outro produto, requerem manutenção e reparo para funcionar de forma eficaz. Os drones devem ser reparados ou substituídos quando danificados como resultado de acidente ou desgaste.

Ter uma oficina de reparo de drones pode atender a esse requisito do mercado.

Se você é alguém curioso sobre como as coisas funcionam, pode achar atraente esta oportunidade de negócios com drones.

O reparo de drones pode não parecer a oportunidade de negócios de drones mais empolgante do mundo, mas pode ser uma maneira fantástica de expandir sua presença no mercado.

Qual oportunidade de negócios com drones é melhor para você?

Entre essas sete melhores ideias de negócios com drones, escolher o negócio de drones certo depende totalmente de seus interesses e habilidades.

Se você está curioso sobre como as coisas funcionam, pode achar o negócio de reparo de drones atraente. Ou, se você é criativo e gosta de tirar fotos, a fotografia de eventos pode ser uma boa opção.

Seja qual for a oportunidade de negócios com drones que você escolher, entenda os parâmetros e padrões que se aplicam e siga as precauções de segurança recomendadas.

Com um pouco de criatividade, você pode começar a ganhar dinheiro com seu drone rapidamente.

AUDIOVISUAL

5 coisas a considerar ao licenciar imagens de drones

Pode ser fácil perder de vista o fato de que a experiência como piloto é apenas parte de ser proprietário de uma empresa de drones. Se você quer ganhar dinheiro, você vai querer entender os meandros do licenciamento de imagens de drones.

Entender seus direitos como criador não apenas evitará dores de cabeça se surgirem disputas, mas também poderá ajudá-lo a ganhar mais dinheiro .

As considerações a seguir são cruciais para o processo de licenciamento de imagens de drones. Descrevemo-los abaixo na esperança de que possam ajudá-lo a maximizar os lucros e mitigar quaisquer conflitos que possam ocorrer durante a sua pesquisa . .

Conheça seus direitos

The Photographer's Right é essencialmente um artigo detalhando seus direitos como fotógrafo . Essas informações o ajudarão a evitar confrontos com pessoas que podem não entender sua capacidade de fotografar ou registrar certas pessoas e propriedades.

No entanto, as circunstâncias se tornam um pouco mais complexas quando se trata de filmagens comerciais de drones . Por esta razão , as legalidades do modelo e da propriedade são ferramentas importantes a serem levadas com você ao capturar imagens para fins comerciais.

Você é dono do seu trabalho

O ponto principal é o seguinte: quando você filma ou fotografa alguém ou algo como operador de UAV, você possui os direitos desse meio. Se você não assinou uma autorização, você tem o direito de alterar, distribuir e até mesmo cobrar o que quiser por essa filmagem.

Isso significa que, desde que você possua um certificado de piloto remoto da entidade aeronáutica que regula as atividades aéreas em seu país, você pode vender suas imagens quantas vezes quiser . Muitos pilotos mantêm este direito para tornar os direitos exclusivos mais valiosos .

Com isso em mente ...

Coloque um prêmio por exclusividade e petróleo bruto

Como as imagens brutas podem se traduzir em um fluxo de renda virtualmente infinito para o criador, é aconselhável cobrar um prêmio pela renúncia a todos os direitos sobre as imagens .

razão simples ? A pessoa ou entidade que retém os direitos pode redistribuir sua criação com fins lucrativos.

Da mesma forma, as imagens brutas podem ser transformadas

em um produto viável que gere lucro para o novo proprietário . Compreender isso pode ajudá-lo a determinar o preço de sua filmagem.

Entenda as opções de revenda

Licenças limitadas e licenças exclusivas são os dois produtos que você precisa entender para maximizar os lucros. Uma prática recomendada é criar sua estrutura de preços com uma licença e cobrar uma taxa por cada uso adicional (ou seja, um para Facebook, YouTube, um site de negócios, impressão, etc.)

A filmagem de drone licenciada exclusivamente, conforme observado acima , é exponencialmente mais valiosa do que a limitada em sua licença e deve ser tratada como tal. Uma boa regra é precificar como se você não quisesse vendê-lo, mas seria forçado a aceitar o negócio se fosse oferecido.

Use os metadados a seu favor

Por fim, os metadados devem ser usados de uma maneira que funcione a seu favor como criador, proprietário de empresa e profissional de marketing. Os metadados são essencialmente um código embutido em um meio que ajuda o visualizador a identificar de onde veio e quem o possui .

Por exemplo, o rastreamento via IPTC Photo Metadata permite que os proprietários determinem onde indivíduos ou organizações estão usando imagens ou fotos para garantir a conformidade com um contrato.

Outra vantagem comercial é que esses dados podem ser vinculados a um site, onde backlinks saudáveis podem ajudar a otimizar seu site para os mecanismos de pesquisa . Basicamente , isso significa que bons metadados podem ajudar seu site a aparecer nas pesquisas do Google e tornar mais fácil para clientes em potencial encontrarem seus serviços .

de videografia imobiliária e fotografia com drone

A fotografia de drones imobiliários e a videografia de imóveis atraíram pilotos de drones iniciantes em massa. Como você se diferencia neste mercado tão competitivo ?

Qual é o segredo para uma ótima fotografia imobiliária com drones ? Você precisa usar algum equipamento adicional ao fotografar interiores de imóveis ? Também discutimos pós-produção e preços. Continue lendo para encontrar algumas ótimas ideias de instruções para ajudá -lo a fornecer ótimas imagens imobiliárias .

Como se tornar um fotógrafo e cinegrafista imobiliário (o básico)

e o pôr do sol são horários desejáveis para fotografia e videografia com drones imobiliários . Você pode capturar os tons dourados do sol em uma sessão matinal . Enquanto você pode capturar mais profundidade e calor se gravar vídeos imobiliários ao pôr do sol. Você também pode tirar algumas fotos noturnas impressionantes . Você também pode optar por ir além e usar uma solução de iluminação portátil para pintar com luz o exterior de uma propriedade.

Certifique -se de capturar os destaques da propriedade.

Medidas de bom senso , como remover detritos de construção e acender as luzes, ajustarão o apelo de sua fotografia e videografia de drones imobiliários . É importante capturar o relacionamento de sua casa com a comunidade do bairro. Você pode destacar serviços como a praia próxima, por exemplo. Mas lembre-se de não exagerar. Todos os tiros não devem estar a 90 metros de altura.

que ter muitos solavancos em seus movimentos resultará em uma filmagem imobiliária ruim . Qualquer bom piloto de drone deve sempre ter como objetivo fornecer imagens suaves e sutis . Mover o drone naturalmente, em vez de contra o vento, pode ajudar a eliminar o arrasto. Uma taxa de quadros mais alta permitirá diminuir a velocidade das capturas de vídeo sem comprometer a suavidade do vídeo.

Além disso , os pilotos de drones podem recorrer a diversas manobras para aumentar a qualidade da videografia de seus imóveis . Por exemplo, é sempre uma boa ideia começar com a superpaisagem e ir abrindo caminho lentamente pela porta da frente. Você também pode optar por uma foto revelando a casa com algum movimento . Como o nome indica, comece quando a propriedade do assunto estiver fora de vista e, em seguida, trabalhe até "revelar" o assunto.

Usando drones para filmar fotografia e videografia de interiores de imóveis

O uso de drones para tirar fotos e vídeos de imóveis no interior certamente tem seus benefícios . Porém, é um erro usar o drone na mão e não fazê-lo voar por dentro . É preciso muita prática e confiança, isso sem dúvida, mas não significa que deva ser um impedimento para você realizar um trabalho profissional, seguro e legal, o que é necessário para preparar fotos aéreas de drones é levar em consideração conta as correntes de ar internas e as geradas pelo próprio equipamento. Isso resultará em menos trabalho de pós-produção também , já que você terá todas as tomadas com a mesma fluidez e tipos de movimento, bem como a mesma resolução e qualidade, já que estará filmando sempre com a mesma câmera . Posicionar-se em um canto de uma sala irá capturar todo o comprimento e largura da sala. Isso fará com que a sala pareça maior do que realmente é.

A gravação dentro de uma propriedade vem com seu próprio conjunto de problemas. WiFi e interferência ferromagnética atrapalharão seu voo. Recorrer a truques como acender luzes e ventiladores e focar em destaques como a lareira melhorará ainda mais a qualidade do vídeo.

Dicas de fotografia com drones imobiliários: etapas para corrigir a exposição

Você pode seguir as 16 regras do sol se tiver controle de abertura ajustável. As 16 regras do sol podem ajudá-lo a estimar as exposições corretas à luz do dia sem um fotômetro . Esta regra afirma que em um dia ensolarado, você deve usar a abertura f16 . A velocidade do obturador deve ser o recíproco do valor ISO. Portanto, se o seu valor ISO for 100, defina a velocidade do obturador para 1/100. Não é recomendado mexer no ISO do Phantom ou do Inspire. Isso tende a aumentar substancialmente os níveis de ruído. Em dias nublados, recomenda-se a abertura f8 . Além disso , deve-se evitar o uso do filtro ND em dias nublados . Se você não tiver um controle de abertura ajustável, ele o ajudará a definir o balanço de branco e o nível Kelvin. Você também pode ajustar o valor da exposição através do controle remoto do seu drone.

Além disso , lembre-se de que ter vídeos um pouco mais escuros é perfeitamente aceitável . Você pode ajustar os tons de sombra separadamente dos meios-tons e destaques no Final Cut Pro. No entanto, se os brancos estiverem muito expostos, não será possível salvá-los .

Edição de vídeo imobiliário : como fornecer conteúdo

fantástico para corretores de imóveis

Se você é novo, pode acabar gastando 5 horas na pós-produção com Final Cut ou Premier Pro. Um editor experiente pode concluir a pós-produção em 90 minutos. Você também pode considerar a terceirização de todo o seu trabalho de edição e pós-produção . Usando uma das várias plataformas de terceirização, você pode encontrar facilmente um empreiteiro/ funcionário virtual por cerca de US$ 15/hora. No entanto, seja claro com seus requisitos de edição de vídeo ou o produto final ficará abaixo do padrão. Seu vídeo final não deve ter mais de 3 a 5 minutos.

Fornecer alguns upsells estratégicos pode resultar em mais valor agregado para o cliente e mais lucro para você. Embora depender apenas de fotografias aéreas não seja uma boa ideia, você pode incluir fotos como um upsell . Você também pode fornecer imagens 4K como um upsell. Outro truque que você pode empregar é gravar em 4 K e fornecer imagens de 1080. O produto final parecerá mais detalhado do que seus concorrentes. Embora você possa considerar oferecer um vídeo gratuito para construir sua clientela, deixe bem claro que você não fornecerá nenhum outro serviço gratuito .

Dê aos agentes imobiliários a opção de visualizar o produto, mas não baixá-lo. Por exemplo, colocar o vídeo no YouTube não é uma boa ideia, pois o corretor de imóveis pode fazer o download do vídeo. No entanto, usar uma ferramenta como o Frame.io permite que você mostre seu trabalho sem dar ao corretor de imóveis a opção de baixá-lo.

Preços de Fotografia Imobiliária com Drone

Ao negociar com seu corretor de imóveis, é uma boa ideia oferecer várias opções : uma opção de baixo custo, uma opção de médio porte e uma opção de alto padrão. Oferecer várias opções é uma estratégia de negociação inteligente que pode funcionar a seu favor. Poucos agentes imobiliários irão para a opção de baixo custo. A opção intermediária provavelmente será a mais popular . Na opção de ponta, você pode fornecer upsells como câmera lenta e filmagens 4K.

Tentar comercializar apenas fotos aéreas para agentes imobiliários não é absolutamente aconselhável. A barreira de entrada é muito baixa e a concorrência é acirrada. As organizações de sites estão tentando capturar o mercado oferecendo fotos aéreas por apenas US $ 130. No entanto, você pode fornecer fotos aéreas como um upsell.

Então, quanto você pode cobrar por uma casa? Você deve poder cobrar $ 650 por uma casa abaixo de $ 500.000 em um local de média densidade populacional. No entanto, se você estiver filmando nas capitais e arredores , por exemplo, poderá facilmente cobrar US $ 1.000 por uma casa que se enquadre nessa faixa de preço. Em cidades extremamente pequenas, pode ser necessário reduzir o preço para US$ 500 por casa.

Registrar propriedades de luxo é certamente uma opção mais lucrativa. $ 1.500 por uma casa de um milhão de dólares não é nada incomum. Para propriedades de luxo, os agentes têm comissões maiores e, portanto, orçamentos de marketing maiores . As propriedades comercializadas em todo o país provavelmente também terão requisitos de qualidade mais altos . Por exemplo, um rancho ou sessão de rancho sofisticado provavelmente renderá US $ 3.500 ou mais

conclusão _ _

Também é importante que os pilotos de drones se concentrem não apenas na produção, mas também na produção a jusante e nos resultados do cliente. Fornecer um pacote completo de serviços também resultará em maior valor agregado e criará um nicho em um mercado competitivo.

Algumas ótimas dicas para ajudar os agentes imobiliários a se interessarem por seus serviços de drones .

Você é um piloto novato de UAV que ainda não descobriu os meandros do negócio de drones ? Muito provavelmente , você começará a registrar imóveis . O registro de imóveis é mais fácil devido à sua natureza estática . Além disso , o registro de imóveis não exige um grande investimento inicial. Mas como a barreira de entrada é baixa, a competição é intensa.

Neste capítulo, apresentamos algumas dicas e truques para ajudá-lo a criar seu próprio nicho neste espaço competitivo.

Quer sair na frente da concorrência? Então compre o equipamento certo...

Depois de adquirir todas as suas licenças de aviação, é hora de comprar seu equipamento, ou seja, drone, câmera e acessórios. Muitas pessoas começam com um drone básico como a linha DJI Mavic. No entanto, se você puder investir uma quantia maior em seu negócio de drones, recomendamos começar com equipamentos de maior qualidade. A linha DJI Inspire é uma boa alternativa. Para começar , optar por um drone maior e mais sofisticado lhe dará mais dias de voo em um ano .

Além disso , os imóveis podem ser vistos como trampolim para projetos mais lucrativos . Se você possui um Inspire e uma câmera de drone de última geração, pode fazer o trabalho de mapeamento de UAV ou trabalho de inspeção de linha de energia quando dominar seu comércio.

Lembre-se: embora seu equipamento seja importante, seu comércio e habilidades são muito mais importantes .

Dica profissional : algumas das câmeras de drone mais

sofisticadas vêm com bracketing de exposição automática ou AEB . Com o AEB, você pode unir várias fotos. Isso fará com que as cores da imagem realmente se destaquem e, portanto, suas imagens realmente se destaquem.

Como comercializar seu negócio de drones para ganhar visibilidade e gerar leads

estratégias de rede tradicionais e mais recentes é sua melhor aposta para obter visibilidade máxima e alcançar clientes em potencial.

Comece seus esforços de marketing criando primeiro um site. Um site básico serve . Você pode criar um site bacana usando Squarespace ou Wix em algumas horas. Destaque os vários serviços que você está oferecendo . Carregar um portfólio de demonstração bem editado em seu site dará aos agentes imobiliários uma boa ideia do que esperar quando o contratarem. Imprima alguns cartões de visita bem desenhados . E destaque o facto de ter certificações aeronáuticas no seu site, bem como nos seus cartões de visita.

Uma vez que isso esteja resolvido , você pode começar a entrar em contato com clientes em potencial. as estratégias tradicionais de rede incluem ligações não solicitadas ou contato com agentes por meio de um conhecido em comum . Você também pode considerar ingressar em uma organização de rede para se conectar com agentes imobiliários .

Lembre-se: os agentes imobiliários ainda preferem uma abordagem personalizada. Muitas organizações tentaram comercializar serviços de drones em que agentes imobiliários podem contratar pilotos de UAV por apenas US $ 150 por meio de sites. No entanto, essa abordagem impessoal falhou miseravelmente.

Os 5 melhores lugares dentro de uma casa para filmar suas imagens de drone

compreensão básica do mercado imobiliário e da psique do

comprador é essencial. Quais são as áreas da casa que mais atraem o comprador ? Quais são algumas das características únicas da casa que você está tentando vender ? Fale com o agente imobiliário e o proprietário para obter uma compreensão privilegiada da casa que você está tentando vender.

A cozinha é o primeiro lugar que você deve destacar. Se o vendedor escolheu uma reforma recente na cozinha, isso certamente o ajudará a vender a casa mais rapidamente . Com base no indicador antecedente da atividade de reforma, você tem uma boa chance de recuperar cerca de 80% do custo da reforma de sua cozinha no momento da venda.

O quarto principal é outra área de grande interesse para o comprador. Se a sala oferecer uma boa visão, certifique-se de mostrar isso na filmagem do drone. Então, por exemplo, se você pode ver as montanhas do quarto principal, voar com seu drone pela varanda do quarto para capturar as montanhas em toda a sua magnificência ajudará a aumentar o apelo de suas imagens de drone.

Uma confortável sala de estar onde toda a família pode relaxar ou socializar é outro grande ponto de venda. Se a sala de estar tiver uma lareira, certifique -se de acendê-la durante a gravação do vídeo. Acender as luzes e os ventiladores também ajudará a atrair e prender a atenção do espectador.

Um quintal bem ajardinado e convidativo com pátio e/ou churrasqueira também é uma grande vantagem. Se o vendedor cuidou diligentemente de seu quintal, mostre seus esforços por meio de suas imagens de drone .

Por fim , um quarto infantil bem feito e bem projetado é uma clara vantagem . Se o quarto principal e o quarto das crianças estiverem no mesmo andar, este é um ponto de venda certo para casais com filhos pequenos .

Melhores práticas para trabalhar com corretores de imóveis

Se você é como a maioria dos empreendedores que entram no negócio de drones, é provável que trabalhe com agentes imobiliários no início de sua carreira.

Como qualquer outro profissional, um corretor de imóveis é um especialista em sua área. Eles são bons no que fazem. Ao optar por trabalhar com um piloto de drone como você , eles deram um passo significativo para virar suas listas de cabeça para baixo e fazer uma venda mais rápida .

Muitas vezes, porém, nossos amigos do setor imobiliário não entendem o que significa trabalhar com um piloto de drone.

Aqui estão algumas das melhores práticas a serem lembradas ao iniciar no negócio imobiliário:

Seja firme com os preços

Muitas vezes, os corretores de imóveis precisam gastar seu próprio dinheiro para investir na comercialização de suas propriedades. Como resultado, ser consciente do orçamento é importante para seus resultados.

com o qual qualquer piloto de drone lidará com os clientes, e o segmento imobiliário não é exceção. Seja respeitoso, mas sempre respeite suas armas ao precificar um trabalho.

Estabeleça o escopo do trabalho no contrato

Muitas disputas quando se trata de projetos criativos ocorrem quando as duas partes envolvidas não entendem as expectativas uma da outra. Isso torna um contrato de trabalho vital.

Ao colocar as expectativas do projeto por escrito e ter a aprovação de ambas as entidades, o nível de ambiguidade é drasticamente reduzido .

boas impressões

Ser profissional em todos os aspectos é importante em qualquer negócio. No entanto, ao trabalhar com agentes imobiliários , as primeiras impressões podem ajudar bastante a aumentar sua credibilidade como piloto de drone.

Aparecer com roupas limpas da cabeça aos pés o colocará em sua melhor forma e dará a primeira impressão de que você precisa para mostrar a todos os envolvidos que você leva a sério o fornecimento de um serviço viável.

seja receptivo

Outro aspecto do profissionalismo do serviço é estar disponível. Às vezes, a disponibilidade é uma habilidade tão boa quanto qualquer pessoa tem em sua caixa de ferramentas. Como piloto de drones e fornecedor de produtos criativos, cabe a você responder.

Os corretores de imóveis precisam trabalhar em horários incomuns para trabalhar, incluindo feriados , fins de semana e outros horários lentos quando os outros estão se divertindo.

É aí que estar disponível e responder em tempo hábil está diretamente relacionado à sua lucratividade futura.

sabe vender

Outro elemento-chave da lucratividade é a capacidade de vender produtos que seus clientes não planejavam comprar.

Contratado para uma simples sessão de fotos ao ar livre? Por que não pegar um panorama de 360 graus e oferecê -lo ao seu cliente? É provável que eles vejam o valor e estejam dispostos a pagar por isso. Apenas lembre-se da dica nº 1 no processo.

Dicas de especialistas para obter os melhores resultados de fotografia aérea ao nascer e ao pôr do sol

Por que o nascer e o pôr do sol são os melhores horários para a fotografia aérea ?

Sabemos que as horas douradas nos dão a oportunidade de captar algumas das nossas melhores fotos.

Um fenômeno científico chamado dispersão de Rayleigh é responsável pelos belos céus vistos ao nascer e ao pôr do sol. Quando o sol está diretamente acima, os raios têm que percorrer uma distância menor e, portanto, passam por um menor volume de ar para chegar até nós. No entanto, ao nascer e ao pôr do sol, a distância entre o sol e a terra aumenta. Isso significa que os raios solares devem percorrer uma distância maior e passar por um volume maior de ar. Por causa disso, os raios do sol ao nascer e ao pôr do sol são muito mais espalhados .

comprimento de onda menor . E eles tendem a se espalhar muito mais . Então, quando os raios do sol atingem a superfície da Terra, essas cores com comprimentos de onda mais curtos já se espalharam. Permitindo-nos experimentar os magníficos amarelos , vermelhos e laranjas ao nascer e ao pôr do sol.

Em termos gerais, a luz nas horas douradas é mais suave . Isso resulta em maior contraste, sombras mais longas e mais profundidade . Fotografar quando o sol está diretamente acima resultará em sombras mais duras .

Dica profissional: se você quiser saber a hora exata do nascer ou do pôr do sol, basta perguntar à Siri ou ao seu assistente virtual preferido.

O que é melhor para fotografia aérea : nascer do sol ou pôr do sol ?

Algumas pessoas apontam que as cores do pôr do sol são "mais vermelhas " e "mais quentes " do que as do pôr do sol . E eles atribuem isso aos poluentes no ar. Segundo esta teoria , os poluentes contêm aerossóis que contribuem para o avermelhamento do céu. No entanto, se isso fosse correto, veríamos alguns dos mais magníficos pores do sol em Buenos Aires ou Rosario. Na verdade, muitos poluentes produzidos pelo homem tendem a estragar sua experiência ao pôr do sol. Agora, os sprays naturais são outra questão. As erupções vulcânicas contêm aerossóis naturais que resultam nos mais magníficos tons avermelhados e em algumas oportunidades fotográficas incríveis .

Uma vantagem de fotografar pela manhã é a oportunidade de capturar neblina e névoa. O nevoeiro se dissipa à medida que o sol nasce e faz com que as temperaturas subam.

Gravar ao nascer do sol também oferece um extra. Caso você estrague suas fotos matinais , você sempre pode sair ao pôr do sol e voltar a gravar .

A melhor época do ano para fotografia aérea

Fotografar no inverno é a melhor época para fotografia aérea . Uma queda na temperatura reduz o ruído da imagem, resultando em maior clareza da imagem. O ruído da imagem é definido como a "variação aleatória no brilho ou variação de cor". Mais ruído resulta em uma aparência granulada que não é bonita de se ver.

Dica profissional : Certifique -se de manter suas baterias aquecidas se planeja voar em clima frio .

Estratégias de negócios com drones: como explodir concessionárias de carros

A venda de carros é um negócio acirrado, onde o cliente tem uma ampla variedade de opções. Neste difícil ambiente de negócios , embalagens inteligentes e marketing inovador podem ajudar uma concessionária de automóveis a se destacar da concorrência. Mas isso é mais fácil dizer do que fazer. As concessionárias progrediram gradualmente das técnicas tradicionais de marketing para a mídia digital, como anúncios on-line e marketing por e-mail . O uso de drones é outra técnica de marketing criativa que pode ajudar as concessionárias de automóveis a se conectarem com um cliente em potencial. Então, como um piloto de drone consegue negócios em uma concessionária de carros ?

Como comercializar seu negócio de drones para uma concessionária de automóveis

Antes de pensar em voar para uma concessionária de automóveis, lembre-se de que não é uma tarefa fácil . Como você precisa manobrar em espaços apertados , considere esses trabalhos depois de ter alguma experiência de vôo. Recomendamos uma experiência de voo de pelo menos um ano .

Comece com alguma pesquisa básica . Quem é responsável por tomar decisões de marketing na concessionária ? Você pode facilmente procurar essas informações no site do revendedor ou em um diretório on-line . É sempre melhor ligar diretamente para a pessoa em questão para fazer as coisas acontecerem rapidamente .

Ao fazer sua apresentação de vendas, destaque seu trabalho anterior. Você já filmou para outras concessionárias no passado? Se assim for , você tem uma grande vantagem. Compartilhar a filmagem do seu drone é a melhor maneira de transformar um "não" em um "sim " . Se não, não se desespere. Se você for um novato sem experiência em concessionária de automóveis, considere oferecer trabalho gratuito em troca dos direitos de uso das imagens .

Se o revendedor de automóveis já estiver usando imagens de drones , tente visualizar as imagens antes de fazer sua apresentação . Como você pode melhorar esta filmagem atual ? Você tem um drone e uma câmera melhores que o ajudarão a criar um produto final melhor ? Você tem habilidades melhores? Se as respostas a essas perguntas forem "sim " , é provável que você acabe conseguindo o emprego. Lembre-se: não diminua a concorrência na tentativa de provar que você é melhor. Isso não funciona bem com a maioria dos clientes .

Como melhorar a qualidade das imagens de drones e expandir seu negócio de drones

fator mais importante que afeta a qualidade da filmagem do drone é o tempo de gravação. Para determinar o melhor horário para gravar, visite a concessionária em diferentes horários do dia . Quando a entrada principal e a placa frontal parecem mais atraentes ? Você pode obter imagens melhores fotografando ao nascer ou ao pôr do sol? Depois de descobrir o melhor momento para fotografar, você precisará descobrir as configurações e os acessórios corretos da câmera . Você precisa de um filtro ND? Se sim, qual filtro ND lhe dará os melhores resultados?

Você deve acender todas as luzes do revendedor de

automóveis antes de iniciar a filmagem; isso aumentará a atratividade de sua filmagem. Acender os faróis de todos os carros da concessionária também é uma boa ideia. Também recomendamos adquirir algumas imagens de carros em movimento. Filmar um carro em movimento trará autenticidade e variação à sua filmagem com drone. Nosso curso de acompanhamento de assunto discute como você pode superar os vários desafios de gravar um objeto em movimento. também pode pedir a algumas pessoas (que parecem clientes em potencial) que passem pela entrada da frente . Incluir isso ajudará a concessionária a estabelecer uma conexão emocional com todos os clientes em potencial que entrarem na concessionária. Certifique -se de que o estacionamento esteja limpo e organizado. E todos os carros estão alinhados corretamente . Se os carros estiverem espaçados de forma desigual , isso ficará visível na filmagem final.

Por fim, mostre a concessionária com o maior número possível de movimentos cinematográficos . Obter uma boa variedade de fotos dos arredores garantirá que você também obtenha dados baseados em localização . Apresentar a vizinhança serve a um duplo propósito: pode destacar a localização da concessionária e aumentar o apelo de sua filmagem.

Dica profissional : lembre-se de limpar a lente da câmera antes de fotografar para obter melhores resultados

Desafios de voar em uma concessionária de carros

Pilotar uma concessionária de carros é muito parecido com voar em imóveis : ambos são trabalhos repletos de obstáculos. Você precisará de boas habilidades para pilotar seu drone sobre veículos e entre veículos . Freqüentemente, você terá que voar apenas alguns metros acima de um veículo de $ 100.000 . Enquanto os veículos de nível superior têm antenas mais curtas , os carros de nível inferior ainda têm antenas mais longas . Tenha muito cuidado para não acabar voando em nenhuma dessas antenas mais longas . Caso encontre um obstáculo e danifique seu acessório, certifique-se de substituí-lo imediatamente.

Por isso , recomendamos o uso da linha Mavic ao voar em uma concessionária. Se você possui um Inspire , manobrar seu drone em espaços apertados será mais um desafio . E não voe sem seguro, ou você será pessoalmente responsável por quaisquer danos .

Para garantir que você não acabará sobrevoando as pessoas, você terá que se livrar de todas as pessoas na concessionária durante toda a filmagem (1 a 2 horas). Ter um OBSERVADOR ajudará a garantir que ninguém se aproxime do drone durante uma gravação. Recomendamos o uso de cones para delimitar as áreas .

E nossa última dica: se houver linhas de energia KV por perto, verifique se há interferência com um espectrômetro de RF. E lembre-se de ficar a pelo menos 15 metros de distância dessas linhas de energia .

Como filmar um protesto com um drone

Quer saber como filmar legalmente um protesto com drone ? Aprenda a fórmula para ficar seguro e legal para filmar protestos de cima.

Os pilotos de drones oferecem um valor significativo para a

sociedade, jornalistas e até mesmo proprietários de pequenas empresas, à medida que os protestos acontecem em todo o país . Como muitos jornalistas querem mostrar a imagem completa, os drones agora são comumente usados para filmar um protesto do céu. Os drones podem mostrar a extensão de um protesto ou quando o protesto ficou feio . Isso poderia ajudar a sociedade a identificar verdadeiramente os muitos atores que trabalham durante os protestos.

C omo os pilotos de drones podem filmar legalmente durante os protestos ? Bem, entenda que seu direito de registrar o que acontece nas vias públicas não se aplica a voar no espaço aéreo . Esta camada adicional indica que existem regras a seguir para aceder ao espaço aéreo nacional . Ao conduzir um protesto de drone, os pilotos devem seguir as regras para evitar prisões injustas. Se você estiver voando em um protesto, lembre-se de que você não só tem a responsabilidade de manter todos seguros, mas também tem a responsabilidade de representar os pilotos de drones.

lista típica de regras que devem ser seguidas ao realizar um protesto.

1. Não voe em um TFR. (restrição temporária de voo) (crime federal)
   2. não voe sobre as pessoas
   3. Você precisa de um certificado da entidade aeronáutica do seu país
   4. Não voe sobre veículos em movimento .
   5. Não voe de forma "descuidada ou imprudente" (esta é a regra das entidades aeronáuticas para todos)
   6. Ao voar em espaço aéreo controlado . Obtenha autorização do regulador do espaço aéreo .
   7. Não voe mais de 120 metros
   8. Não transporte objetos perigosos
   9. Não entregue ou deixe cair objetos

Vamos detalhar essas etapas e discutir o que é realmente necessário para pilotar drones durante os protestos.

Os pilotos de drones podem pilotar um drone durante um protesto durante um TFR? Não...

TFR – Os pilotos de drones estão cientes das restrições temporárias de voo, pois são a maneira mais segura de se meter em problemas como piloto. Normalmente, algumas autoridades policiais solicitam TFRs de reguladores aéreos para inibir o voo. Você pode solicitar uma isenção de TFR.

Como sei se existe uma restrição temporária de voo ?

Existem várias maneiras de ver onde os TFRs estão localizados. Recomendamos o site da entidade aeronáutica nacional, embora esteja bastante desactualizado. Recomendamos esta rota porque algumas solicitações de voo demoram muito para preencher os TFRs. Mesmo o aplicativo DJI simplesmente permitirá que as pessoas decolem em um TFR se o TFR ainda não tiver chegado ao sistema .

Pilotar um drone dentro de um TFR é a ação mais hedionda que um piloto de drone pode realizar. Ao voar nessas áreas , os pilotos enfrentam consequências muito mais graves . Devido às leis de defesa nacional em torno dos TFRs, os pilotos de drones enfrentam ofensas federais da polícia federal . Como piloto de drone, esta é uma regra que tem sérias consequências que você não quer enfrentar.

Não voe sobre as pessoas.

Não voe sobre as pessoas. Quer você esteja pilotando um drone como hobby ou como piloto comercial, você não pode sobrevoar as pessoas. O que nos leva ao próximo ponto sobre pilotar drones como um piloto certificado em vez de um hobby.

Pilotar um drone não é como comprar uma câmera online .

Você não apenas compra... e voa. Existem muitas regras para acessar o espaço aéreo . Francamente, as regras são muito mais restritivas se você for um hobby ou um aviador recreativo. Embora a história fosse mais favorável aos amadores, os reguladores da aviação reprimiram os pilotos recreativos.

Pilotos certificados têm mais liberdade para pilotar drones em protestos.

Sejamos honestos, esta é uma operação comercial, mesmo que você venda sua filmagem para o noticiário, adivinhe o que você acabou de vender para o noticiário... Quer você esteja filmando para enviar para o YouTube ou vendendo filmagens de notícias ... Isso é uma operação comercial .

Francamente, é obrigatório e necessário voar certificado. Com maior liberdade e legitimidade da aplicação da lei, você desejará um Certificado de Piloto Remoto.

Esta certificação serve para ativar uma autorização, instantaneamente, para voar em espaço aéreo controlado . Se houver protestos em uma cidade grande, é mais provável que você esteja em um espaço aéreo controlado .

Olhando para os protestos em Buenos Aires (Argentina), a maior parte do espaço aéreo está em espaço aéreo controlado . As entidades aeronáuticas também implementaram o TFR até "segunda ordem". Então, seguindo essas orientações, se você fosse um piloto certificado , poderia voar em Buenos Aires, mas não no TFR.

Ser um piloto certificado também oferece a você a oportunidade de adquirir renúncias. Dispensas que permitem sobrevoar pessoas ou carros em movimento.

Como você pode imaginar, não poder sobrevoar as pessoas tornará os protestos muito difíceis .

Devido ao fato de que você não pode voar um drone sobre as

pessoas, nossa área de vôo é limitada . Com uma área de voo tão limitada , recomendo que os pilotos optem por voar acima dos telhados. Você pode capturar imagens verdadeiramente impressionantes ao voar com segurança sobre os telhados. Francamente, desde que você tenha um certificado, não sobrevoe as pessoas e não esteja em um TFR ... A polícia tem tudo para prendê-lo.

Que tipo de drone é melhor para filmar um protesto ?

Mavic Zoom ou Mavic com zoom digital: O Mavic Zoom ou Mavic com zoom digital são drones pequenos e poderosos . _ _ Silenciosos e clandestinos, esses drones não podem ser ouvidos a cerca de 20 metros de distância. O drone é pequeno, compacto e pode viajar bem. O drone também oferece zoom excepcional, incluindo zoom de até 6x em vídeo 1080p.

Mavic Enterprise – Todos os benefícios apresentados acima são aprimorados com a linha empresarial . O drone é literalmente idêntico ao Mavic Zoom, exceto que o drone possui acessórios. Envie mensagens aos manifestantes por meio de um alto-falante ou mostre que você é um piloto confiante tendo um farol em seu drone à noite e sempre mantendo-o à vista ao voar à noite . Também adoramos o Mavic Enterprise porque ele possui o modo de atitude (ATTI) integrado . Por favor, entenda, é muito estranho que eu tenha comprado este drone... então você pode ter que pedir o drone comercial de um revendedor, pois eles não o terão em estoque .

Não voe sobre veículos em movimento .

Sim , é tão bobo quanto parece e, francamente, nunca vi entidades aeronáuticas aplicarem essa regra. Se você estiver voando sobre um veículo parado , é tecnicamente legal. No entanto, sobrevoar um veículo em movimento é outra coisa . Esta regra é honestamente questionável na melhor das hipóteses, devido ao fato de que as entidades de aviação permitem n este tipo de operação a pessoas "transversais" para toda a segurança pública . Isso é engraçado porque a segurança pública tem a menor quantidade de treinamento de drones, estatisticamente falando .

Não voe de forma descuidada ou imprudente.

Esta regra é a chave para os inspetores de aviação . O que é descuidado e imprudente ? Bem, sua interpretação subjetiva é bastante comum. Pergunte a si mesmo ao voar, eu poderia evitar causar ferimentos e danos ao cair? Ao voar, pense onde você pode deixar o drone em caso de emergência.

Além disso , se você estiver preocupado em lidar com a polícia ao voar, siga as regras da aviação e certifique-se de que pode operar legalmente, com segurança e profissionalismo .

Não voe mais de 120 mts

Ao voar um protesto, não voe mais de 120 mts. Você tem permissão para voar 120 metros acima do solo. Observe que a regra de 120m acima não se aplica se você estiver em espaço aéreo controlado .

Não carregue materiais perigosos ou deixe cair objetos do drone.

É vital entender que a entrega por drones só pode ocorrer em determinadas circunstâncias. Os drones não podem transportar materiais perigosos, portanto, não carregue nada.

Dê lugar a aeronaves tripuladas.

Se um helicóptero aparecer em um protesto, entenda que o helicóptero tem o direito de passagem. Um helicóptero pode voar em qualquer altitude que permita um pouso seguro. O que significa essencialmente uma conclusão subjetiva sobre a capacidade de pousar a aeronave com segurança.

Como pilotos de drones, devemos ceder a todas as outras aeronaves . Destruindo , se um helicóptero de notícias decolar no mesmo espaço aéreo que você ocupa ... ele deve pousar ou sair do caminho. Pessoalmente, prefiro pousar, porque há muitos desconhecidos quando helicópteros e drones voam muito perto.

Embora tenhamos visto incidentes questionáveis de helicóptero voando durante os protestos, isso não justifica seu mau comportamento como piloto. Embora, como pilotos de drones, você seja o responsável final por sua aeronave . Você não pode descer ao nível de qualquer outro piloto. Não importa quão atrozes sejam as manobras de vôo de alguém. Você deve subir acima.

Como ajudar o protesto, pequenas empresas ou a polícia com seu drone.

Antes de discutirmos como podemos proteger as pequenas empresas, vamos discutir esses outros pontos e, em seguida, falar sobre como as pequenas empresas podem usar pilotos de drones para se proteger e fornecer um registro permanente de seguro para acelerar o processo de sinistros.

C omo os pilotos de drones podem proteger as pequenas empresas ? Bem, desde a verificação de um alarme até o registro permanente de danos. Os pilotos de drones também podem ajudar fornecendo sistemas de vigilância persistentes. Os drones podem ser uma das ferramentas mais valiosas para ajudar a proteger as pequenas empresas hoje.

Um de meus amigos trabalha em uma empresa que criou um sistema de vigilância persistente. Este sistema ajudará as empresas de alarme a verificar as chamadas. Uma chamada de alarme verificada enviará oficiais em um tempo muito mais rápido . Os alarmes falsos representam 95% das chamadas, por isso a verificação é tão importante para melhorar o tempo de resposta da polícia . Droneing o negócio pode significar a diferença entre janelas sendo quebradas e uma loja inteira saqueada. Como, devido ao tempo de resposta. Os drones melhoram os tempos de resposta da polícia , fornecendo notificação de alarme verificada.

Os pilotos de drones têm a oportunidade de ajudar em protestos pacíficos e documentar quando eles ficam feios. Os pilotos de drones também podem mostrar as belas ações dos seres humanos. Mostrando o verdadeiro valor da igualdade demonstrada pela polícia e pelas pessoas que trabalham juntas.

Os pilotos de drones têm a chance de transmitir uma bela mensagem, mas também causam muitos danos ao protesto em si . Portanto, você tem uma grande responsabilidade como piloto registrando um protesto.

Se você decidir gravar um protesto... voe com segurança. Você não está apenas representando uma mensagem ou um protesto. Você também está representando outros pilotos de drones, então lembre-se de que você é o responsável final ... não importa o que aconteça. Seja esperto.

Por que usar a fotografia com drone no mercado imobiliário ?

Em todas as indústrias, o uso de drones está aumentando. Isso ocorre porque um drone pode fornecer uma nova perspectiva, ajudando empresas e indivíduos a ver as coisas de novos ângulos.

Em construção, isso significa criar modelos 3D de edifícios em construção. Na segurança pública, envolve a busca de pessoas desaparecidas usando imagens térmicas. E no setor imobiliário, pilotos e fotógrafos de drones estão criando conteúdo imersivo que mostrará propriedades de maneiras nunca antes possíveis.

A fotografia de drones imobiliários pode dar uma vantagem sobre descrições de imóveis semelhantes, com fotos e vídeos mostrando casas de uma ampla variedade de ângulos e despertando a imaginação de potenciais compradores.

A fotografia com drones está em alta e os corretores de imóveis sabem disso.

A fotografia de drones imobiliários é um campo especialmente empolgante para freelancers que estão pensando em se tornar um piloto de drones. Este ramo da fotografia e videografia pode fornecer um fluxo constante de trabalho contratado, pois os agentes imobiliários que buscam a fotografia por drone das propriedades que estão vendendo precisarão de um especialista para capturar essas visualizações.

Qual é o conceito por trás da fotografia com drones imobiliários?

A fotografia com drone é um tipo poderoso de criação de conteúdo para agentes imobiliários comerciais e residenciais, pois oferece a eles uma maneira econômica e acessível de capturar novas visualizações de propriedades. Antes da disponibilidade comercial dos drones, capturar fotos aéreas de uma propriedade significava pagar por um caro voo de helicóptero ou avião. Agora um freelancer com um drone pode coletar as fotos necessárias com rapidez e segurança.

O objetivo de um agente imobiliário ao criar uma listagem é demonstrar o apelo exclusivo da propriedade por meio de uma combinação de texto, fotografia e conteúdo de vídeo. Não importa o quão incrível uma casa ou prédio comercial pareça pessoalmente, os compradores em potencial podem nunca investigar mais se a listagem estiver repleta de fotos pouco claras ou pouco atraentes.

A fotografia com drones em imóveis também não é estritamente sobre fotos ou fotos externas. Com um drone compacto e leve, um operador pode capturar imagens de vídeo completas do interior de uma propriedade. Um vídeo de passeio virtual gravado em um drone pode mostrar todas as partes de uma casa ou outra estrutura. Mesmo um grande edifício comercial é fácil de filmar com um drone de fotografia em movimento rápido.

Este vídeo é especialmente útil quando potenciais compradores desejam saber mais sobre uma propriedade antes de assistir. Durante as restrições de viagem do COVID-19, esse recurso de visualização remota foi indispensável e é universalmente útil para pessoas nos estágios iniciais de busca por um imóvel ou para quem está pensando em comprar um imóvel longe de sua localização atual. O vídeo do drone pode fazer com que os compradores sintam que estão realmente em uma propriedade, mesmo quando estão do outro lado do mundo.

Como os agentes imobiliários usam a fotografia com drones?

Os drones fotográficos de hoje são equipados com uma variedade de ferramentas que aumentam seu potencial para fotografia aérea imobiliária. Isso abrange câmeras de vídeo 4K e câmeras fotográficas de alta resolução, bem como recursos de estabilização e detecção de colisão que permitem um desempenho de voo suave ao capturar vídeos ou imagens.

Fotografia Aérea Externa – Uma fotografia aérea pode fazer mais do que capturar uma casa de um ângulo interessante. Os FOTÓGRAFOS também podem garantir que suas imagens incluam comodidades próximas, como praias ou piscinas. Uma foto de drone pode colocar uma casa no contexto: em quanto terreno ela está? Quão perto você está de estradas ou do resto do seu bairro? Para que essas fotos tenham a melhor aparência, a propriedade deve estar deserta, sem pessoas no pátio ou carros na garagem e com latas de lixo e limpadores de piscina guardados fora de vista. Os agentes imobiliários que antes achavam a fotografia aérea inacessível devido ao custo do aluguel de um avião ou helicóptero agora podem investir na fotografia com drones, obtendo ótimos resultados a um preço razoável.

Passeios quarto a quarto e vídeo interno: um drone com uma câmera de vídeo de alta definição pode fazer com que os compradores em potencial se sintam como se estivessem dentro de uma propriedade quando estão simplesmente navegando nas listagens. Um tour em vídeo quarto por quarto pode fornecer detalhes que uma série padrão de fotos não pode, porque demonstra como cada quarto está conectado e como os visitantes se movem pela propriedade. Não importa quão grande ou pequena seja uma propriedade, o vídeo do drone pode capturar a natureza do espaço, e um drone pode até voar através de um prédio em reforma fechado ao tráfego de pedestres.

Modelagem 3D e captura avançada de dados – Os drones são frequentemente usados para criar modelos 3D detalhados na indústria da construção. Eles conseguem esse feito usando técnicas avançadas, como fotogrametria ou detecção e medição de luz de última geração (LiDAR). Os mapas 3D podem se tornar parte de uma listagem de imóveis: os potenciais compradores podem se familiarizar com o layout e as dimensões da propriedade antes de se mudarem. Embora esse nível de detalhe possa não ser importante para a venda de uma pequena propriedade residencial, pode ser um ponto de venda para um grande lote comercial.

Aplicar esses tipos de fotos e vídeos a listagens de imóveis que variam de apartamentos compactos a amplos lotes de desenvolvimento comercial é uma maneira de elevar o ofício de um corretor de imóveis. Com a ajuda de drones, as empresas imobiliárias podem usar imagens de maneiras que seriam impossíveis apenas alguns anos atrás.

Obviamente, para desbloquear esses novos recursos, os agentes imobiliários devem trabalhar com pilotos de drones licenciados, equipados com a mais recente e melhor tecnologia de drones. Embora eles próprios possam solicitar licenças de piloto de drones, os agentes também podem encontrar valor em parcerias com operadores de drones independentes.

Melhores práticas de fotografia imobiliária com drone

Como os agentes imobiliários garantem que suas incursões na fotografia aérea e no vídeo com drones sejam bem-sucedidas? Embora drones e fotografia profissional sejam uma forte combinação natural, há alguns itens a serem verificados ao adotar drones pela primeira vez para garantir que tudo corra bem:

Encontre um piloto com o hardware de drone certo: os drones de fotografia modernos são capazes de capturar conteúdo de foto e vídeo de alta qualidade; os agentes imobiliários devem garantir que os pilotos de drone escolhidos estejam equipados com esses UAVs avançados . Na verdade, as listas de empregos de fotografia com drones imobiliários mostram os tipos de padrões que as empresas estão procurando (fotos e vídeos RAW com resolução de até 4K e 60fps).

Sempre use um piloto licenciado – Como em qualquer tipo de operação de drone comercial, os pilotos de drones devem ser licenciados de acordo com os regulamentos da ANAC . Ter um CE-UAV , o que requer conhecimento específico de voo. A necessidade de pilotos licenciados cria um mercado potencial para freelancers começarem a fotografar com drones.

Siga as Regras de Espaço Aéreo Aplicáveis: Apenas ter uma licença nem sempre é suficiente para receber a aprovação de voo para o espaço aéreo selecionado. Existem restrições em alguns tipos de espaço aéreo, como as áreas ao redor dos aeroportos. Além disso, os operadores de drones devem sempre poder ver seus drones e não podem trabalhar em veículos ou outras aeronaves em movimento. Existem isenções da ANAC que permitem que os pilotos recebam exceções a algumas dessas regras.

O ponto crucial da boa fotografia imobiliária com drones é a combinação de tecnologia de alta qualidade com funcionários que dedicaram tempo para treinar com sua equipe e serem certificados pela ANAC . Considerando a natureza juridicamente vinculativa das regras da ANAC , realmente não há como cortar custos na fotografia com drones .

INDUSTRIAL

Os drones podem ajudar o seu negócio de topografia ?

À medida que a tecnologia dos drones se torna cada vez mais ágil e acessível, vários setores estão adotando os drones em seus fluxos de trabalho para aumentar drasticamente a eficiência . Simplificando, os drones estão mudando a maneira como as empresas operam, cortando custos, economizando tempo, melhorando a segurança e fornecendo ROI direto.

Em particular, a pesquisa e o mapeamento foram revolucionados por soluções de drones . Enquanto os métodos tradicionais de levantamento podem produzir resultados em uma escala de dias ou semanas, os drones podem fazer o trabalho em uma escala de tempo .

Dependendo do seu projeto e dos requisitos do cliente, estes são os melhores drones para levantamento e mapeamento:

MAVIC 3E
MAVIC 3T
MAVIC 3M
Matriz 300 RTK + P1
Matriz 300 RTK + L1

Mapeamento vs. Topografia

Primeiro, vamos esclarecer as diferenças entre uma pesquisa e um mapa. Um mapa é uma representação visual de uma área usada para ilustrar a geografia e as características . Um levantamento, embora também um mapa, também é usado para medir as posições e distâncias entre pontos bidimensionais e tridimensionais. Mapas e pesquisas, embora intimamente relacionados, têm diferentes casos de uso e valor.

Velocidade vs. Precisão

Um grande ponto de venda das soluções de levantamento por drones é que eles podem fazer o trabalho rapidamente . Um voo rápido sobre sua área de destino pode produzir rapidamente dados precisos e acionáveis.

No entanto, quando se trata de escolher uma solução de drone para suas necessidades de levantamento e mapeamento , é importante reconhecer a compensação inerente entre velocidade e precisão . No levantamento e no mapeamento, algumas técnicas e equipamentos podem produzir dados com maior grau de precisão, enquanto outros podem fornecer resultados acionáveis sob pressão de tempo.

Distância de amostra de solo

O que exatamente significa precisão quando se fala em levantamento e mapeamento ? Uma maneira de dizer isso é a precisão com que seu produto final reflete a realidade de seu local de pesquisa . A principal maneira como isso é descrito na fotogrametria é a distância da amostra do solo, ou GSD. GSD é definido como o comprimento (em polegadas, centímetros ou milímetros) entre os centros de dois pixels consecutivos em seu mapa.

Como alternativa, você pode pensar em GSD como o comprimento de um pixel em seu mapa. Por exemplo, se um drone atingir um GSD de 5 cm/px, então podemos entender que um pixel neste mapa digital corresponde a 5 cm na realidade. Um mapa com um GSD " menor " tem maior resolução e maior precisão .

Ao fazer missões fotogramétricas com drones, os principais fatores que podem afetar seu GSD são a qualidade de sua câmera (distância focal, resolução da câmera) e a altitude de voo . Por exemplo, voar seu drone em uma altitude maior permitiria cobrir uma área maior em um tempo menor , mas capturar seus dados em uma resolução menor .

Pontos de controle de solo e cinemática em tempo real

Pontos de controle de solo (GCPs) são pontos fixos no solo com uma posição conhecida que são usados para calibrar seu levantamento e aumentar sua precisão. A maioria das pesquisas usa vários GCPs . Este é um exemplo notável da compensação entre velocidade e precisão do levantamento, porque pode levar muito tempo para preparar e medir seus GCPs.

Uma alternativa popular ao uso do GCP é a cinemática em tempo real (RTK), que usa o posicionamento por satélite e uma estação terrestre com uma referência de posição secundária conhecida para fornecer dados mais precisos .

Aqui está um detalhamento de suas opções quando se trata de levantamento e mapeamento com um drone:

	some nte	drone sem	drone com	Drone com

	GCP	RTK	RTK	RTK + GCP
Precisão	alto	Baixo	alto	Mais alta
Velocidade	Baixo	alto	alto	alto
Custo	Alto	Baixo	Baixo	Baixo

Escolha seus sensores de dados

Ao escolher sua solução de levantamento e mapeamento , você também deve considerar que tipo de dados você ou seus clientes precisam. Diferentes projetos podem exigir diferentes tipos de dados, por isso oferecemos diferentes soluções para essas demandas.

Fotogrametria

A maioria dos levantamentos aéreos típicos requer fotogrametria ou a criação de modelos 2D ou 3D de alta resolução de seu local de levantamento usando uma combinação de muitas fotos digitais. Cada um de nossos drones de levantamento e mapeamento é equipado com uma poderosa câmera digital capaz de capturar fotos digitais de alta resolução . Algumas soluções podem ser equipadas com uma câmera oblíqua que pode coletar as imagens necessárias para modelagem 3D com menos sobrevôos. Suas fotos podem ser unidas usando um software de fotogrametria , como o DJI Terra, e os modelos resultantes podem ser usados para identificar e medir recursos como distância, área , volume e muito mais .

Detecção e alcance de imagens de luz ou LiDAR

Essa tecnologia sobrevoa um local de pesquisa onde usa um laser para iluminar um alvo e mede a luz refletida com um sensor. Esse processo é repetido milhares de vezes para produzir uma nuvem de pontos que pode representar seu local com um grau de precisão maior do que a fotogrametria . O LiDAR e a fotogrametria têm seus usos, por isso é importante considerar cuidadosamente antes de selecionar sua carga útil .

Multiespectral e hiperespectral

Essas câmeras especiais podem capturar comprimentos de onda de luz visíveis e invisíveis. Para clientes agrícolas ou pesquisas conduzidas para medir o crescimento da cultura ou conformidade ambiental, os dados multiespectrais são especialmente úteis para fornecer informações críticas e acionáveis.

Com as soluções de drones, você tem uma ampla seleção de técnicas de levantamento e mapeamento , e cabe a você escolher quais métodos atendem melhor às suas necessidades.

é uma alternativa às técnicas clássicas de topografia terrestre ?

Pesquisa revela que drones podem competir com precisão, confiabilidade e baixo custo com os métodos tradicionais de mapeamento de solo

Se parece que a tecnologia dos drones evoluiu muito nos últimos anos , é porque sim. Antes pensados mais como um dispositivo do que como um equipamento especializado, os drones geoespaciais agora estão mudando o jogo da topografia , usando métodos fotogramétricos para criar mapas em tempo recorde .

O que é aerofotogrametria ? _ _

Você está tentando decidir se um drone de fotogrametria é o investimento certo para o seu negócio de topografia ? Continue lendo para descobrir como essa tecnologia pode ajudá-lo a economizar tempo, esforço e, por fim, dinheiro, sem sacrificar a precisão .

Para entender como os drones podem ser usados em levantamentos , vamos rapidamente lembrá -lo sobre a fotogrametria aérea . Envolve tirar várias imagens aéreas de um recurso e usá- las para criar modelos 2D ou 3D digitalizados de alta resolução a partir dos quais medições precisas podem ser deduzidas . Isso pode ser concluído com um software de mapeamento especializado que procura recursos comuns nas imagens e os utiliza para unir suas fotos de maneira a oferecer uma representação precisa de um espaço. Embora este seja geralmente um ponto coordenado, a característica comum exata pode variar dependendo do tipo de fotogrametria que você está usando (mais sobre isso mais tarde). Dependendo do escopo do projeto, um modelo fotogramétrico pode exigir de algumas centenas a vários milhares de imagens separadas .

Em particular, uma única fotografia aérea não pode ser usada como um mapa fotogramétrico porque questões como perspectiva e distorção não foram abordadas. Embora as imagens aéreas sejam ótimas para fins de fotografia e filmagem , você precisa de imagens estáticas de vários ângulos para garantir a precisão .

Normalmente, a maneira mais econômica de capturar todas essas imagens aéreas de que você precisa é usando um Veículo Aéreo Não Tripulado (UAV) como um drone. Embora aviões e helicópteros possam ser usados, essas opções tendem a ter um custo muito mais proibitivo .

Uma das principais vantagens das fotografias aéreas fotogramétricas é que elas podem ser usadas para criar vários tipos de mapas. Dependendo do tipo de software de fotogrametria que você possui, é possível criar uma variedade de resultados, como mapas ortomosaicos, modelos de nuvem de pontos 3D, modelos de superfície digital e muito mais . No entanto, outros tipos de mapeamento, como o LiDAR, que usa pulsos de luz para medir a topografia , exigirão uma carga separada .

Tipos de aerofotogrametria

A fotogrametria pode ser amplamente dividida em duas categorias :

Fotogrametria Métrica – Este método usa pontos de coordenadas em recursos para visualizar um objeto com medições quase exatas . Os mapas podem então ser construídos com base na localização das coordenadas relativas umas às outras . Normalmente, essas coordenadas são estabelecidas fisicamente com os chamados pontos de controle de solo.

Fotogrametria interpretativa – Em vez de coordenadas específicas , a fotogrametria interpretativa tira uma fotografia e adiciona topografia observando indicadores como formas, sombras e padrões apresentados em uma imagem, em vez de coordenadas.

Cada estilo de fotogrametria pode ser usado para levantamentos topográficos , dependendo das especificidades do trabalho e atenção aos detalhes necessários. Em geral, no entanto, a fotogrametria é a mais precisa das duas e é recomendada para trabalhos de levantamento que requerem precisão centimétrica . Ambos os estilos dependem de um software de mapeamento especializado para unir as imagens em um mapa fotogramétrico .

Fotogrametria com drone versus topografia terrestre clássica

Apesar dos avanços tecnológicos , a prospecção terrestre ainda pode ser desafiadora e complexa. Tradicionalmente, os profissionais de topografia contam com ferramentas como estações totais, receptores GPS e scanners a laser terrestres para adquirir dados espaciais de alta resolução sobre a topografia da superfície da Terra. Isso pode ser demorado e trabalhoso, adicionando custos aos projetos de levantamento e desviando os trabalhadores de outras tarefas. Em alguns casos, o levantamento topográfico pode até ser perigoso para os funcionários, especialmente quando se trabalha em locais com terrenos íngremes ou remotos de difícil acesso a pé.

O mapeamento fotogramétrico por drone , no entanto, permite que os topógrafos realizem mais em menos tempo. Os trabalhos de levantamento que normalmente levariam semanas para serem concluídos podem ser concluídos em questão de dias com drones. Como tal, o uso de drones pode ser significativamente mais barato para muitos projetos.

Como os drones podem ser implantados rapidamente , em quase qualquer lugar, seu uso elimina a necessidade de enviar a equipe de pesquisa para áreas perigosas , como telhados, saliências, estradas, terrenos instáveis e aterros íngremes . Mesmo recursos inacessíveis , como torres de telefonia celular e copas de árvores , podem ser facilmente mapeados com o uso de drones .

Demonstrando o valor da fotogrametria com drones

Embora cada uma das vantagens listadas acima esteja relacionada à capacidade do drone de reduzir o tempo, o perigo e o custo do projeto, há mais um fator muito importante a ser considerado : os drones são tão precisos quanto m ? São todos terrestres tradicionais? Por muitos anos, as precisões dos drones comumente relatadas não atingiram seu potencial teórico. No entanto, isso começou a mudar.

De acordo com um estudo recente no Journal of Unmanned Vehicle Systems, um drone com os recursos certos, como hardware não tripulado de última geração e processamento de dados consciente, é preciso o suficiente para complementar ou substituir métodos de levantamento de solo para muitas aplicações., disseram os pesquisadores.

Para apoiar sua hipótese, esses pesquisadores triangularam um local de igreja de 4 acres sete vezes, usando um drone DJI Inspire 2 equipado com um sistema PPK GNSS de alta precisão e uma câmera Zenmuse X4S . O local continha superfícies lisas que os dados do drone são conhecidos por modelar bem (estacionamentos, campos e telhados), bem como recursos que não devem ter um bom desempenho com a fotogrametria aérea (paredes, cabos suspensos). a vegetação). Os pesquisadores usaram dados de pares de imagens estéreo para preencher características ausentes ou distorcidas .

E enquanto o sistema de posicionamento de ponta do drone significava que a precisão dependia pouco do controle de solo, a equipe coletou 23 pontos de controle bem distribuídos para calcular a transformação de redundância e fornecer dados suficientes para estatísticas significativas .

A coleta de dados aéreos foi concluída em meio dia de trabalho de campo, com outro dia e meio de trabalho de processamento. Enquanto isso, o levantamento convencional e o processamento de dados demoravam três dias .

de erro quadrático médio vertical (RMSE), o mapeamento por drones foi considerado consistente e preciso o suficiente para ser usado em muitas aplicações típicas de levantamento de terras . Os pesquisadores também descobriram que a precisão melhorou quando o drone voou em uma altitude menor (embora com retornos decrescentes). Se este fosse um projeto típico de levantamento topográfico , o uso de drones teria resultado em 33% de economia de tempo e 58% de economia de custos.

estudaram ainda mais a viabilidade econômica do mapeamento por drones realizando uma pesquisa no terraço para a instalação de um painel solar. A equipe coletou dados aéreos dos telhados de três mercearias, variando de 3 a 7 acres, em um único dia . Sem colocar nenhum trabalhador no telhado, todos os recursos foram puxados estéreo , incluindo linhas de gás, aberturas de telhado, unidades HVAC, clarabóias e painéis elétricos . Enquanto o levantamento de terreno convencional levaria 12 dias desde o início do projeto até a entrega final, o "vôo até a entrega" levou apenas 7 dias , resultando em economia de custos de 41% e economia de tempo de 58%.

Em outro exemplo, a equipe coletou dados aéreos para todo um levantamento topográfico-planimétrico de um campo de golfe de 260 acres em um dia . Se os métodos clássicos tivessem sido implementados , três equipes de campo levariam 30 dias para coletar esses dados, o que causaria um tempo de inatividade significativo para o curso . De fato, algumas áreas com muita vegetação no campo exigiam pesquisa convencional, mas o drone foi capaz de mapear muitos locais semi-obscuros por meio de compilação estéreo , selecionando um modelo estéreo adequado . Efetivamente, todo o site foi mapeado em 15 dias , com economia de custos de 75% e economia de tempo de 50%.

Então, os drones podem ser chamados de ferramentas precisas e eficazes para levantamento ? A resposta é um sim retumbante. Além disso, o estudo do Journal of Unmanned Vehicle Systems demonstra claramente o potencial de economia de tempo e custo da tecnologia , uma consideração que os topógrafos nunca devem perder.

Outras aplicações da fotogrametria com drones

projetos de levantamento , o que pode cortar dias inteiros

de trabalho. No entanto, o levantamento não é o único campo em que a fotogrametria UAV está tendo um impacto transformador. Outros setores incluem:

Construção : O levantamento com fotogrametria pode revelar informações sobre o terreno em que a construção está *ocorrendo* . Além disso , a modelagem de drones aéreos pode ajudar no BIM e no gerenciamento geral de projetos de construção .

Imóveis – Agentes imobiliários estão usando drones para fazer modelos 3D precisos de casas à venda e oferecer passeios virtuais. Essa técnica decolou como resultado da pandemia de COVID-19.

Engenharia : os engenheiros podem usar imagens fotogramétricas para construir um modelo 3D de edifícios e equipamentos.

Energia – As empresas de petróleo e gás usam drones para monitorar as áreas ao redor dos oleodutos em busca de mudanças ambientais ao longo do tempo. A topografia também é comumente implementada neste setor.

Em quase todos os setores que valorizam medições precisas, um UAV pode ser usado como um ativo.

Drones de levantamento versus estações totais: para que tipo

de projetos de levantamento os drones são ideais?

Por que os drones estão se tornando ferramentas essenciais para topógrafos profissionais e qual é o drone perfeito para iniciantes em topografia ?

Como a precisão e a confiabilidade são essenciais para os profissionais de levantamento , muitos, compreensivelmente, hesitam em adotar a tecnologia dos drones . Os métodos tradicionais funcionam e, como diz o velho ditado , se não está quebrado , não conserte.

Mas há equívocos que impulsionam esse ceticismo. Muitos projetos de pesquisa podem ser concluídos com sucesso com a precisão fornecida pelos drones. E embora haja uma compensação de precisão em alguns casos, enormes economias de custo, tempo e segurança podem ser alcançadas integrando drones em fluxos de trabalho tradicionais.

Os drones se tornaram ferramentas transformadoras em uma variedade de indústrias. A topografia não é diferente, mas os métodos tradicionais sempre terão um lugar . Na verdade, em alguns casos, eles representam a única solução possível.

Por que os agrimensores tradicionais estão mudando para drones?

Tempo, economia de custos e melhorias de segurança são os principais benefícios que os drones trazem para um grande número de indústrias. Os três já estão impactando o trabalho dos topógrafos .

subsidiária de coleta e análise de dados da gigante ferroviária francesa SNCF. Ao comparar diferentes métodos durante a inspeção de uma seção da ferrovia , a equipe descobriu que a carga útil DJI Matrice 300 RTK e o Zenmuse P1 combinaram para reduzir o tempo de configuração da operação em duas horas. Isso ocorre porque o módulo RTK integrado do Zenmuse P1 e o sensor de quadro completo forneceram metadados suficientes para reduzir efetivamente o número de pontos de controle de solo (GCPs) necessários para zero.

Para a Altametris, levantamentos anteriores com precisão de 3 cm exigiriam 40 GCPs por quilômetro quadrado. Também seria necessário implementar um tacômetro demorado.

Além de consumir horas valiosas, esses métodos envolvem o manuseio físico de equipamentos dentro e perto da ferrovia. É um lugar perigoso e complexo para trabalhar. A introdução de drones na equação significou menos horas no local, processos mais automatizados e menos riscos para os topógrafos, tudo sem sacrificar a precisão necessária . Na verdade, o Zenmuse P1 se destacou apesar das condições de pouca luz.

missões de pesquisa , drones sofisticados podem economizar muito tempo dos topógrafos. Mas pode-se dizer que é em áreas inacessíveis ou perigosas que a tecnologia entra em ação. Trilhos ferroviários são apenas um exemplo de ambiente de trabalho muito mais adequado para máquinas autônomas .

O último ponto a considerar é a profundidade de dados que é possível com drones. Apesar de exigir uma fração do trabalho, uma nuvem de pontos com milhões de pontos de dados e, em muitos casos, mais detalhes, pode ser obtida em um tempo de resposta razoável. Obter o mesmo resultado com métodos clássicos exigiria muito mais tempo , instrumentos e custos.

Que tipos de projetos de pesquisa são ideais para drones e ferramentas de pesquisa tradicionais ?

Apesar dos benefícios que os drones oferecem em comparação com os métodos tradicionais de pesquisa , há situações em que os métodos antigos ainda são uma parte importante da equação .

A primeira coisa a considerar é o grau e o tipo de precisão que seu projeto requer.

É aqui que a diferença entre precisão relativa e precisão absoluta é importante. Para muitas aplicações, a precisão relativa, a precisão de onde os objetos se encontram , é tudo o que importa. O resultado desses projetos pode ser modelos reconstruídos como nuvens de pontos 3D ou mapas ortomosaicos. Quando as posições reais dos objetos na Terra são um fator importante na equação, é necessário um processo de levantamento que forneça precisão absoluta.

uma maneira fácil de avaliar volumes , distâncias e variações de altura com precisão. Mas se esses dados devem ser combinados com mais camadas de informações, ou se você espera desenvolver documentação topográfica fotogramétrica profissional , essas medições precisarão ser orientadas geograficamente usando pontos de controle terrestre e/ou suportadas por UAVs reais. -Time Kinematic (RTK). O RTK é uma solução de correção de GPS integrada ao drone que funciona com uma estação terrestre para georreferenciar com precisão as imagens com informações de GPS à medida que são capturadas.

Como regra geral, os projetos que exigem precisão de 2 cm precisarão ser aprimorados com métodos tradicionais . Os drones atingem consistentemente uma precisão de 5 cm e, dependendo das cargas úteis e dos parâmetros de voo , a precisão é de aproximadamente 1 cm. Se o seu projeto exige precisão de 2, 1 ou até milímetros , as ferramentas tradicionais ainda são a melhor opção .

Projetos de pesquisa ideais para ferramentas de pesquisa tradicionais

Projetos de pesquisa que estão dentro ou no subsolo

Devido ao sinal de GPS limitado e às condições de pouca luz, os projetos subterrâneos e internos geralmente não são adequados para drones. Em vez disso, a exploração da geometria da caverna e das estruturas internas é melhor realizada com métodos de levantamento taquimétrico ou , para resultados de maior velocidade e resolução , tecnologias de varredura a laser (TLS).

Projetos topográficos que envolvem objetos obstrutivos

Levantamentos aéreos também podem ser complicados pela presença de edifícios ou copa densa . Esses problemas são exacerbados quando as obstruções mascaram as mudanças de elevação. O LiDAR pode funcionar através de folhagem clara , mas árvores densas bloquearão o solo e reduzirão a precisão do resultado final.

Projetos que não têm um prazo estrito

Tempo é dinheiro. E um dos maiores benefícios do levantamento com drones é a redução do tempo necessário para concluir o trabalho . No entanto, nem todos os projetos precisam ser concluídos ontem, e nem todas as pesquisas exigem um equilíbrio entre precisão e tempo de missão .

Os drones cobrem o terreno mais rapidamente do que as pessoas, e o hardware certo pode reduzir drasticamente a quantidade de GCPs necessários. Mas se você quiser gastar o tempo extra necessário para obter maior precisão, pode ficar com os métodos tradicionais .

Projetos topográficos onde os drones brilham

áreas inacessíveis

ambientes e infra-estruturas estão literalmente fora do alcance das técnicas tradicionais de levantamento . Mas quando os dados precisam ser coletados, especialmente em escala, os drones são a solução ideal. Torres de telefonia celular , fazendas solares e copas das árvores são apenas alguns exemplos de áreas que podem ser facilmente mapeadas com drones.

terreno perigoso

Só porque uma área está ao alcance das técnicas de levantamento terrestre não significa que seja prudente ou seguro fazê-lo. Locais perigosos, incluindo telhados, saliências, estradas, terrenos instáveis, taludes íngremes e, conforme mencionado acima, trilhos de trem , são locais perigosos para trabalhar. Soluções inovadoras de drones podem realizar tarefas de levantamento sem colocar em risco as equipes no terreno.

Quando a profundidade dos dados é importante

Um benefício significativo do levantamento aéreo é a profundidade e variedade de resultados potenciais disponíveis. Se você estiver conduzindo um levantamento agrícola , sensores multiespectrais e câmeras de alta definição podem coletar os dados necessários para avaliar a saúde da plantação e entender a situação em detalhes. Se você estiver realizando um levantamento topológico antes de um projeto de construção, o LiDAR e a fotogrametria permitem nuvens de pontos 3D, mapas ortomosaicos e modelos digitais de terreno de alta densidade para uma visão geral completa. Se você estiver estimando estoques e procurando medições de volume precisas que não sejam prejudicadas por erro humano, alguns cliques da câmera de um drone podem coletar as informações necessárias sem colocar a equipe em risco.

drones em construção

tecnologia drone na construção

Ter acesso à tecnologia drone pode mudar a forma como os empreiteiros gerenciam seus canteiros de obras, atuando como um pilar central de uma nova abordagem mais digital para o trabalho de construção. Fazer uso eficaz dos mais recentes modelos de drones pode transformar os fluxos de trabalho e ajudar os funcionários a atingir seus objetivos.

Os efeitos da adoção de drones podem incluir:

Planejamento aprimorado – A criação de um plano adequado para um projeto de construção começa com uma pesquisa detalhada do canteiro de obras. A execução de trabalhos a pé pode ser demorada, trabalhosa e até mesmo fisicamente perigosa, dependendo do tamanho e terreno da área em questão. O levantamento por drone é seguro e eficiente, fornecendo informações precisas que podem informar um projeto inteiro.

Gerenciamento detalhado do projeto: os dados coletados por drones não precisam se limitar a levantamentos topográficos iniciais. Ao usar UAVs para coletar informações em tempo real durante o trabalho, os líderes podem criar um registro preciso e atualizado do projeto e, em seguida, compartilhar os dados do drone com todos os departamentos para evitar o desenvolvimento de silos de desenvolvimento.

Risco reduzido para o pessoal: nos anos anteriores ao desenvolvimento dos drones, os funcionários da construção ainda coletavam os dados de pesquisa necessários e inspecionavam os locais de trabalho em busca de riscos, mas faziam isso a pé. Em vez de fazer com que os trabalhadores subam a pontos altos ou naveguem em terrenos difíceis, os empreiteiros podem pilotar drones com segurança sobre a área em questão, mantendo seus trabalhadores fora de perigo.

Um dos aspectos mais empolgantes da integração de drones em fluxos de trabalho de construção é que novos casos de uso estão surgindo constantemente. À medida que novas cargas úteis de sensores se tornam disponíveis, as empresas de construção podem se tornar mais ambiciosas com os tipos de funções para as quais usam seus drones, desde o monitoramento do local de trabalho em tempo real até a varredura térmica e muito mais.

A mais recente tecnologia de drones na construção

O que é preciso para criar um drone ideal para o setor de construção? Esses UAVs profissionais estão muito longe das embarcações mais simples usadas pelos consumidores amadores. Com uma variedade de recursos de tecnologia avançada, desde suporte ao operador e ferramentas de controle até cargas avançadas de sensores, os modelos mais recentes de drones podem oferecer desempenho incomparável em uma variedade de funções no local de trabalho.

A seguir estão apenas alguns dos recursos tecnológicos que tornaram os drones de construção uma adição valiosa aos fluxos de trabalho de construção:

Cinemática em tempo real

Para criar estruturas e infraestruturas acabadas que resistirão ao teste do tempo, as equipes de construção precisam de precisão centimétrica em seus mapas digitais dos locais de trabalho. Os módulos de cinemática em tempo real (RTK) permitem que eles alcancem essa qualidade de desempenho de pesquisa. O método usa um módulo em um drone e uma estação base de localização fixa para obter leituras mais precisas do que seria possível com um método apenas por satélite.

O método triangula a posição da estação base, drone e satélites, gerando dados geoespaciais para importar para o software de mapeamento. O RTK requer menos pontos de solo do que outros métodos de levantamento de drones, depende de sua única estação base e corrige erros automaticamente enquanto o voo ainda está em andamento. Os drones RTK também podem ser equipados com Post Processing Kinematics (PPK), uma metodologia alternativa que é especialmente útil em áreas obstruídas ou onde os sinais de satélite são fracos.

Fotogrametria

A fotogrametria envolve tirar várias imagens de seu alvo e juntá-las com software para criar mapas ou modelos digitalizados em 2D ou 3D de alta resolução a partir dos quais medições precisas podem ser deduzidas. Isso permite que as equipes criem modelos topográficos de seus canteiros de obras com rapidez e eficiência e os atualizem ao longo do tempo. Os drones de hoje podem ser equipados com módulos de fotogrametria tão sensíveis que é possível medir com precisão a quantidade de material deixado em um estoque com base nos pontos de dados coletados.

O uso de drones para medição precisa e atualizada de estoques de materiais é uma tática de geração de eficiência de última geração. Ao escanear uma pilha de material do ar, é possível garantir que tanto a equipe do escritório quanto a equipe no local saibam quanto estoque ainda restam. Com essas informações em tempo real, um capataz sabe com antecedência quando solicitar mais materiais, e a contagem via drone significa menos trabalho manual.

LIDAR

Em alguns casos, a modelagem 3D do local de trabalho e a medição do volume do estoque podem ser realizadas com um módulo Light Sensing and Ranging (LiDAR). O LiDAR é baseado em pulsos de luz, detectando a posição de pontos no espaço diretamente por meio desses pulsos, em vez de montar modelos 3D baseados em fotografia aérea.

Comparado à fotogrametria, o LiDAR pode oferecer um alto grau de detalhamento, útil para mapear objetos relativamente pequenos. Deve-se notar que os módulos LiDAR tendem a ser mais pesados e complexos de usar, além de terem um custo inicial maior. No entanto, à medida que a tecnologia se desenvolve e novos modelos entram no mercado de drones de construção , ele está se tornando uma opção cada vez mais atraente.

...E muito mais

Uma carga completa de drones não inclui apenas a mais recente tecnologia de mapeamento, digitalização e sensor. Esses UAVs também são equipados com funções de automação de voo e inteligência aérea para auxiliar os operadores e garantir voos seguros e estáveis. A tecnologia da bateria também avançou nos últimos anos, garantindo que os pilotos sempre saibam quanto tempo de voo seguro ainda lhes resta.

Com esses recursos avançados, o treinamento do usuário tornou-se mais rápido e fácil nos últimos anos. Continua sendo essencial ter funcionários devidamente certificados e treinados no hardware que usarão, e as organizações ainda precisam de autorização para pilotar drones no espaço aéreo sobre um local de trabalho. No entanto, a barreira à entrada no uso de drones nunca foi tão baixa.

Funções dos drones na construção no local de trabalho :

Ao observar os trabalhos que os empreiteiros podem fazer com drones de construção, é possível criar uma imagem clara de quão versáteis e valiosos são esses UAVs . Independentemente do tamanho ou das necessidades específicas de uma organização, é provável que haja um aplicativo de drone em seus fluxos de trabalho. Esses usos potenciais incluem:

Levantamento do local e modelagem 3D – Desde o início de um trabalho, é possível que as equipes de construção construam mapas 3D precisos com base em levantamentos aéreos de drones. Atualizar esses mapas com frequência e compartilhar dados de drones com todas as partes interessadas mantém os departamentos na mesma página. Ter esse registro abrangente do progresso da construção permite que as equipes identifiquem riscos potenciais, ao mesmo tempo em que acompanham o resultado do projeto em relação às projeções e fazem ajustes, se necessário.

Cálculos volumétricos – Calcular o volume de uma pilha permite um planejamento mais preciso ao determinar como gerenciar o estoque em um local de trabalho. Quer você use fotogrametria ou LiDAR, esta é uma maneira de aumentar a eficiência de um fluxo de trabalho importante no canteiro de obras. Entender quanto resta de um material (e onde está) é uma ajuda para a logística.

Monitoramento de ativos – Além de rastrear o volume de estoques de materiais, as equipes de construção podem usar fotografias e modelos aéreos para rastrear o movimento de grandes ativos em um canteiro de obras extenso. Conhecer a posição dos ativos no dia a dia é uma maneira útil de manter os trabalhadores seguros no local e garantir que o próprio equipamento esteja seguro.

Gêmeos Digitais: Construir um gêmeo digital de um edifício em andamento ou de um ambiente inteiro é o processo de geração de um modelo 3D que receberá atualizações regulares à medida que o trabalho avança. Com este modelo, as equipes podem garantir que seus projetos atendam aos códigos locais e determinar onde observar possíveis pontos de falha. O planejamento fica mais fácil com esse modelo de trabalho.

Monitoramento de informações da construção (BIM): BIM é o processo de projeto digital que continua junto com o trabalho de construção física. Os empreiteiros podem garantir que seus projetos estejam no caminho certo, capturando dados geoespaciais do mundo real de drones e comparando-os com seus projetos BIM pré-visualizados. É ainda possível utilizar drones LiDAR para recolher informação sobre o interior das estruturas em construção e adicionar esses dados aos sistemas BIM.

Inspeções: a realização de uma inspeção por drone permite que os empreiteiros coletem informações de seus canteiros de obras sem colocar os trabalhadores em risco potencial ao fazê-los entrar em áreas perigosas. Ao usar recursos avançados de drones, como "AI Spot Check", que permite a marcação de objetos em um local, os operadores podem reduzir o risco de perder algo devido a erro humano.

Planejamento e organização geral: nem tudo o que um drone pode realizar se enquadra em uma categoria organizada, o que é uma das coisas mais interessantes sobre o uso dessa tecnologia em um local de trabalho. Sempre que os empreiteiros precisam de um par extra de olhos em uma parte de um trabalho em andamento, eles podem enviar um drone de construção avançado para obter uma nova perspectiva. Essa flexibilidade ajuda a manter um trabalho em movimento com eficiência.

Drones na construção : como eles podem ajudar você a gerenciar tempo e custo

C omo usar drones para monitorar canteiros de obras pode facilitar uma melhor comunicação

Estima-se que a indústria da construção perca US$ 3 bilhões anualmente. Mudanças de projeto, erros de programação e más práticas de gerenciamento de construção podem ser atribuídos a esse número impressionante . Os projetos de construção envolvem várias partes interessadas: proprietário, empreiteiro, gerente de projeto, arquitetos, supervisor do local, engenheiro estrutural e muito mais . O sucesso de um projeto de construção depende da capacidade de todas essas partes interessadas em comunicar dados precisos uns com os outros .

Sim , a fotografia pode ser usada para monitorar o andamento da construção. E com o advento dos smartphones , isso se tornou mais comum . No entanto, o problema surge quando os gerentes de projeto não possuem um protocolo para preservar essas evidências. Portanto, este é, na melhor das hipóteses, um processo improvisado.

Os drones podem resolver esse problema adquirindo dados precisos em tempo real. Os drones também podem ser usados para alcançar áreas de difícil acesso . Isso seria particularmente vantajoso durante a perfuração em um campo de petróleo, por exemplo. O gerente de projeto pode visualizar convenientemente o andamento da construção remotamente a partir do conforto de seu escritório no local. Usando drones, podemos simplificar o processo de coleta de dados e também produzir relatórios de andamento de construção mais precisos .

Usando drones para estimativas precisas de volume em canteiros de obras

Vamos explorar um caso de uso para estimar quantidades e custos na construção. Digamos que você seja um empreiteiro planejando fazer escavação + trabalho de nivelamento fino para um grande terreno de 4 acres . Quais são suas opções? Claro, você pode optar por uma abordagem tradicional contratando uma equipe de pesquisa tripulada . Depois de obter esses dados, você pode digitalizá-los e calcular os volumes usando um dos muitos softwares disponíveis no mercado. O uso de uma equipe de pesquisa tripulada está rapidamente se tornando um conceito ultrapassado: eles levam um tempo incrivelmente longo para coletar e processar os dados.

Devo considerar o uso de drones na construção para estimar volumes. Se você contratar um piloto de drone experiente que tenha o equipamento certo para apoiá-lo, poderá obter dados de qualificação de medição rapidamente e sem quebrar sua conta bancária. No entanto, alcançar o cliente certo pode ser um desafio . Freqüentemente, os clientes desejam fazer suas próprias medições. Para fazer isso, você precisará criar uma nuvem de pontos 3D com uma sobreposição de malha. E você precisará de habilidades avançadas de mapeamento para fazer isso. Você pode usar o Auto Cad para ver essa sobreposição de malha. Isso depende de qual ferramenta o cliente está usando .

maiores mineradoras do mundo conseguiram estimar seus estoques de materiais com precisão de 2 a 5% .

Dica de marketing: grave um grande lapso de construção com seu drone

Gravar um hyperlapse de construção pode ser uma vantagem. Você não está realmente fazendo nenhum esforço extra , pois está aproveitando o tempo que tem no site. Um hyperlapse bem editado é de grande valia para o cliente – ajuda muito no marketing do imóvel.

Editar um lapso de tempo é complicado. Tenha em mente que cada dia de sua sessão será diferente. Como a luz do sol é diferente em cada imagem, os valores de exposição são diferentes. Se você tentar juntar imagens com exposição variável, acabará com um produto de baixa qualidade. Para neutralizar isso, você pode gravar em dias ligeiramente nublados .

<u>Fatores que inibem o uso de drones na construção civil .</u>

Lembre-se de que você pode precisar de licenças se estiver filmando um projeto de infraestrutura. Se você não levar em consideração o custo das licenças e o custo de oportunidade (o tempo necessário para obter as licenças pode ser significativo), você pode acabar perdendo dinheiro.

As altas taxas de rejeição de isenções e renúncias aeronáuticas são outro fator que impede o uso de drones na construção. Isso dificulta o monitoramento de grandes obras . Levantar a restrição da linha de visão , por exemplo, tornará as operações de UAV mais baratas : negando a necessidade de reposicionar equipamentos.

Outro fator que inibe o uso de drones é o custo altamente proibitivo do LiDAR. O uso da fotogrametria não é aconselhável para o mapeamento topográfico de um trecho de terreno coberto por vegetação densa. Você precisa de um drone equipado com LiDAR para isso. O uso do LiDAR permite que você corte a vegetação densa e forneça uma descrição precisa da linha do solo .

<u>conclusão _</u>

Os drones podem ser uma maneira econômica e precisa de evitar reprogramações e estouros de custos em projetos de construção. O vazamento anual estimado de US\$ 3 bilhões e os níveis extremamente baixos de digitalização significam que a indústria da construção está pronta para a rápida adoção da tecnologia UAV . Regras aprimoradas de drones de entidades de aviação e tecnologia mais acessível contribuirão muito para aumentar o uso de drones na construção .

na indústria da construção

DICAS PARA PILOTOS DE DRONE PARA OBTER TRABALHO DE CONSTRUÇÃO

Na tentativa de se destacarem como pilotos de drones, muitos empresários procuram oferecer seus serviços à indústria da construção. Afinal , não é segredo que o mundo dos edifícios e propriedades tem muitos usos para drones, mapas e fotografia aérea . A necessidade de drones tornou-se tão grande que muitas empresas de construção começaram a contratar pilotos de drones internos e assalariados para lidar com todos os seus serviços de mapeamento aéreo e filmagem .

No entanto, muitas vezes recebemos perguntas de pilotos sobre drones na indústria da construção. Eles querem saber quais serviços devem oferecer a seus clientes e como devem comercializar seus negócios de drones.

Como em qualquer setor, não há limites para o que você pode oferecer a uma empresa. Cada empresa de construção tem necessidades diferentes e quanto mais criativo você for, maior a probabilidade de fechar negócios. No entanto, descrevemos alguns trabalhos comuns de drones na indústria da construção para ajudá-lo a começar.

LEVANTAMENTOS DE IMÓVEIS

A maioria dos trabalhos de construção em grande escala exige que o empreiteiro mapeie ou "inspecione" o prédio ou a propriedade antes de trabalhar . Essencialmente, esse processo envolve o empreiteiro dando uma olhada no local de trabalho antes de dar ao seu prospect uma estimativa de quanto custará o trabalho . No passado, as empresas tinham que gastar grandes quantias de dinheiro contratando agrimensores profissionais para mapear as propriedades que pretendiam comprar. No entanto, muitas empresas de construção perceberam nos últimos anos que os drones têm a capacidade de revolucionar o processo de vigilância terrestre.

Embora os agrimensores ainda sejam necessários em muitos casos (não se preocupe em colocá-los fora do mercado, eles estão indo muito bem!), Os drones oferecem uma maneira muito mais barata de mapear a terra. Como os drones podem se mover com tanta facilidade sobre uma área de terra, levamos muito menos tempo para mapear um espaço do que um agrimensor tradicional. Equipamentos grandes e volumosos não são mais necessários para fornecer aos empreiteiros imagens de alta qualidade de suas propriedades .

MAPAS DE PROGRESSÃO

Muitos empreiteiros expressaram que seus investidores, embora generosos com dinheiro, podem ser um incômodo no local de trabalho. Esses investidores, ansiosos para ver como seu dinheiro é gasto, querem visitar o canteiro de obras e ver como as coisas estão indo. Em vez de bater um capacete na cabeça e andar pelo canteiro de obras como faziam no passado, as construtoras têm usado drones para manter seus clientes satisfeitos à distância. Embora o investidor inevitavelmente precise estar presente na propriedade, as filmagens com drones podem ser uma maneira de os clientes verem o andamento das obras sem precisar atrapalhar os trabalhadores.

Os mapas de progresso geralmente assumem a forma de uma série de fotografias , tiradas especificamente para atualizar os investidores sobre o andamento de um trabalho. No entanto, o mapeamento de progressão de ponta às vezes envolve medições volumétricas que podem dar ao investidor uma ideia de quanto material físico foi usado durante o processo de construção. Quanto mais treinamento em drones você tiver, mais poderá oferecer a essas empresas quando as abordar.

MARKETING E PUBLICIDADE

Assim como qualquer outro negócio, as construtoras precisam anunciar para conseguir clientes. Os drones oferecem um serviço particularmente relevante para as empresas de construção , na medida em que são capazes de captar magníficas fotografias aéreas à distância . Como as empresas de construção lidam com estruturas de grande escala, não há melhor maneira de capturar seu trabalho do que com um drone. Por esse motivo, as empresas de construção tendem a adorar a filmagem de drones simplesmente porque as ajuda a comercializar para investidores e atrair novos clientes. Mostre a uma empresa de construção que você pode fazer com que seu produto pareça melhor do que nunca e você terá um trabalho com eles em pouco tempo.

C omo os drones são usados durante todo o ciclo de vida do projeto de construção

Conversamos um pouco sobre o uso de drones na construção civil . A construção é uma das indústrias menos digitalizadas. A dependência de ferramentas de planejamento tradicionais levou ao uso ineficiente de recursos. Talvez seja por isso que o litígio de construção é tão comum na construção (ainda mais para projetos grandes e complicados com várias partes interessadas).

Mergulhamos mais fundo neste tópico e exploramos vários usos de drones ao longo do ciclo de vida do projeto de construção. Dividi o ciclo de vida do projeto de construção em 5 etapas:

1. Planejamento e projeto
2. Contratos/licitações
3. Aquisições
4. Construção _
5.Fechar

Vamos começar discutindo os usos dos drones na fase de planejamento e projeto da construção .

1. <u>Planejamento e design: lapso de tempo, levantamento do local, avaliação do local</u>

É importante reconhecer a inter-relação entre planejamento e construção. Dados melhores no início do ciclo de construção ajudam a preparar um roteiro mais preciso . E dados mais rápidos ajudam a manter os custos do projeto sob controle . Você pode usar um drone para uma pesquisa preliminar do site. Usando a fotogrametria, você pode criar belos modelos realistas. E você pode obter dados de grau de medição altamente precisos usando fotogrametria . Se você usar uma câmera de alto zoom , como algumas da linha DJI Zenmuse, também poderá capturar detalhes minuciosos do local.

Na fase de planejamento e design, você pode começar a tirar fotos que eventualmente poderá usar para a criação de um vídeo time-lapse, uma ferramenta de marketing extremamente eficaz. No entanto, lembre-se de que a produção e a pós-produção de um vídeo com lapso de tempo é um processo complicado. Recomendamos fotografar em dias levemente nublados . As sombras podem resultar em um produto final de baixa qualidade.

2. Contratos / Licitações - Estimativa de quantidades e análise de risco do projeto

Os drones podem ajudá-lo a enviar propostas mais precisas e competitivas para projetos de construção. A criação de um modelo de drone 3D permitirá que você avalie com precisão a quantidade de solo que precisa ser escavada. Você pode até fazer suas próprias medições usando uma nuvem de pontos 3D com uma sobreposição de malha. Normalmente, um piloto VAnt faz sua entrega usando o AutoCad.

3. Aquisições - Seguro do local

O uso de um drone pode ajudá-lo a monitorar se as práticas de saúde e segurança estão sendo implementadas corretamente . Além disso , ter imagens em tempo real ajudará você a otimizar ainda mais sua prática de saúde e segurança . E posteriormente reduzir o risco do site.

Os funcionários usam os equipamentos de segurança necessários? Suas escavações estão devidamente escoradas ? Ficar de olho no céu e obter dados em tempo real é uma ótima maneira de mitigar o risco do site e garantir a segurança. Isso também pode ajudá-lo a reduzir os custos de seguro do local .

4. Construção: segurança do local, relatórios de progresso, melhor comunicação

Você pode ser realmente inovador com aplicações de drones na fase de construção real. Vamos explorar um desses usos: como os drones tornam a instalação de cabos de tensão posterior mais segura e fácil .

O uso de cabos de tensão traseira na construção está ganhando popularidade. Os cabos de pós-tensão permitem o vazamento de lajes de concreto mais finas e longas, o que pode reduzir significativamente os custos de construção. No entanto, a colocação real dos cabos e o vazamento do concreto podem ser complicados. Como o nome sugere, os cabos de pós- tensão são tensionados depois que o concreto é derramado .

Agora, perfurar depois que o concreto foi derramado é problemático . por quê ? _ Porque os cabos de pós-tensão tendem a se deslocar ligeiramente quando o concreto é despejado na laje. O empreiteiro deve garantir que esses cabos não sejam atingidos durante a perfuração, pois isso pode comprometer a segurança estrutural.

Usando drones, os empreiteiros podem ter uma ideia de até que ponto os cabos de contratensão foram deslocados. Assim, eles podem perfurar com segurança sem se preocupar em atingir um fio com segurança . Pode recorrer ao escaneamento do concreto, que pode levar até 14 dias . Um drone pode realizar essa tarefa em 3 horas!

Dica profissional : Drones equipados com sensores térmicos podem detectar facilmente a perda de calor devido a isolamento ou juntas elétricas instalados incorretamente .

Os drones são uma abordagem muito mais sistêmica para monitorar o progresso da construção . O uso de fotos é um método desatualizado que resulta em uma comunicação abaixo do ideal entre as partes interessadas.

5. Liquidação: prazo, documentação

Durante o encerramento do projeto, um piloto de UAV pode fornecer a você um vídeo de lapso de tempo completo do início ao fim. Isso pode fornecer um grande impulso aos seus esforços de marketing.

Os drones também podem fornecer evidências fotográficas para mostrar que o projeto foi concluído. A facilidade de coleta de dados resulta em precisão de faturamento e isso facilitaria para o contratante receber pagamentos no encerramento do projeto.

conclusão _ _

A baixa digitalização e consequente desperdício de recursos é um bom argumento para a utilização de drones ao longo de todo o ciclo de vida da obra. Os empreiteiros devem contratar um bom piloto de UAV com fortes habilidades em fotogrametria e mapeamento 3D e alguém que entenda a indústria da construção e seus vários pontos problemáticos .

Empreiteiros civis devem considerar seriamente o uso de drones desde o início do projeto. Eles terão melhores dados que levarão a um maior entendimento. E decisões de negócios MAIS INTELIGENTES .

Como os drones ajudam na medição de volume de materiais

Precisa obter uma imagem completa de seus ativos no local rapidamente ? Medir o volume de materiais é um processo fundamental em quase todos os locais de trabalho de mineração ou construção . Se você e sua equipe estão encarregados de extrair um material ou usá-lo para criar um produto acabado, números precisos eliminam ineficiências e fazem com que cada parte da cadeia de suprimentos funcione melhor.

O problema é que, com as técnicas erradas , medir o volume de materiais pode ser um processo longo e exigente que afasta sua equipe de suas tarefas principais. Felizmente, um drone pode obter os dados de que você precisa com rapidez e precisão.

Os benefícios da medição precisa de materiais

Pergunte a qualquer gerente de mina ou canteiro de obras: quanto mais precisos forem seus dados, melhores serão suas decisões. Ao rastrear com mais precisão quanto material você armazenou, seja carvão ou vigas de aço, você pode agilizar sua cadeia de suprimentos, economizar dinheiro e entender melhor quanto trabalho seu site deixou em um projeto.

Benefícios incluídos:

Melhor logística da cadeia de suprimentos

O gerenciamento eficaz da cadeia de suprimentos consiste em ter estoque suficiente disponível para atender à demanda o tempo todo, enquanto movimenta os materiais da maneira mais eficiente possível. Não importa onde seu local de trabalho esteja na cadeia de suprimentos, um relatório de materiais é uma peça chave do quebra-cabeça. Ter uma contagem precisa dos materiais disponíveis significa que você pode tomar decisões informadas sobre quanto precisa comprar ou minerar.

Caso contrário, você corre o risco de comprar demais ou subestimar a quantidade de material de que precisa.

Previsões financeiras detalhadas

O dimensionamento preciso do material não é apenas saber o que você tem atualmente, mas o que você precisará para seguir em frente. Essas medidas permitem que você acompanhe seu estoque atual e determine se você está no caminho certo para atingir sua meta. Os dados armazenados também podem ajudar os tomadores de decisão a determinar preços de produtos e futuras necessidades de pedidos.

reduzir cancelamentos

É impossível avaliar com precisão o seu produto se você não souber quanto tem . Medições regulares do volume de materiais permitem que você conclua as ordens de serviço com precisão e eficiência. Dessa forma, você pode garantir que sua produção corresponda aos seus números , economizando dinheiro a longo prazo.

Drones vs. Técnicas de Medição Tradicionais

Embora possa ser tentador seguir uma abordagem testada e comprovada, o uso de um UAV para o processo de medição de material pode fornecer resultados mais precisos, economizando muito tempo e dinheiro. Alguns dos métodos mais comuns " davelha escola " incluem o uso de uma roda, caçamba ou caminhão para contar as cargas . Em alguns casos, as empresas simplesmente "dão uma olhada" em uma reserva, uma abordagem repleta de imprecisões que deve ser evitada a todo custo.

Embora essas abordagens de medição tradicionais possam parecer baratas em comparação com o custo de compra de um drone, elas podem custar significativamente mais no futuro. Estimativas imprecisas podem criar ineficiências em seu fluxo de trabalho e em toda a sua cadeia de suprimentos. Além disso , o tempo de medição adicional exigido pelo seu equipamento pode ser melhor gasto em outro lugar.

Talvez o mais importante , dependendo do seu local, medir as reservas manualmente pode ser potencialmente perigoso . Embora a lesão ocasional seja uma parte infeliz de qualquer mina ou canteiro de obras, mitigar o risco sempre que possível é bom tanto para seus trabalhadores quanto para sua empresa.

Nas mesmas áreas em que as soluções de medição com alimentação humana ficam aquém, os drones se destacam. Com um drone, você pode entender todas as dimensões de uma reserva com alguns cliques da câmera e do software apropriado. Embora a eficiência da medição por drones possa ser sentida em qualquer local de trabalho, ela é especialmente importante para organizações com vários locais ou uma grande quantidade de estoque. Além de economizar seu tempo, a medição de estoque de drones elimina completamente as preocupações de segurança da equação: as medições podem ser feitas à distância sem nenhum levantamento pesado .

Com esses benefícios adicionais , não é de admirar que a medição de volume de reservas esteja rapidamente se tornando uma prática padrão em locais de trabalho em todo o mundo.

Como usar seu drone para medição de volume de reserva

Para medir o volume de estoque, os drones normalmente usam um processo de modelagem chamado fotogrametria para criar um mapa 3D do seu site e encontrar as dimensões de seus estoques. A fotogrametria UAV envolve tirar várias imagens de um recurso de diferentes perspectivas ou linhas de visão e uni-las usando um software de mapeamento. Medições precisas podem ser deduzidas desses modelos. Embora muitos trabalhos tradicionais de pesquisa com drones exijam centenas ou até milhares de fotos aéreas , você pode precisar apenas de algumas imagens para uma única reserva, dependendo do tamanho .

Em alguns casos, os locais de trabalho também podem usar uma técnica de modelagem chamada detecção e alcance de luz, ou LiDAR para abreviar . O LiDAR usa pulsos de luz, em vez de imagens digitais, para avaliar sua reserva . Tradicionalmente, o custo mais alto e o peso mais pesado das cargas lidar tornaram menos comum a medição de reserva, mas isso pode estar mudando com o lançamento do Zenmuse L1, nossa primeira carga útil . of LiDar.

processo típico de medição de volume ficará assim:

fotografando uma reserva

Para começar, você precisará capturar imagens aéreas do local de trabalho maior antes de focar nas reservas . Essas imagens fornecem um contexto para a reserva e ajudam a criar uma escala precisa. As imagens devem corresponder às coordenadas do GPS para obter os melhores resultados.

Usando um software de mapeamento

A partir daí , tudo o que você precisa fazer é enviar suas imagens para o software de drone apropriado e criar modelos 3D. Para usar um modelo para calcular o volume de armazenamento preciso, você deve primeiro inserir o nível de referência da área . O nível de referência representa o solo ou andar do local e é a linha de base a partir da qual o volume da reserva é registrado. Em alguns casos, seu software poderá identificar automaticamente o nível de referência. Isso fornecerá uma medição de volume precisa e permitirá que você veja facilmente o crescimento ou alteração em uma reserva.

cálculo de tonelagem

É claro que simplesmente conhecer os volumes precisos de suas reservas pode não fornecer todas as informações que você procura , como a tonelagem. Felizmente, essas métricas podem ser convertidas de perto com uma calculadora online . Basta conectar o material que você está medindo e você está no caminho certo.

C omo concluir seu primeiro projeto de mapeamento com drone

Passo 1. Aprenda a mapear com um drone

O mapeamento de drones é um campo lucrativo, mas complicado, que exige que você domine a aquisição, processamento e entrega de dados. Para ganhar experiência e realmente evoluir para um mapeador profissional, aprender com pilotos experientes com experiência no mundo real é a abordagem mais eficaz . É por isso que na **Hornero School** oferecemos cursos de mapeamento básico e outros temas, a fim de ajudar a educar e conscientizar sobre essa complexa forma de trabalhar.

Etapa 2. Selecione o melhor drone de mapeamento

Depois de investir em sua educação em drones, a próxima etapa é selecionar um drone que melhor atenda às suas necessidades.

Os drones podem ser divididos em duas categorias : multirotor e asa fixa. Drones de asa fixa como o eBee são usados para voar grandes extensões de terra. Se você está iniciando um negócio de mapeamento, é aconselhável adquirir um multirotor.

Obturador Global vs. persiana

Em seguida , você precisa entender a diferença entre um obturador global e um obturador "cego". Um obturador global expõe todos os pixels ao mesmo tempo. Considerando que, um cego expõe cada linha de pixels , um de cada vez. Então, quando você pilota um drone com um obturador tipo de obturador, a aquisição da imagem será muito mais lenta .

Esse atraso na aquisição da imagem pode ocasionar variação de distância; o que acaba causando distorção na imagem . Os drones das linhas Phantom e Inspire vêm com obturador global. Enquanto a linha Mavic está equipada com um obturador estilo do obturador .

Então agora você reduziu sua busca por drones a um multirotor com um obturador global. Como você procede a partir daqui ? Em termos simples , há duas considerações PRINCIPAIS na compra do drone de mapeamento certo:

- natureza do trabalho

- ambiente de voo

natureza do trabalho

Se você planeja apenas fazer o trabalho de mapeamento, o Phantom é sua melhor aposta. No entanto, se você deseja fazer mapeamento e trabalho de pesquisa, o Inspire é uma opção melhor. Isso ocorre porque o Phantom não vem com lentes intercambiáveis. Visto que o Inspire pode ser pilotado com um DJI Zenmuse, que vem com lentes intercambiáveis e também a capacidade de alternar para uma câmera termográfica .

A desvantagem de usar a linha Inspire em vez da linha Phantom é que ela afetará suas margens de lucro. Para fins de discussão, vamos supor que você esteja mapeando um estádio de futebol. Você precisará de 4 baterias Phantom para concluir esta tarefa. Com cada bateria do Phantom custando US$ 150, você acabará gastando US$ 600 depois de quatro baterias . Considerando que, você acabará pagando quase o dobro desse valor em baterias Inspire .

ambiente de voo

Se você planeja voar em condições de vento ou frio , é melhor comprar a linha Inspire .

Em primeiro lugar, o Inspire é um pássaro mais pesado . Além disso , devido à distribuição de peso desigual, o Inspire trava um vôo seguro mais rápido que o Phantom . Por esses motivos, o Inspire possui maiores capacidades de manuseio do vento.

Em segundo lugar, o Inspire vem com acessórios de alta altitude e baterias de auto -aquecimento . Isso significa que você pode voar em tempo frio também .

Depois de se firmar na indústria de mapeamento, você pode querer assumir trabalhos de mapeamento complexos e de grande escala. Neste ponto, você pode sentir a necessidade de atualizar para um grande drone de nível empresarial.

Etapa 3. Selecione o melhor aplicativo de mapeamento

Agora que falamos sobre hardware, vamos falar sobre software de mapeamento. O software de mapeamento ou os aplicativos de mapeamento podem ser divididos em três categorias :

1. Software de aquisição : para aquisição de dados

Mapas simplificados, captura Pix4D e UCGS

2. Software de processamento: usado para criar nuvens de pontos, mapas e ortomosasics

Mapeador Pix4D, Metashape Agisoft, Info

3. Software completo: software baseado em nuvem

Skycatch e DroneDeploy

Pix4D vs. DroneDeploy

Você pode personalizar ainda mais seus mapas/modelos se estiver usando um aplicativo de desktop. Assim, por exemplo, adicionar terminais manuais não é possível em um aplicativo baseado em nuvem como o DroneDeploy. Outra limitação do uso de aplicativos baseados em nuvem é a incapacidade de processar dados grandes. Pelas razões acima, recomendamos fortemente que você escolha o Pix4D como seu aplicativo de mapeamento.

Além do DroneDeploy e do Pix4D, outros aplicativos de mapeamento têm alguns benefícios exclusivos . Por exemplo, o DJI GS Pro permite que você voe no modo de órbita vertical. Então, se você estiver mapeando estruturas verticais como torres de celular, o GS Pro é uma ótima escolha .

O Maps Made Easy é outro excelente aplicativo de mapas. É o único aplicativo de mapeamento com recurso de reconhecimento de terreno. Este recurso pode ser extremamente útil se você estiver mapeando uma área com muitas variações de elevação .

Etapa 4. Invista em acessórios para drones

Além de investir em um drone e um aplicativo de mapeamento, você também precisará de um GPS confiável. E você não precisa gastar milhares de dólares em um GPS de última geração. Alugar uma unidade Leica ou Trimble é uma jogada inteligente, especialmente nos estágios iniciais do seu negócio de drones.

Além disso , enquanto seu drone estiver no ar , você precisará de baterias de reserva e uma maneira de carregá-las.

Fabricação de ortomosaicos com drones: tudo o que você precisa saber

O levantamento com drones é muito mais complicado do que tirar uma ou duas fotografias aéreas e encerrar o dia . Você precisa ter certeza de que suas imagens podem ser dimensionadas corretamente umas em relação às outras e não estão distorcidas . Em um trabalho onde estar fora do lugar por apenas alguns centímetros pode ter um grande impacto em seu trabalho, fazer isso da maneira certa é importante.

Uma maneira de garantir a qualidade da imagem e eliminar muitos dos desafios que acompanham a perspectiva de imagem é obter imagens ortomosaicas de um local. Esta técnica pode ser usada para fazer mapas incrivelmente detalhados . No entanto, dadas as restrições de custo, eles são realmente melhores apenas para determinados trabalhos. Continue lendo para descobrir como o mapeamento ortomosaico pode ser usado para ajudá-lo no seu jogo de levantamento de drones (ou outro trabalho de UAV).

O que é uma imagem ortomosaica ?

Uma imagem ortomosaica, também conhecida como ortoimagem, ortofoto ou ortofotografia , é uma imagem aérea de alta resolução tirada por um UAV . Quando combinadas com software especializado por meio de um processo chamado ortorretificação, essas imagens podem ser usadas para criar um mapa altamente detalhado e sem distorções e melhorar a visibilidade de detalhes que podem não ser visíveis usando técnicas de fotogrametria mais comuns. A ortorretificação remove a perspectiva de cada imagem individual para criar consistência em todo o mapa, mantendo o mesmo nível de detalhe da imagem original.

As imagens ortorretificadas diferem das fotografias aéreas padrão na maneira como exibem a perspectiva . As ortofotos são corrigidas com base na perspectiva, inclinação da câmera e distorção da lente. Isso significa que essas fotografias podem ser dimensionadas com precisão de uma imagem para outra, permitindo medições topográficas confiáveis para distâncias reais. Dito isto, você ainda precisará usar técnicas padrão de levantamento de terreno por drone , como pontos de controle de solo e calcular a distância de amostra do terreno .

Converter imagens ortomosaicas em mapas ortomosaicos

É importante observar que uma única imagem de ortofoto aparecerá distorcida e não oferecerá os tipos de benefícios que você esperaria do produto final. Cada foto aérea é tirada de uma perspectiva ligeiramente diferente e não tem valor por si só .

Em vez disso , a coleção de imagens deve ser ortorretificada em conjunto, com diferentes ângulos de câmera e mudanças topográficas contabilizadas e corrigidas, para fazer um mapa consistente . Uma das maneiras mais fáceis de garantir essa consistência é usar um software que automatize a trajetória de voo do seu drone e uma carga útil que possa tirar fotos em momentos e ângulos precisos .

Além de usar uma trajetória de voo automatizada, você precisará de um software de mapeamento de drones com recursos de ortomosaico, como o DJI Terra. Com Terra você pode gerar um ortomosaico 2D de uma determinada área em tempo real, tornando-o o software ideal para projetos urgentes. O programa também realiza reconstruções 2D rápidas e precisas. Outros recursos incluem mapeamento e reconstrução 3D, processamento LiDAR e análise de dados .

Imagens ortomosaicas em topografia

Mapas ortomosaicos oferecem várias vantagens sobre fotos aéreas normais ; no entanto, uma imagem de qualidade muito alta pode não ser necessária para todos os trabalhos de levantamento , especialmente considerando o preço potencialmente mais alto . Os mapas ortomosaicos são valiosos para os agrimensores porque estão livres de distorção e não são afetados por fatores como a perspectiva. Eles também são fáceis de transformar em ativos 3D interativos. Para locais de trabalho que exigem mapas escaláveis com detalhes consistentes, a opção ortomosaico é simplesmente incomparável.

O mapeamento ortomosaico tem suas desvantagens. O estilo de modelagem requer imagens muito mais próximas , o que exige que você voe com seu drone mais perto do solo. Isso pode levar mais tempo do que outros métodos . Além disso , o tipo de detalhe da imagem que é a marca registrada do mapeamento ortomosaico às vezes não é necessário . Por exemplo, se você está apenas tentando determinar o limite de um pedaço de terra ou precisa apenas de imagens detalhadas de uma área específica , um mapa ortomosaico provavelmente oferecerá muito pouco.

Outros usos de mapas ortomosaicos

A topografia não é o único setor que pode se beneficiar do uso da ortoimagem . Algumas das indústrias mais comuns que fazem uso de mapas ortográficos incluem :

- Agricultura: Tirar várias ortoimagens ao longo do tempo pode permitir que os agricultores detectem padrões no crescimento de suas plantações ao longo do tempo. Isso é especialmente importante para monitorar a saúde das culturas.
- Aplicação da lei: Policiais e bombeiros usam o mapeamento UAV para mapear áreas lotadas e cenas de crime. Com seu alto nível de detalhamento, um mapa ortogonal pode capturar detalhes importantes que, de outra forma, seriam perdidos .
- Imóveis : mapas de propriedades ortomosaicos podem ser transformados em passeios virtuais interativos. Esse recurso foi especialmente importante durante o auge da pandemia de COVID-19, quando as visitas pessoais à propriedade eram limitadas.
- Conservação ambiental : os conservacionistas podem usar uma foto ortomosaica para detectar animais ameaçados em um parâmetro de terra estabelecido ou capturar mudanças ao longo do tempo.

Tudo o que você precisa saber sobre levantamento de drones

Um guia para levantamento de drones , entregas, precisão e fluxos de trabalho

Os drones estão continuamente provando ser ferramentas de negócios poderosas, ao mesmo tempo em que fornecem aos adotantes saltos em eficiência e segurança. A indústria de topografia e mapeamento não é exceção .

Com sua capacidade de capturar dados de cima, os drones foram integrados com sucesso aos fluxos de trabalho de levantamento para realizar levantamentos de terra, fotogrametria , mapeamento 3D, levantamentos topográficos e muito mais .

Se você é um agrimensor experiente procurando expandir seu kit de ferramentas, ou um entusiasta de drones querendo aprender mais maneiras de usar seu drone, ou apenas interessado neste incrível aplicativo de drone , nós o cobrimos. Compilamos neste capítulo para ajudá-lo a aprender tudo o que você precisa saber quando se trata de começar a fazer levantamentos com drones .

O que é uma pesquisa com drone ?

Agrimensura é a ciência precisa de determinar as posições e distâncias entre pontos no espaço 2D e 3D. Existe uma grande diferença entre fotografia aérea e topografia .

As pesquisas fornecem informações críticas que permitem a tomada de decisões informadas, desde o planejamento do canteiro de obras até o projeto e manutenção da infraestrutura, delineando os limites cadastrais da propriedade e muito mais .

Uma pesquisa com drone é simplesmente uma imagem tirada de cima com um drone.

<u>Por que o uso de drones para levantamento é superior em comparação aos métodos tradicionais ?</u>

Veículos aéreos não tripulados , ou UAVs , são excelentes na aquisição rápida de dados de pontos de vista inacessíveis aos humanos.

Ao pesquisar terrenos desafiadores, os drones eliminam a necessidade de operadores humanos acessarem fisicamente e medirem pontos em locais perigosos ou de difícil acesso .

Além disso , enquanto os métodos tradicionais de levantamento exigem medição, preparação e planejamento meticulosos , os drones podem capturar dados comparáveis em períodos de tempo drasticamente mais curtos .

empresa de construção austríaca líder , estima que os drones permitem realizar pesquisas com 75% menos tempo de configuração do GCP.

Em suma, o levantamento por drones produz resultados de qualidade de forma rápida , econômica e segura.

<u>Que tipo de resultados você pode obter com o levantamento por drone ?</u>

Dependendo da sua escolha de sensores de dados e software de levantamento , o levantamento por drone pode produzir uma variedade de resultados com casos de uso em muitos setores.

O software de topografia pode juntar centenas ou milhares de fotos digitais capturadas pelo seu drone e produzir mapas ortomosaicos 2D de alta qualidade

de pesquisa pode ser compilado em um mapa ortomosaico 3D e pode fornecer dados topográficos acionáveis

Gere modelos 3D de alvos em seu local de pesquisa para comparação rápida com BIM

Inspecione com uma câmera térmica e identifique rapidamente alvos com assinaturas de calor anormais

Equipe seu drone com uma câmera LiDAR para produzir uma nuvem de pontos de alta densidade.

Capture dados multiespectrais além do espectro de luz visível para fornecer informações sobre agricultura e gerenciamento de culturas .

Drones e BIM

Na construção e no gerenciamento de projetos, o levantamento por drones pode fornecer dados críticos que andam de mãos dadas com o Building Information Modeling (BIM).

modelos 3D a laser ou fotogramétricos de alta resolução capturados por drones podem ser sobrepostos e comparados com objetos BIM pré- planejados . Isso permite identificar discrepâncias entre os planos e a realidade.

A detecção precoce desses problemas pode reduzir erros de construção, omissões e retrabalho, e esse monitoramento de projeto tornou os drones uma parte essencial da construção moderna.

Quão precisos são os levantamentos com drones ?

drones em seus fluxos de trabalho, muitos topógrafos se

perguntam sobre a precisão dos levantamentos aéreos . Qual o grau de precisão que as técnicas de levantamento por drone podem atingir ?

As soluções de drones de levantamento podem produzir levantamentos com vários graus de precisão , dependendo dos requisitos do projeto.

Em um estudo independente da DroneDeploy, o DJI Phantom 4 RTK alcançou uma precisão vertical relativa de 2 cm e uma precisão horizontal relativa de 1,20 cm.

Para algumas aplicações, como verificar o crescimento da colheita ou o progresso da construção, uma alta precisão relativa é suficiente. Para outros trabalhos que também exigem alta precisão absoluta, existem drones equipados com posicionamento em tempo real (RTK) e posicionamento pós-processamento (PPK). Quando combinado com alguns GCPs, a precisão do nível de pesquisa pode ser alcançada .

Geóide vs Elipsóide: Qual é a diferença e por que é importante ?

O que você precisa saber sobre a forma da Terra e como ela afeta o levantamento por drones

A Terra é mesmo redonda? Embora a resposta pareça óbvia , na verdade não é tão simples quanto você imagina. Para ser classificado como uma esfera perfeita, um objeto deve ser completamente redondo e simétrico , capaz de ser cortado ao meio em qualquer direção e criar duas metades iguais. A Terra, com sua forma irregular, altos planaltos e profundas rachaduras no fundo do oceano , é tudo menos isso.

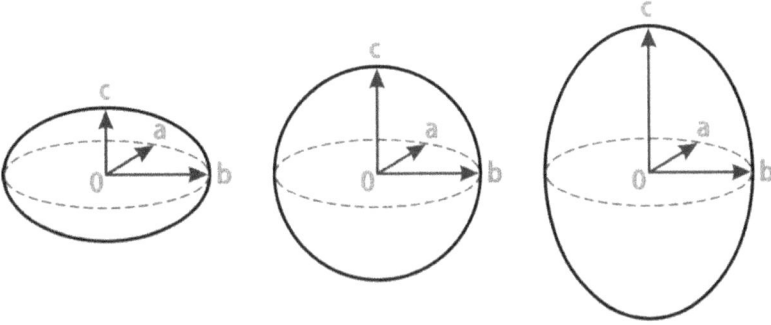

Então, qual é a forma da Terra e como sua classificação afeta os trabalhos de topografia ? Para responder a isso, você precisará entender a diferença entre um geóide e um elipsóide, duas formas de modelagem projetadas para mapear as imperfeições do nosso planeta.

Então, o que é um elipsóide?

Um elipsóide é essencialmente uma esfera imperfeita. O nome vem da palavra "elipse", que é usada para descrever uma alteração semelhante a um círculo .

Ao contrário das esferas, o comprimento, a largura e a altura de um elipsóide não precisam ser idênticos . No entanto, qualquer plano de seção transversal da forma deve ser uma elipse ou um círculo . Segundo a Enciclopédia Britânica , isso é explicado por meio de uma equação matemática que leva em conta três eixos perpendiculares diferentes que se cruzam no centro da forma :

$x2/a2 + y2/b2 + z2/c2 = 1$

Se a, b e c são todos iguais, a forma é uma esfera. Se dois dos três valores forem iguais, a forma é um esferóide, às vezes também conhecido como elipsóide de revolução, porque qualquer plano transversal da forma seria uma elipse. Os esferóides se enquadram em duas categorias . Se os dois valores iguais forem maiores que o terceiro, a forma é um esferóide achatado. Enquanto isso, se o valor único do esferóide for maior que os dois iguais, a forma é um esferóide alongado.

Elipsoides e a forma da Terra

Cientistas e matemáticos usam o modelo elipsóide para definir com mais precisão a forma da Terra e de outros planetas. Um elipsóide que oferece uma aproximação próxima de um planeta é conhecido como elipsóide de referência, de acordo com o NAVSTAR University Consortium (UNAVCO). As medidas específicas usadas para modelar a Terra são conhecidas como elipsóide da Terra.

Embora a Terra possa parecer uma esfera perfeita em fotografias de satélite , esse não é o caso. Em vez disso, o planeta é muito mais largo no equador e se achata quanto mais perto você estiver de cada pólo, ou tem um único eixo mais curto . Em outras palavras, a Terra é uma aproximação aproximada de um elipsoide esferoidal achatado. Embora não seja perfeito, o elipsóide da Terra tem muitos usos, incluindo a plotagem de coordenadas de GPS e rotas de voo. Em coordenação com os dados de um modelo geoide, também é essencial para o trabalho de levantamento .

... E um geóide?

Embora pensar na Terra como um elipsóide, em vez de uma esfera, certamente forneça uma compreensão mais precisa da forma do planeta, ainda deixa muito a desejar. A forma do elipsóide permanece completamente lisa, independentemente da topografia . Esta é a razão pela qual os elipsoides de referência são normalmente referidos como a "melhor aproximação" de um planeta. Para obter uma imagem mais precisa , você deve usar um modelo geoide.

Os modelos geóides usam uma medida chamada nível médio do mar para fornecer uma representação mais completa da forma como a superfície da Terra varia em elevação. O nível médio do mar é a elevação da superfície do nível do mar do planeta se a água fosse completamente plana ou sem marés ou correntes. O nível médio do mar é útil para modelos porque a água responde à atração gravitacional da Terra. Locais onde as forças gravitacionais são mais fortes e o nível médio do mar é mais alto indicam mais massa abaixo da superfície. Da mesma forma, um nível médio do mar mais baixo também indica quedas na elevação no fundo do oceano. O mapeamento dessas medições geralmente resulta em ondulações graduais em todos os oceanos e massas de terra.

Em particular, a modelagem do geóide é normalmente feita em um nível mais local do que o modelo global do elipsóide da Terra.

Como a diferença entre um modelo elipsóide e um geóide afeta a topografia?

Como agrimensor, você deseja garantir que está trabalhando com dados precisos medidos de forma consistente em todo o seu site. Embora a forma geral do planeta pareça ter relativamente pouco impacto em um único local de pesquisa, os dados disponíveis dos modelos geóides são essenciais.

Em particular, os modelos de elipsóide e geóide são usados para estabelecer o datum vertical de um local. Em associação com cálculos como a distância da amostra do solo, o datum vertical é essencial para fotogrametria aérea e levantamentos em geral . Essa unidade de medida representa o ponto zero de elevação do local em que você está trabalhando ou o ponto a partir do qual mapear a topografia .

Embora o levantamento geralmente seja feito com base em datums geodésicos , que são calculados com base em um modelo geoide, na verdade existem dois tipos diferentes de datums verticais. Os outros, dados de maré, são calculados medindo as mudanças nos níveis da superfície da água durante um período de tempo. Uma vez que a maioria dos levantamentos topográficos são realizados em terra, esta forma de medição geralmente não é aplicável.

Usando dados verticais para manter a consistência dos dados

Uma grande parte da manutenção da precisão durante um trabalho de pesquisa é garantir que você esteja usando o mesmo datum vertical para cada parte do projeto. Isso significa que qualquer parte do site que esteja em um dado diferente deve ser convertida para corresponder. Felizmente, isso pode ser feito com uma fórmula simples que usa informações dos modelos geoide e elipsoide:

Altura do Elipsóide - Altura do Geóide = Altura Ortométrica

A altura do elipsóide é a diferença entre o elipsóide terrestre e a coordenada escolhida na superfície terrestre. Como as coordenadas GPS são baseadas em um modelo elipsóide, nenhum cálculo adicional é necessário para encontrar esse número se você estiver usando um receptor GPS. A altura do geóide, por sua vez, é o valor de deslocamento entre o modelo do geóide que você faz referência, como o NAVD88 ou Posgar 94, e o elipsóide da Terra.

O resultado de inserir esses números em sua fórmula é a altura ortométrica . Este é o número que deve ser mantido constante em todos os seus dados.

Distância de amostra de solo

Se você usa um drone aéreo para pesquisar a terra, precisa saber sobre a distância de amostragem do solo, ou GSD, para abreviar. O cálculo do GSD é essencial para determinar a escala do seu projeto de mapeamento e garantir resultados confiáveis. Sem ele, você corre o risco de coletar dados imprecisos ou ter um mapa que não é útil. Quer você seja contratado para identificar um pedaço de terra, mapear o fluxo de um rio ou criar um modelo 3D de um novo desenvolvimento, o GSD é uma métrica que você simplesmente não pode prescindir.

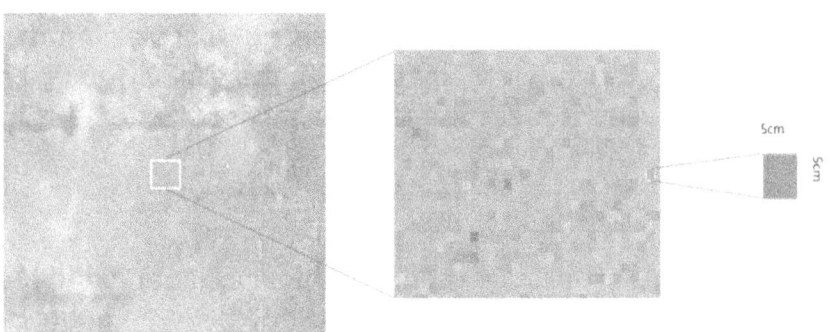

O que é a distância de amostragem do solo?

Os mapas de drones, como qualquer imagem digital, são essencialmente combinações de pequenos quadrados de uma cor, chamados de amostras. Nesse caso, uma amostra é igual a um único pixel. O GSD descreve a distância entre dois centros de pixel consecutivos. Image GSD é um cálculo importante tanto para fotografia aérea quanto para fotogrametria, que é uma técnica comumente usada para criar mapas topográficos 3D.

Compreender o tamanho do pixel em uma imagem aérea calculando o ponto médio de pixels consecutivos é necessário para entender a escala completa do seu mapa e tomar decisões informadas. Obtendo o GSD corretamente é fundamental. Um erro de um centímetro ou menos pode parecer menor. No entanto, se o erro for extrapolado para centenas de milhares de pixels, criará um sério descompasso entre o mapa e a realidade, tornando as medições quase impossíveis. Para jogar pelo seguro, os topógrafos sempre usam o menor valor possível ao calcular o GSD.

que serve o GSD?

é um fator para quem usa levantamento aéreo para criar mapas e modelos precisos. É claro que os agrimensores trabalham em vários setores e seu trabalho é indispensável para muitas pessoas. Em praticamente qualquer indústria em que os topógrafos devem fornecer medições precisas, o GSD é um cálculo importante .

Áreas onde o GSD é importante:

Construção – Os drones são usados para inspecionar canteiros de obras inteiros a um custo reduzido, bem como para dimensionar vários elementos de um projeto.
Mapeamento : Não é nenhuma surpresa que os mapeadores tenham adotado rapidamente a tecnologia de mapeamento

por drones .

Mineração : Os drones são usados para inspecionar minas e pedreiras a céu aberto de forma eficaz e segura de uma forma que os humanos não conseguem . Eles também são úteis para medir volumes de estoque .

Combate a incêndios : Drones estão sendo implementados no combate a incêndios florestais, como queima prescrita.

Arquitetura – Semelhante à construção, os arquitetos usam o mapeamento de drones para construir modelos tridimensionais precisos e planejar todos os detalhes de um local de trabalho.

Limites da terra: O mapeamento aéreo pode ser usado para determinar a propriedade da terra e resolver disputas.

Embora todos esses trabalhos de pesquisa exijam um cálculo GSD preciso , os detalhes da tarefa afetarão o tipo de drone que você usa.

Qual nível de precisão GSD você precisa ?

Por outro lado, pixels com um GSD maior serão menos precisos, pois isso significa que um único pixel representa uma quantidade maior de solo . O nível de precisão GSD necessário depende do tipo de trabalho que você está fazendo e do tipo de detalhe que você precisa. Como regra geral, projetos com uma escala maior permitirão um GSD maior , enquanto projetos com detalhes menores exigirão um GSD menor .

Se, por exemplo, você está trabalhando em um projeto de construção e precisa saber a distância entre duas vigas, precisará de um GSD pequeno o suficiente para poder identificar o tamanho de cada uma e posicioná-las. No entanto, se você estiver tentando marcar as linhas de propriedade em um grande pedaço de terra, provavelmente desejará pilotar o drone em uma altitude de voo mais alta .

Em última análise , o GSD correto será aquele que permite capturar imagens aéreas detalhadas enquanto voa alto o suficiente para evitar contagens excessivas de fotos aéreas . Um GSD muito alto e você ficará com imagens borradas que não dizem nada. Vá muito baixo e sua pesquisa ocupará GB adicionais e possivelmente levará mais tempo do que o esperado para ser concluída, mesmo com software avançado como o DJI Terra, que é otimizado para processar seus dados e transformá-los em modelos e mapas 3D utilizáveis.

Como calcular o GSD

Calcular a distância da amostra de solo requer apenas alguns pontos de dados e é concluído manualmente ou com uma ferramenta de calculadora. Para calcular o GSD você mesmo, você precisará saber a altura e a largura do sensor e a altura e a largura da imagem do seu drone, bem como a distância focal e a altura do voo. Cada uma dessas estatísticas deve estar disponível em seu drone. Você pode inserir cada número em duas fórmulas básicas , uma para a altura do GSD e outra para a largura do GSD.

GSDh= altura de voo x altura do sensor / distância focal x altura da imagem;
GSDw = altura do vôo x largura do sensor / distância focal x largura da imagem
O número GSD relevante será o valor mais baixo , para garantir que você esteja usando o pior caso.

Alternativamente, se a matemática não for o seu forte, você pode usar uma ferramenta de calculadora online . Essas ferramentas terão as especificações técnicas de um modelo de drone, como imagem, comprimento e altura do sensor, já cadastrados; o que significa que tudo o que você precisa fazer é selecionar seu drone e inserir a altura do voo.

Ground Sample Distance (GSD) : o que é, como é calculado e como afeta os dados do seu drone

Aprenda tudo o que você precisa saber sobre o GSD e por que ele é importante para levantamentos com drones

drone aéreo para pesquisar a Terra, precisará saber sobre a distância da amostra do solo, ou GSD, para abreviar. O cálculo do GSD é essencial para determinar a escala do seu projeto de mapeamento e garantir resultados confiáveis. Sem ele , você corre o risco de coletar dados imprecisos ou ter um mapa que não é útil . Esteja você sendo contratado para determinar os limites exatos de um terreno, para mapear o fluxo de um rio ou para criar um modelo 3D de um novo empreendimento, o GSD é uma métrica da qual você simplesmente não pode prescindir.

Qual é a distância da amostra do solo ?

Os mapas de drones, como qualquer imagem digital, são essencialmente combinações de pequenos quadrados de uma cor, chamados de amostras. Nesse caso, uma amostra é igual a um único pixel . O GSD descreve a distância entre o ponto central de dois pixels consecutivos . GSD é um cálculo importante para fotografia aérea e fotogrametria , que é uma técnica comumente usada para criar mapas topográficos 3D .

de cada pixel é necessário para entender a escala completa do seu mapa e tomar decisões informadas. Obtendo o GSD correto é fundamental. Um erro de um centímetro ou menos pode parecer menor. No entanto, se o erro for extrapolado para centenas de milhares de pixels , ele criará uma séria incompatibilidade entre seu mapa e a realidade, tornando as medições quase impossíveis. Para jogar pelo seguro, os topógrafos sempre usam o menor valor possível ao calcular o GSD.

que serve o GSD?

é um fator para qualquer um que use levantamento aéreo para criar mapas e modelos precisos. É claro que os agrimensores trabalham em vários setores e seu trabalho é indispensável para muitas pessoas. Em praticamente qualquer setor em que os topógrafos dependem de medições precisas, o GSD é um cálculo importante .

Áreas onde o GSD é importante:

Construção – Os drones são usados para fazer o levantamento de canteiros inteiros a baixo custo, bem como para dimensionar vários elementos de um projeto.

Mapeamento – Não é de admirar que os cartógrafos tenham adotado rapidamente a tecnologia de mapeamento por drones .

Mineração – Os drones são usados para inspecionar minas e pedreiras a céu aberto de maneira eficaz e segura de maneiras que os humanos não podem. Eles também são úteis para medir volumes de materiais.

Combate a incêndios : Drones estão sendo implementados no combate a incêndios florestais, *bem* como para queimas prescritas.

Arquitetura – Assim como na construção, os arquitetos usam o mapeamento por drones para construir modelos 3D precisos e planejar todos os detalhes de um local de trabalho.

Limites da Terra – O mapeamento aéreo pode ser usado para determinar a propriedade da terra e resolver disputas .

Embora todos esses trabalhos de pesquisa exijam um cálculo GSD preciso , os detalhes da tarefa afetarão o tipo de drone que você usa.

Qual nível de precisão GSD você precisa ?

Por outro lado, pixels com um GSD maior serão menos precisos, pois isso significa que um único pixel representa uma quantidade maior de terreno. O nível de precisão GSD necessário depende do tipo de trabalho que você está fazendo e do tipo de detalhe que você precisa. Como regra geral, projetos com uma escala maior permitirão um GSD maior , enquanto projetos com detalhes menores exigirão um GSD menor .

Se, por exemplo, você estiver trabalhando em um projeto de construção e precisar saber a distância entre duas vigas, precisará de um GSD pequeno o suficiente para identificar o tamanho de cada uma e posicioná-las. No entanto, se você estiver tentando desenhar linhas de propriedade em um pedaço de terra muito grande, provavelmente desejará voar mais alto .

Em última análise , o GSD correto será aquele que permite que você tire imagens detalhadas enquanto voa alto o suficiente para evitar contagens excessivas de fotos. Um GSD muito alto e você ficará com imagens borradas que não dizem nada. Vá muito baixo e sua pesquisa ocupará GB adicionais e possivelmente levará mais tempo do que o esperado para ser concluída, mesmo com software avançado como o DJI Terra, que é otimizado para processar seus dados e transformá-los em modelos e mapas 3D utilizáveis.

Como Calcular o GSD

O cálculo da distância da amostra de solo requer apenas alguns pontos de dados e é concluído manualmente ou com uma ferramenta de calculadora. Para calcular o GSD você mesmo, você precisará saber a altura e a largura do sensor e a altura e a largura da imagem do seu drone, bem como a distância focal e a altura do voo. Cada uma dessas estatísticas deve estar disponível em seu drone. Você pode inserir cada número em duas fórmulas básicas, uma para a altura do GSD e outra para a largura do GSD.

GSDh = altura de voo x altura do sensor / distância focal x altura da imagem;
GSDw = altura do voo x largura do sensor / distância focal x largura da imagem
O número GSD relevante será o valor que for menor , para garantir que você esteja usando o pior caso.

Alternativamente, se a matemática não for o seu forte, você pode usar uma ferramenta de calculadora online . Essas ferramentas terão as especificações técnicas de um modelo de drone, como imagem, comprimento e altura do sensor, já cadastrados; o que significa que tudo o que você precisa fazer é selecionar seu drone e inserir a altura do voo.

Os fundamentos da precisão de posicionamento em topografia aérea . Uma olhada nas tecnologias RTK , PPK e Cloud PPK

As soluções de drones são implantadas mais amplamente do que nunca na indústria de levantamento e mapeamento , graças à sua acessibilidade e capacidade de fornecer resultados de alta precisão rapidamente . Muitos fatores devem ser considerados ao escolher a melhor solução para o trabalho. Dependendo da precisão dos resultados exigidos pela missão e pelas restrições de tempo, os usuários podem melhorar a precisão do posicionamento contando com pontos de controle de solo (GCPs) e um drone não RTK ou uma solução de drone habilitada para RTK. RTK que permite tempo real e correções pós-processo.

Tecnologias que melhoram a precisão do posicionamento

Cinemática em tempo real

Real Time Kinematics ou RTK é uma técnica avançada de posicionamento por satélite que usa uma estação terrestre com uma localização conhecida como uma referência de posição secundária para fornecer dados mais precisos . Quando um sistema RTK é implementado em um drone, ele é usado para combinar e contrastar dados de posição capturados de estações base virtuais e físicas , corrigindo a localização da câmera do drone em tempo real . Se implementados corretamente, os drones podem produzir dados de localização com precisão de centímetros que são incorporados à imagem aérea durante o voo.

As soluções de drones RTK são particularmente procuradas, pois fornecem resultados em tempo real, mas a consistência da conexão necessária para cobrir toda a duração do voo pode ser irreal para alguns, já que os profissionais de levantamento de drones nem sempre têm o luxo de voar em suas missões . em locais que atendem a todos os requisitos para transmissão estável de dados.

O RTK requer dois tipos de links de dados durante o voo: um entre o controle remoto e a estação base RTK e outro entre o controle remoto e o drone. O link entre o controle remoto e a estação base é suscetível a uma conexão de rede instável, enquanto o link entre o controle remoto e o drone pode ser afetado por obstruções perto do local de decolagem. Portanto, para mitigar o risco de perda de links de dados, o PPK é uma excelente alternativa para missões de levantamento que são realizadas em áreas remotas com má recepção de sinal de rede e / ou com obstruções como árvores , prédios ou estruturas metálicas .

Cinemática pós-processamento

Com o PPK, os dados são corrigidos após o voo e não durante. Os dados são armazenados a bordo do drone e os cálculos pós-voo combinam os dados da aeronave e os dados da estação base, produzindo resultados no software PPK em um computador. Isso dá aos usuários mais flexibilidade e confiabilidade: mesmo se os links de dados em tempo real forem perdidos durante o voo, a precisão dos resultados ainda pode ser mantida, pois os cálculos incorporam dados PPK. O local de decolagem não precisa ser perfeito e o alcance da estação base pode ser estendido.

O resultado final é que as soluções de drones RTK e PPK são capazes de produzir dados com precisão de um centímetro , mas:

As soluções RTK requerem uma estação base e circunstâncias mais específicas para missões de decolagem e voo para processar dados em tempo real.
As soluções da PPK oferecem mais flexibilidade sobre como e onde o drone é implantado para a missão de voo e maior confiabilidade por meio de alcance mais longo.

Pontos de controle terrestre

Quando se trata de levantamento por drone, a localização efetiva do ponto de controle no solo é tudo. Os GCPs ajudam a definir os limites do seu site e dimensionar adequadamente tudo entre eles. Eles são um verdadeiro componente básico de qualquer trabalho de pesquisa e melhoram a precisão do seu mapa.

No entanto, para obter os melhores resultados de seus pontos de controle de solo, você precisa garantir que eles estejam posicionados corretamente. Com poucos pontos totais, você corre o risco de obter medições imprecisas. No entanto, se houver muitos GCPs próximos uns dos outros, isso poderá danificar as imagens aéreas gerais. Veja como encontrar o equilíbrio certo e tirar o máximo proveito deste método de levantamento comprovado.

O que são pontos de controle de solo?

Os GCPs são pontos fixos no solo que possuem uma localização geográfica conhecida ou coordenadas de marcadores que já foram definidas, geralmente usando um modelo geoide e coordenadas GPS. Ao ter coordenadas conhecidas selecionadas e marcadas antes de qualquer dado ser coletado, os topógrafos podem aumentar a precisão e ter um quadro de referência para todo o projeto.

Materiais de ponto de controle terrestre

Um ponto de controle de solo deve atender a dois critérios para ser útil em levantamento aéreo. Cada ponto deve ser feito com cores de alto contraste que se destaquem do terreno ao redor; muito semelhantes e o GCP será difícil de encontrar nas fotografias. Além disso, os pontos devem ter um centro claramente definido que se alinhe com a coordenada conhecida. Isso pode ser feito com duas linhas perpendiculares.

Os agrimensores costumam usar tinta spray ou almofadas

especiais com cores vivas e uma aparência de "tabuleiro de damas" de quatro quadrados para criar o sistema de coordenadas. Embora a pintura em spray possa ser a opção mais conveniente e econômica, ela também pode criar problemas de precisão. Como você sabe, a diferença de alguns centímetros pode ter um grande impacto em um trabalho de levantamento. A área de superfície mais ampla de uma linha de tinta spray pode significar um intervalo de vários centímetros no "alvo" da sua marca. Embora a discrepância seja relativamente pequena, fazer esse tipo de suposição para cada um dos seus pontos pode ser desastroso. Se você não tiver pads disponíveis, é melhor marcar os GCPs com uma forma de "L", em vez do tradicional "X", com o canto indicando uma coordenada exata.

GCP vs. pontos de amarração manuais

Em particular, os GCPs são diferentes das amarras manuais, outro local do mundo real usado pelos agrimensores. Um ponto de amarração manual é um recurso que pode ser visto em várias fotos aéreas. Os topógrafos identificam esses pontos em um software de mapeamento aéreo como o DJI Terra, que pode usá-los para unir as imagens e fazer um mapa fotogramétrico completo. Embora os pontos de controle de solo e os pontos de amarração manuais sejam essenciais no levantamento, apenas os GCPs correspondem aos pontos de coordenadas reais.

Como os pontos de controle de solo melhoram o levantamento por drones?

Quer você precise de fotogrametria ou de um mapa LiDAR, os pontos de controle no solo ajudam a fornecer o mapa aéreo mais preciso possível. Esses pontos são importantes para os agrimensores porque são estabelecidos com absoluta precisão. Isso significa que um ponto é mapeado para um valor real, como uma coordenada de GPS. Enquanto isso, a precisão relativa descreve outros pontos que podem ser encontrados dimensionando um mapa em relação a essas coordenadas absolutas. Em outras palavras, tendo várias localizações geográficas conhecidas já configuradas no mundo real, é mais fácil definir a distância entre os pontos e a escala geral do seu mapa.

Claro, os pontos de controle de solo são apenas parte do quebra-cabeça. A distância da amostra do solo, por exemplo, é um cálculo usado para explicar como a escala do mundo real definida pelos GCPs se traduz em um mapa. O GSD descreve a distância entre o ponto central de dois pixels consecutivos em uma imagem digital. Sem um GSD preciso, é impossível para os topógrafos transformar todos os dados de drones coletados em mapas utilizáveis. Assim como para os pontos de controle de solo, um cálculo GSD que se desvia apenas alguns centímetros pode ter implicações de longo alcance em todo o projeto.

Colocação de pontos de controle de solo

O simples uso de alguns pontos de controle de solo em todo o local não é suficiente para garantir medições precisas. Os GCPs devem ser distribuídos o mais uniformemente possível, enquanto ainda mostram limites e faixa topográfica. Embora a aparência dependa das especificidades do seu site, existem algumas regras gerais a serem seguidas:

Número de pontos

O número de pontos necessários para criar um mapa de drone preciso varia de acordo com o tamanho do local e a extensão do terreno. Os especialistas geralmente recomendam o uso de pelo menos cinco GCPs, mas às vezes até 20 ou mais são usados. No entanto, é importante observar que mais pontos não significa necessariamente uma melhor leitura. Em um teste realizado com o DJI Phantom 4 Pro, descobrimos que GCPs adicionais ofereciam retornos decrescentes após aproximadamente 10 pontos.

Ao selecionar pontos de controle de solo, tente se concentrar em estabelecer um local consistente. Embora possa parecer intuitivo agrupar vários GCPs em torno da área mais importante para sua pesquisa, isso pode reduzir a precisão. Se houver muitos pontos próximos uns dos outros enquanto o restante do local tiver cobertura limitada, será difícil calibrar o mapa e entender como o conjunto de coordenadas se encaixa no quadro geral. Na pior das hipóteses, pode ser necessário explodir todo o site novamente.

Espaçamento

Além de colocar os GCPs em distâncias relativamente semelhantes, é importante pensar na distância total desses intervalos. Se os pontos estiverem muito distantes um do outro, será um desafio para o seu software de modelagem interpolar mais pontos de dados entre eles. Os GCPs devem estar dentro de 400 metros (~1312 pés) um do outro, embora mais perto seja geralmente preferível. Por fim, embora você queira evitar a saturação excessiva dos GCPs mencionados acima, espalhar os pontos demais causará lacunas na cobertura e também distorcerá seu modelo 3D.

Distribuição

É importante usar pontos de controle de solo para definir os limites do seu terreno. Em um cenário ideal, você poderia colocar um GCP em cada um dos cantos e outro no centro do site. Embora os sites raramente sejam tão simples, ainda é uma boa maneira de pensar na cobertura.

Uma consideração final é capturar toda a gama de topografia em seu site. No mínimo, coloque um ponto nas elevações mais altas e mais baixas onde for possível fazê-lo. Dito isso, é importante evitar a armadilha de depender muito de pontos "naturais" que podem parecer um bom lugar para colocar um GCP, mas não complementam a distribuição geral uniforme de pontos.

Como estabelecer pontos de controle de solo para maior precisão no mapeamento UAV

O que são pontos de controle de solo ? E, seu papel no mapeamento UAV ...

Se você faz parte da indústria de mapeamento de UAV, deve estar ciente dos Pontos de Controle de Solo (GCPs). Os pontos de controle de solo podem ajudá-lo a criar mapas de drones mais precisos .

Existem diferentes tipos de GPS disponíveis, cada um com precisão variável. Para criar pontos de controle de solo, você deve usar RTK - GPS ou PPK - GPS. GPS RTK ou cinemática em tempo real podem ajudá-lo a criar mapas de drones com um nível de precisão de 2 cm a 6 cm. Considerando que o GPS PPK ou a cinemática de pós-processamento são ainda mais precisos, você pode esperar uma precisão de mm ao mapear com UAVs .

Coletar bons dados de GPS é realmente difícil . E isso se deve à superfície irregular da terra que pode ser comparada a um pedaço de papel amassado. Isso torna a coleta de bons dados de elevação particularmente difícil . Especialmente se você precisar de uma equipe de topógrafos para assinar seu modelo de drone, eles não o farão a menos que você use GCPs.

O uso do Smart GCP ajudará você a alcançar a precisão do grau de medição no mapeamento de UAV ?

Existem diferentes maneiras pelas quais os pilotos de drones podem estabelecer pontos de controle no solo. Uma das formas mais populares é usar "Smart GCPs" . Estes são quadrados de 60 cm que podem ser ativados com o clique de um botão. Esses GCPs funcionarão com qualquer drone habilitado para GPS.

Para que os GCPs funcionem, eles precisam estar equipados com um sistema de GPS mais sofisticado em comparação com o drone.

Esses GCPs inteligentes funcionam com aplicativos populares de mapeamento de UAV, como Pix4D e Metashape. Os dados são carregados automaticamente para a plataforma proprietária, e você pode acessar os dados processados pela web em 24 horas .

A principal desvantagem do uso desse equipamento é o grande investimento inicial. Como esses GCPs vêm apenas em conjuntos de 10, a opção por eles exigirá US$ 6.000. Outro fator digno de nota é que você só pode aproveitar um ano de processamento gratuito ao comprar esses GCPs. Após um ano, você também terá que pagar uma taxa de processamento.

Obviamente, para limitar seu investimento, você pode entrar em contato com seus amigos ou colegas e dividir o custo desses GCPs. Mas você não precisa de vários GCPs inteligentes para criar um mapa de drone? Realmente não. Na verdade, você só precisa de um para determinar a localização exata do GPS. Depois de determinar a localização, você pode substituir o Smart GCP por um "Fake GCP", criando assim um ponto de referência. Um falso GCP nada mais é do que um corte preto e branco de madeira compensada que mede 60x60 .

Existem opções melhores para configurar GCPs para atribuição precisa de UAV? Discutimos Reach RS e Trimble

Reach RS é uma boa alternativa para Smart GCPs. O Reach RS é um receptor RTK GNSS que pode ser controlado por meio de um aplicativo em seu smartphone . O receptor Reach RS deve ser montado em um tripé .

Então, como o Reach RS se compara aos Smart GCPs? A primeira vantagem de usar o Reach RS para configurar o GCP é o menor investimento inicial . O Reach RS custa $ 799 e você pode fazer isso com apenas uma unidade. Além disso , o Reach RS vem com processamento ilimitado.

Como o Reach RS é montado em um tripé , haverá menos obstrução de sinal , resultando em maior precisão. O uso do Reach RS oferece uma precisão horizontal de 7 mm e uma precisão vertical de 13 mm. Não se esqueça de corrigir a altura se estiver usando GCPs falsos.

Trimble é outra opção, embora cara. O custo de uma unidade Trimble é de US$ 15.000 ou mais . As unidades Trimble RTK são normalmente usadas em canteiros de obras para fins de levantamento .

Como otimizar o posicionamento de seus pontos de controle de solo

Quando se trata de levantamento por drones , o posicionamento eficaz do ponto de controle no solo é tudo. O GCPS ajuda a definir os limites do seu site e a dimensionar corretamente tudo o que estiver entre eles. Eles são um verdadeiro bloco de construção de qualquer trabalho de pesquisa e melhoram a precisão do seu mapa.

Para obter os melhores resultados de seus pontos de controle de solo, no entanto, você precisa garantir que eles estejam posicionados corretamente. Com poucos pontos totais, você corre o risco de medições imprecisas. No entanto, se houver muitos GCPs próximos uns dos outros, isso pode corromper a imagem geral. Veja como encontrar o equilíbrio certo e obter o máximo desse método de pesquisa comprovado .

O que são pontos de controle de solo ?

Os GCS são pontos estabelecidos no solo que possuem uma localização geográfica conhecida ou coordenadas já definidas, geralmente usando um modelo geoide e coordenadas GPS. Conhecendo as coordenadas selecionadas e marcadas antes da coleta de dados, os topógrafos podem aumentar a precisão e ter um quadro de referência para todo o projeto.

Materiais de ponto de controle terrestre

ponto de controle de solo deve atender a dois critérios para ser útil em levantamento aéreo . Cada ponto deve ser feito com cores de alto contraste que se destacam do terreno circundante, muito semelhantes e o GCP será difícil de encontrar nas fotografias . Além disso , os pontos devem ter um centro claramente definido e alinhado com a coordenada definida. Isso pode ser feito com duas linhas perpendiculares .

Os agrimensores gráficos normalmente usam tinta spray ou almofadas especiais com cores vivas e uma aparência de quatro quadrados. Embora a pintura com spray possa ser a opção mais conveniente e barata , ela também pode criar problemas de precisão. Como você sabe, a diferença de alguns centímetros pode ter um impacto enorme em um trabalho de inspeção . A maior área de superfície de uma linha de tinta spray pode significar um alcance de vários centímetros no "Bullseye" da sua marca. Embora a discrepância seja relativamente pequena, fazer esse tipo de suposição para cada um dos seus pontos pode ser desastroso. Se você não tiver pads disponíveis, é melhor marcar o GCPS com uma forma de "L", em vez do tradicional "X" com o canto indicando uma coordenada exata.

GCPS v. Pontos de corte manuais

pontos de amarração manuais , outro posicionamento do mundo real usado pelos agrimensores. Um ponto de amarração manual é um recurso que pode ser visto em várias fotografias aéreas . Os topógrafos identificam esses pontos em um software de mapeamento como o Dji Terra, que pode usá-los para unir as imagens e fazer um mapa fotogramétrico completo . Embora os pontos de controle de solo e os pontos de amarração manuais sejam essenciais no levantamento, apenas os PCPs correspondem aos pontos de coordenadas reais.

C omo são feitos os pontos de controle de solo que melhoram o levantamento por drones ?

Se você precisa de um mapa fotogramétrico ou solidar, os pontos de controle de solo ajudam a fornecer o mapa aéreo mais preciso possível . Esses pontos são importantes para os agrimensores porque são estabelecidos com absoluta precisão. Isso significa que um ponto é mapeado para um valor real, como uma coordenada de GPS. Enquanto isso, a precisão relativa descreve outros pontos que podem ser encontrados dimensionando um mapa em relação a essas coordenadas absolutas. Em outras palavras, por ter várias localizações geográficas conhecidas já estabelecidas no mundo real, é mais fácil estabelecer a distância entre os pontos e a escala geral do seu mapa.

Claro, os pontos de controle de solo são apenas parte do quebra-cabeça. A distância da amostra de terra, por exemplo, é um cálculo usado para explicar como a escala do mundo real estabelecida pelo GCPS se traduz em um mapa. O GSD descreve a distância entre o ponto central de dois pixels consecutivos em uma imagem digital. Sem um GSD preciso, é impossível para os topógrafos transformar todos os dados coletados em mapas utilizáveis. Quanto aos pontos de controle de solo, um cálculo GSD que está errado por apenas alguns centímetros pode ter amplas implicações para todo o projeto.

Colocando seus pontos de controle de solo

O simples uso de alguns pontos de controle de solo em todo o local não é suficiente para garantir medições precisas. Os GCPs devem se espalhar o mais uniformemente possível, enquanto ainda mostram limites e alcance topográfico . Embora a aparência dependa dos detalhes do seu site, existem algumas regras a serem seguidas:

número de pontos

O número de pontos necessários para criar um mapa de drone preciso varia de acordo com o tamanho de um local e a extensão do terreno. Os especialistas geralmente recomendam o uso de pelo menos cinco GCs. No entanto, é importante observar que mais pontos não significa necessariamente uma melhor leitura. Em um teste conduzido usando o DJI Phantom 4 Pro, o Departamento de Transporte de Nevada descobriu que o GCPS adicional oferecia retornos decrescentes após aproximadamente 10 pontos.

Ao selecionar os pontos de controle de solo, tente se concentrar em estabelecer um posicionamento consistente. Embora possa parecer intuitivo agrupar vários GCPS ao redor da área , o mais importante para sua pesquisa, isso pode reduzir a precisão. Se houver muitos pontos próximos, enquanto o restante do site tiver uma cobertura limitada, será um desafio calibrar o mapa e entender como o conjunto de coordenadas se encaixa no cenário geral . Na pior das hipóteses, você pode ter que responder a todo o site.

Espaçamento

Além de colocar as DISTÂNCIAS GCP relativamente semelhantes, é importante pensar na distância total desses intervalos. Se os pontos estiverem muito distantes um do outro , será um desafio para o seu software de modelagem interpolar mais pontos de dados entre eles. Os GCPs devem estar, no máximo, em torno de 400 metros um do outro , embora geralmente seja preferível mais perto . Em última análise , embora você queira evitar o GCPS exagerado mencionado acima, espalhar seus pontos muito distantes causará lacunas na cobertura e também distorcerá seu modelo.

distribuição _ _

É importante usar seus pontos de controle de solo para definir os limites do seu terreno. Em um cenário ideal, você poderia colocar um GCP em cada um dos cantos e outro no centro do site. Embora os sites raramente sejam tão simples, ainda é uma boa maneira de pensar na cobertura.

Uma consideração final é capturar toda a gama de topografia em seu site. Pelo menos coloque um ponto nas elevações mais altas e mais baixas onde for viável fazê-lo. Dito isso, é importante evitar a armadilha de depender demais de pontos de "ocorrência natural" que podem parecer um bom lugar para colocar um GCP, mas não atendem à propagação de ponto geral.

Usar nuvens de pontos

Sempre que você precisar criar um modelo detalhado de

uma área , para levantamento , reconstrução de acidentes ou qualquer outra finalidade, criar uma nuvem de pontos pode ser a melhor maneira de realizar o trabalho.

Um modelo de nuvem de pontos 3D preciso, detalhado e de alta resolução é um elemento importante na criação de um modelo 3D preciso. Se a sua organização procura uma nova forma de criar reconstruções digitais de estruturas ou espaços físicos , os drones capazes de gerar nuvens de pontos podem ser a ferramenta perfeita para si.

Ao aprender mais sobre nuvens de pontos, o que são, como gerá-las, diferentes abordagens e casos de uso, você pode tomar uma decisão informada sobre a integração dessas ferramentas digitais em seus fluxos de trabalho.

Nuvens de pontos: é tudo uma questão de perspectiva

O que exatamente é uma nuvem de pontos ? É uma coleção de pontos de dados mapeados em três dimensões. Cada ponto tem seus próprios valores X, Y e Z com base em sua localização no espaço. Algumas nuvens de pontos podem ter resolução excepcionalmente alta, nas centenas de pontos individuais por metro quadrado, para mostrar exatamente o que está no espaço 3D.

Pontos juntos denotam as superfícies de objetos e características do terreno dentro de uma área , permitindo que topógrafos ou agrimensores criem modelos 3D extremamente precisos e mapas dessas áreas . No entanto, a própria nuvem não é o mapa. Você precisa de outro conjunto de dados além dos pontos de dados de elevação para criar um modelo com mais recursos .

Para gerar essas nuvens de pontos, você precisa do equipamento certo e de uma nova perspectiva sobre a área - alvo : uma vista aérea, ou seja . Ao voar um Veículo Aéreo Não Tripulado (UAV) sobre a área de sua escolha, você pode coletar as informações necessárias de elevação e topografia .

Drones avançados equipados com os mais recentes sensores Light Detection and Ranging (LiDAR) podem construir nuvens de pontos em uma única passagem. Um drone usando um sistema de câmera de fotogrametria pode montar uma nuvem de pontos como uma das saídas da imagem tridimensional resultante. Em ambos os casos, a nuvem resultante é uma imagem detalhada e precisa da área digitalizada .

Como funcionam as nuvens de pontos

Como funciona exatamente o processo de criação da nuvem de pontos ? Embora os detalhes exatos dependam de seu drone estar equipado com sensores LiDAR ou equipamento de fotogrametria , o procedimento é o mesmo.

Seu UAV sobrevoa uma área escolhida , escaneando com sua carga de sensor . As informações dos pontos de dados são reunidas em uma forma utilizável por meio de um software de processamento de nuvem de pontos , como o DJI Terra.

Para chegar ao resultado de uma nuvem de pontos 3D, o software irá contextualizar um grande número de pontos detectados por pulsos de laser ou gerar pontos a partir de uma coleção de fotos tiradas de vários ângulos . Isso depende se você prefere LiDAR ou fotogrametria , e isso, por sua vez, será decidido pelo tipo de levantamento ou mapeamento que você está fazendo .

nuvens de pontos de fotogrametria

Os dois métodos principais para criar uma nuvem de pontos a partir de dados de UAV, LiDAR e fotogrametria , cada um tem seus casos de uso ideais. Você pode acabar usando os dois em vários momentos.

As empresas que frequentemente mapeiam áreas com vegetação complexa podem gravitar em direção ao LiDAR, enquanto as empresas que têm linhas de visão claras e precisam de uma solução de baixo custo podem começar com a fotogrametria, mas a decisão não pode ser reduzida. Comparar tecnologias lado a lado é um exercício útil ao decidir como equipar seus UAVs.

LiDAR

A varredura LiDAR envolve pulsos de laser frequentes que, em seguida, rebatem no sensor. Usando medição inercial e dados de posicionamento por satélite, o sensor LiDAR do drone determina exatamente onde um ponto está no espaço.

Os pontos coletados são convertidos em uma nuvem de pontos LiDAR quando montados usando um software de nuvem de pontos especializado. Este é um método de digitalização altamente preciso, embora deva ser combinado com outros dados para adicionar mais detalhes aos mapas, incluindo cores.

O LiDAR é ideal para mapear recursos muito pequenos para serem detectados por outros métodos. Por exemplo, se você precisar mapear cabos finos ou linhas de energia como parte de sua nuvem de pontos, poderá fazê-lo coletando dados LiDAR. A tecnologia também funciona em condições de pouca luz e pode atingir o solo por meio de camadas de folhagem.

Além disso, como as nuvens de pontos LiDAR são medições diretas, os tamanhos dos arquivos são relativamente menores em comparação com as fotografias de alta resolução usadas para fotogrametria. Isso significa que o pós-processamento de dados LiDAR é mais rápido do que a extração de nuvens de pontos de modelos de fotogrametria, e isso pode ser um fator importante para clientes que priorizam a eficiência ou têm missões sensíveis ao tempo.

Como o software LiDAR baseado em nuvem é menos comum do que as ferramentas de fotogrametria, o processo real de compilação dos dados brutos em uma nuvem de pontos pode exigir um funcionário tecnicamente treinado no local . Os custos também podem ser maiores , incluindo a necessidade de drones mais potentes para transportar os sensores especializados.

Fotogrametria

A fotogrametria monta projeções de dados a partir de fotografias . Esta é uma abordagem simples e acessível para levantamento e mapeamento, e o software necessário para trabalhar com dados de fotogrametria está disponível por meio de um modelo simples baseado em nuvem.

O uso da fotogrametria é flexível. Você pode decidir a velocidade do drone, dependendo do nível de detalhe necessário para os mapas ou nuvens de pontos 3D que você está gerando para o projeto em questão .

Dependendo do nível de detalhe que você escolher e do tamanho da área que você está pesquisando , a câmera do UAV tirará centenas ou milhares de fotos . Essas imagens são coloridas e, além de serem convertidas em nuvens de pontos 3D, podem ser montadas em um mapa ou modelo 3D.

Como a fotogrametria é baseada na fotografia , você precisa de uma fonte de luz para que ela funcione, seja ela natural ou artificial. Dito isto, a facilidade geral de uso do método pode superar a inconveniência de procurar as condições certas. As barreiras de entrada relativamente baixas podem tornar este um excelente primeiro método para uma empresa que está começando a criar nuvens de pontos 3D ou outros modelos de dados.

Usos da modelagem de nuvem de pontos

Depois de gerar nuvens de pontos 3D, para que você as usa? Os casos de uso serão diferentes dependendo do seu setor, mas todos giram em torno da necessidade de modelos 3D precisos.

Infraestrutura de energia : a inspeção de novas infraestruturas de utilidades é mais simples e rápida quando as equipes têm acesso a drones e podem criar nuvens de pontos 3D das áreas em questão. Isso pode ser especialmente útil para ativos como linhas de energia construídas em áreas remotas onde as equipes teriam problemas para navegar a pé.

Construção de petróleo e gás – Como as empresas de serviços públicos de eletricidade , as refinarias de petróleo e gás geralmente exigem informações 3D precisas em grandes áreas , potencialmente em locais remotos. Este é outro cenário em que os drones podem ser mais eficazes do que os equipamentos de levantamento terrestre .

Levantamento do solo – Os clientes interessados em obter rapidamente mapas topográficos detalhados das áreas podem se beneficiar das nuvens de pontos 3D geradas por drones. A combinação de levantamento rápido para grandes áreas e precisão de alto nível é ideal para levantamento .

Silvicultura: o LiDAR pode penetrar na folhagem densa e fornecer dados de superfície que não seriam resolvidos com a fotogrametria .

Depois de determinar um bom caso de uso para uma nuvem de pontos 3D precisa, basta encontrar o drone certo e a carga útil de coleta de dados para suas circunstâncias .

Sistemas de drones LiDAR: uso de UAVs equipados com LiDAR

Drones equipados com câmeras oferecem às empresas um par extra de olhos no céu, proporcionando uma nova perspectiva sobre as operações que ocorrem no solo. Em setores tão variados como construção, serviços de emergência, agricultura e serviços públicos, os drones estão agregando valor.

A tecnologia de sensores em Veículos Aéreos Não Tripulados (UAVs) está em constante evolução, o que significa que essas naves não tiram apenas fotos e vídeos padrão. Um dos últimos desenvolvimentos em equipamentos UAV envolve o uso de sistemas LiDAR (detecção e alcance de luz) cada vez mais avançados.

Ao implantar um drone equipado com um sensor LiDAR, as empresas podem fazer leituras aéreas mais precisas, criando modelos 3D com precisão centimétrica e detectando recursos que seriam invisíveis para métodos menos sofisticados.

Longe de ser uma área de tecnologia de nicho, o LiDAR está alcançando todos os tipos de indústrias que precisam de serviços de coleta e mapeamento de dados geoespaciais. Ao rastrear os usos mais recentes dos drones com sensores LiDAR, você pode determinar se esses UAVs úteis se encaixam em seus planos de negócios.

O que é LIDAR?

LiDAR é uma forma de tecnologia de sensoriamento remoto. Em vez de usar câmeras fotográficas convencionais, os sensores LiDAR enviam pulsos de laser rápidos e capturam as respostas, usando esses pontos de dados para mapear uma área com grande precisão e precisão.

O sistema LiDAR cria uma nuvem de pontos com dados de objetos no solo. Esses pontos são a matéria-prima para os modelos 3D. Embora a montagem desses modelos exija software especializado e especialistas que saibam como usá-lo, o processo é relativamente rápido e produz mapas de alta qualidade com tamanhos de arquivo pequenos.

No entanto, deve-se notar que essas imagens 3D não possuem detalhes fotográficos. Por exemplo, os próprios pulsos de laser não fornecem as cores dos itens no chão. Esses dados terão que vir de uma fonte alternativa, como um sensor adicional.

A tecnologia LiDAR teve alguns desenvolvimentos nos últimos anos, ou seja, os módulos de sensores estão se tornando mais acessíveis e significativamente mais leves. Isso permitiu a rápida evolução dos sistemas de drones LiDAR, com o surgimento de novos modelos que permitem às empresas aplicar a tecnologia a mais casos de uso.

Algumas organizações podem considerar a adoção do LiDAR para funções que antes eram preenchidas por outros métodos de pesquisa, como a fotogrametria. Em outros casos, as empresas que já usaram o levantamento LiDAR no solo podem voar para o céu com drones.

Sempre que houver necessidade de levantamento e modelagem com precisão em nível de centímetro, o LiDAR pode ser a nova tecnologia de escolha. Nos próximos anos, impulsionada pelo aumento da disponibilidade do sistema, a adoção pode se expandir para novos setores e casos de uso.

LiDAR vs fotogrametria: Qual é a diferença?

As organizações que já usam a fotogrametria aérea como método de pesquisa e mapeamento de escolha podem se perguntar se ganhariam valor ao mudar para o LiDAR. Primeiramente, é importante definir a fotogrametria e explicar seus possíveis usos e limitações.

A fotogrametria é o processo de usar várias fotografias para determinar a distância. Os drones de fotogrametria sobrevoam uma paisagem ou estrutura e tiram fotos, que são montadas em modelos 2D ou 3D usando software. Esses modelos são usados na construção, agricultura, mineração e qualquer setor que precise de mapeamento frequente.

Em comparação com o LiDAR, os sistemas de fotogrametria podem ter dificuldade em identificar objetos muito pequenos e com detalhes finos; Por exemplo, enquanto os pulsos LiDAR podem detectar linhas de energia, fotos tiradas por módulos de fotogrametria podem não detectar fios. O LiDAR também pode penetrar na vegetação para capturar a forma do terreno subjacente e pode até funcionar no escuro.

A principal razão para a escolha da fotogrametria tem sido sua relativa acessibilidade. Com módulos mais leves e acessíveis, é uma opção para empresas que não precisavam do nível agregado de precisão que os dados LiDAR fornecem. Além disso, o software para montar nuvens de pontos a partir de dados brutos de fotogrametria é mais comum e usado com mais frequência do que a alternativa LiDAR.

À medida que os custos e o peso do LiDAR diminuem, a matemática pode mudar para algumas dessas empresas, o que incentivará mais a adoção do LiDAR. Além disso, é possível usar o drone LiDAR em conjunto com outros métodos de mapeamento para criar modelos mais detalhados em geral. Isso é importante nos casos em que o produto acabado precisa ser fotorrealista porque, conforme observado, os pulsos LiDAR não capturam as cores dos objetos.

Por que usar um drone LiDAR?

Pilotar um drone LiDAR é uma maneira rápida e segura de coletar informações sobre qualquer tipo de local ou recurso terrestre. Isso abrange uma variedade de usos, desde a realização de inspeções de segurança até o levantamento do progresso da mineração ou da agricultura ou até mesmo a estimativa do tamanho de um pool de recursos do ar.

Criar modelos 3D precisos de paisagens e estruturas é muito fácil para empresas que operam frotas de drones LiDAR. Eles também podem receber atualizações ao longo do tempo, por exemplo, para acompanhar o progresso de um edifício em construção e medi-lo em relação a planos e esquemas.

O LiDAR permite cenários que podem exigir muita precisão para sistemas de fotogrametria. Por exemplo, os operadores agora podem mapear linhas de energia e reconstruir cenas de acidentes com nuvens de pontos 3D altamente detalhadas geradas por módulos LiDAR.

Também existem situações em que as empresas não optarão por mudar da fotogrametria em favor do LiDAR. Em vez disso, eles usarão os dois tipos de soluções, portanto, sempre terão o tipo correto de sensor para o trabalho em questão. Isso está se tornando mais fácil à medida que as organizações investem em opções de chassis de drone versáteis e capazes que podem suportar vários módulos de sensores.

Drones LiDAR vs. LiDAR terrestre

Uma pergunta adicional que os líderes empresariais devem se fazer ao decidir usar sistemas LiDAR de drones é se eles seriam mais bem atendidos com módulos LiDAR terrestres. Essas opções terrestres, de fornecedores como Faro e Trimble, são altamente precisas e oferecem escaneamento em nível milimétrico.

A desvantagem de usar o LiDAR no solo é a falta de eficiência. Voar com um drone sobre um local permite que os agrimensores realizem mais trabalhos em menos tempo, ao mesmo tempo em que alcançam áreas de difícil acesso, em comparação com o processo às vezes tedioso de operar scanners a laser terrestres.

Desde que uma organização possa tolerar uma precisão de +/- 5 cm ao criar modelos 3D a partir de nuvens de pontos, os sensores aéreos montados em um drone LiDAR fornecem uma abordagem muito mais eficiente para mapeamento e levantamento.

Drones LiDAR em ação: os melhores casos de uso

Adicionar o UAV LiDAR é uma ótima maneira para empresas de todos os setores mapearem e fazerem pesquisas com mais eficiência. É impressionante quantos cenários de implantação exclusivos suportam a tecnologia LiDAR de drones. Alguns desses casos também podem incorporar fotogrametria, enquanto outros são totalmente novos, alimentados pela chegada de drones LiDAR acessíveis.

Levantamento de pequenas parcelas

Sempre que houver necessidade de realizar um levantamento aéreo preciso de um terreno, um drone LiDAR pode ser a ferramenta ideal. Embora um grande terreno possa ser mais adequado para um sobrevoo com um avião tripulado ou helicóptero, a tecnologia drone é ideal para pequenos terrenos.

Usar um drone como ferramenta de pesquisa é mais acessível do que iniciar, contratar pessoal e abastecer uma aeronave padrão. Além disso, os drones usam um pequeno UAV . que não exige que os pilotos sobrevoem o local, tornando-se uma opção mais segura. Alguns operadores estacionados no solo podem mapear a área de forma rápida e metódica e seguir em frente.

Levantamentos topográficos e batimétricos

Além de levantamentos menores, os drones LiDAR podem usar sensores para abranger grandes áreas de topografia, assumindo trabalhos que tradicionalmente seriam realizados em aviões ou helicópteros. No caso de um levantamento terrestre, o drone usa um laser infravermelho próximo.

Ao voar sobre a água e usar uma luz verde que penetra na água, os drones LiDAR também podem coletar leituras sobre a profundidade do fundo do mar ou rio em uma determinada área. Ao criar mapas que incorporam dados batimétricos, os drones LiDAR podem cobrir tanto a terra quanto o mar.

Modelagem digital do terreno antes do trabalho

Quando as empresas estão se preparando para grandes trabalhos de remoção de terra, é importante ter um mapa do local em 3D. É aqui que um modelo de terreno digital (DTM) preciso, criado por meio de uma nuvem de pontos 3D LiDAR, pode ser crítico.

A movimentação de terra normalmente é paga por metro de terra escavada, o que significa que, para fins de planejamento orçamentário, as empresas precisam saber exatamente com o que estão lidando em uma determinada área, usando imagens 3D. O LiDAR pode penetrar na vegetação e em outros recursos para fornecer leituras precisas da topografia de um determinado local.

Mapeamento e reconstrução do local do acidente

Drones de todos os tipos estão se tornando cada vez mais populares na segurança pública; por exemplo, drones térmicos podem procurar pessoas desaparecidas, mesmo à noite. No caso dos drones LiDAR, a tecnologia é ideal para reconstrução de cenas complexas de acidentes. As equipes podem realizar esse trabalho a qualquer hora do dia, pois o LiDAR não precisa de luz para funcionar.

Depois de capturar o modelo 3D altamente preciso, as equipes podem limpar a cena do naufrágio. Essa pontualidade é especialmente importante quando o local do acidente obstrui o trânsito. Os dados do drone LiDAR podem servir como prova em qualquer processo judicial decorrente do acidente. Observe que a fotogrametria também é uma excelente opção para reconstrução de cenas de acidentes e mapeamento de emergência.

Silvicultura

Medir o estoque de uma floresta usada para produção de xarope, papel ou madeira pode ser difícil ou demorado devido às grandes áreas envolvidas. As empresas que não usam drones LiDAR podem ter que confiar em estimativas baseadas em suposições dos trabalhadores.

Um drone LiDAR não apenas pode fornecer leituras precisas de métricas como altura do dossel e densidade das árvores, mas os sensores envolvidos são precisos o suficiente para fornecer leituras em árvores individuais. Os drones LiDAR podem até funcionar com pouca luz quando a visibilidade é limitada.

Agricultura de precisão

Basear as práticas agrícolas em dados precisos tornou-se mais popular nos últimos anos, com a fotografia por drones ajudando em tudo, desde o planejamento da colheita até o rastreamento do rebanho. Os drones LiDAR podem adicionar um novo nível de precisão às projeções, permitindo que os agricultores respondam às condições em seus campos.

Um dos principais usos dos drones LiDAR na agricultura é fornecer dados de terreno em 3D, permitindo que os operadores construam diques em seus campos de arroz. Outro uso é medir o progresso das lavouras, permitindo que os agricultores usem fertilizantes de forma mais direcionada.

Inspeção de linhas de energia

Embora os operadores de serviços públicos possam ter tido problemas para medir pequenos componentes de infraestrutura (incluindo linhas de energia) antes do advento dos sistemas UAV LiDAR acessíveis, agora eles podem realizar levantamentos aéreos. A varredura das linhas de energia do ar permite que os topógrafos meçam os fatores de risco, como a invasão da vegetação.

Seja fazendo leituras sobre o estado atual da infraestrutura da rede elétrica ou planejando construir novas linhas de energia, os fornecedores de serviços públicos podem contar com modelos 3D de drones LiDAR. O fato de os veículos voarem significa que eles podem percorrer terrenos acidentados com maior facilidade e segurança.

Mineração

As mineradoras podem medir o espaço de extração de minério com minas. Ao calcular os dados da superfície e comparar as leituras atuais com as anteriores, os mineradores podem determinar o andamento de suas operações. Os drones oferecem uma opção mais barata em comparação com o levantamento aéreo e são mais seguros e eficientes do que a varredura no solo.

Enviar drones para minas é outra maneira valiosa de coletar dados, colocando a segurança em primeiro plano. O LiDAR pode servir como uma ferramenta de detecção de colisão, ao mesmo tempo em que permite que o drone mapeie dentro de uma mina. Após uma detonação planejada, um drone pode entrar em um poço primeiro, certificando-se de que a estrutura seja sólida o suficiente para a entrada de humanos.

Arqueologia

Os drones LiDAR são bons em mapear os contornos exatos das estruturas, e esses edifícios não precisam ser novos. Ao usar UAVs em um sítio arqueológico, os pesquisadores podem obter uma imagem clara do tamanho e localização relativa de todas as características relevantes do terreno, bem como quaisquer remanescentes feitos pelo homem.

UAV LiDAR é rápido e eficiente em comparação com os métodos de mapeamento e digitalização baseados no solo. Como os drones podem cobrir grandes áreas, os arqueólogos podem redescobrir áreas inteiras "perdidas" em pouco tempo, mesmo que esses locais incluam cidades antigas inteiras.

Medições de volume de coleta

As construtoras vão além da fiscalização e utilizam os sistemas para outras funções, como a medição de estoques. A digitalização repetida de uma pilha de materiais permite que uma empresa determine a taxa de uso, permitindo que os líderes reordenem no momento apropriado.

Compreender todos os aspectos de um local de trabalho permite operações mais eficientes em geral. Observar o quanto o volume de um reservatório varia ao longo do tempo é possível com sensores precisos, como o LiDAR, e montá-los em drones é uma forma eficiente de colocar essas soluções em ação.

LiDAR vs fotogrametria para levantamento aéreo

Um guia de comparação para ajudá-lo a selecionar seus sensores de pesquisa

profissionais de levantamento e mapeamento , o LiDAR e a fotogrametria há muito são ferramentas necessárias do comércio. Mas os avanços recentes na tecnologia de drones mudaram para melhor a maneira como os dados são capturados.

Em comparação com os levantamentos aéreos tradicionais , que dependiam quase exclusivamente de aeronaves tripuladas, os drones oferecem uma alternativa segura, precisa e mais acessível. O resultado foi a democratização das soluções topográficas . Agora, projetos de agricultura, construção, conservação , mineração , reconstrução de cenas de acidentes e muito mais podem se beneficiar de nuvens de pontos detalhadas, mapas precisos e modelos 3D.

topógrafos estabelecidos e novos no campo, a questão de trabalhar com LiDAR ou fotogrametria será familiar . Neste artigo , mostraremos os prós e os contras de ambos os métodos . Não é que um seja simplesmente melhor ou deva ser preferido em detrimento do outro, não importa o quê. Em vez disso, a decisão certa depende da tarefa específica em questão, das habilidades do operador em questão e, como sempre, do orçamento com o qual você está trabalhando .

O que é LiDAR ?

LiDAR é a abreviação de "detecção e alcance de luz". Os sensores LiDAR funcionam emitindo pulsos de luz e medindo o tempo que leva para eles refletirem no solo, juntamente com a intensidade com que o fazem.

Embora já exista há décadas , foi apenas nos últimos anos que a tecnologia LiDAR se tornou compacta o suficiente para ser integrada a uma carga útil que um drone pode carregar.

O sensor LiDAR representa apenas uma parte de um processo complicado. Para coletar os dados necessários para construir uma nuvem de pontos que reflita com precisão o terreno e sua topografia , o LiDAR incorpora outros sistemas de alta precisão: posicionamento por satélite (dados GNSS) e uma unidade de medição inercial (IMU).

Com um pouco de mágica de software, os voos LiDAR podem ser usados para construir nuvens de pontos 3D e mapas de intensidade, que exigem muita habilidade para interpretar, mas fornecem dados inestimáveis em operações de mineração, silvicultura, agricultura e construção .

As vantagens do LiDAR

aspecto positivo mais citado do uso do LiDAR para mapeamento é a precisão da tecnologia . Mas como uma declaração autônoma que não nos dá muito com o que trabalhar .

Primeiro, é importante considerar o que precisão significa para você e seu projeto. Você está priorizando precisão relativa ou absoluta ? Em outras palavras, você está preocupado que seu produto final seja preciso em termos de suas características em relação aos outros ou de suas características em relação ao seu lugar no mundo?

LiDAR é o caminho a seguir para precisão absoluta e geralmente é a melhor opção quando um modelo realista de terra nua é o objetivo. Isso ocorre porque é o melhor método para contabilizar elevação , vegetação e condições atuais.

A integração de LiDAR com dados GNSS e o fato de ser uma medição direta (disparando milhares de pulsos de laser de cima) garantem que seu mapa digital final do terreno seja extremamente preciso verticalmente.

As complicações topográficas não vêm apenas na forma de ondulações no terreno. A vegetação também pode impedir que os métodos de pesquisa baseados em fotos obtenham dados granulares no nível do solo.

Pulsos de luz do LiDAR penetram nos espaços entre folhas e galhos, atingindo o solo abaixo e melhorando a precisão das medições.

O LiDAR também é preferível se as condições de luz do seu local de trabalho forem inconsistentes. Se você deseja realizar levantamentos noturnos ou missões de baixa visibilidade, o LiDAR pode realizar a tarefa sem a necessidade de uma fonte de luz externa.

Finalmente , o LiDAR permite capturar detalhes de pequenos diâmetros . Um ótimo exemplo disso são os cabos de alimentação. Graças à amostragem de pontos de alta densidade e ao método de medição direta, você pode usar o LiDAR para mapear com precisão a catenária do cabo.

Os contras do LiDAR

O desafio mais óbvio de trabalhar com LiDAR é seu custo. Devido ao aumento da complexidade operacional (e à necessidade de componentes e sensores mais sofisticados) , você pode facilmente gastar centenas de milhares de dólares em uma solução de pesquisa completa .

Essa complexidade também amplia sua margem de erro e aumenta a confiança em um profissional experiente. Com vários sensores e informações que não são facilmente acessíveis sem uma boa quantidade de processamento, não é fácil extrair os dados de que você precisa.

Também é importante observar que os sensores LiDAR são tradicionalmente mais volumosos do que as câmeras simples . Com os drones se tornando cada vez mais populares para levantamento aéreo , a necessidade de um drone maior para lidar com uma carga mais pesada pode aumentar uma despesa já significativa .

A última desvantagem de escolher o LiDAR é sem dúvida sua maior força: o fato de ser a melhor ferramenta para o trabalho em situações muito específicas . Para muitas aplicações, a fotogrametria regular será suficiente . Esta é uma tendência que está ganhando força à medida que o software de processamento de imagem melhora .

O que é fotogrametria ? _ _

Simplificando, a fotogrametria é uma forma de medir distâncias usando fotografias . Essas fotografias são processadas usando software especializado para gerar modelos precisos e realistas do mundo.

Mapas ortomosaicos e modelos 3D têm uma variedade de aplicações, desde planejamento de construção e gerenciamento de projetos em andamento até material de marketing.

O número de imagens necessárias para uma fotogrametria eficaz pode variar de centenas a milhares. Tudo depende do tamanho do site em questão e da profundidade e precisão que você deseja alcançar.

Os pilotos de drones precisarão determinar a altitude de voo ideal para obter a distância de amostragem de solo necessária. Você também precisará configurar uma sobreposição em cada imagem para garantir que seu software possa unir suas imagens perfeitamente.

Os prós da fotogrametria

O principal benefício de trabalhar com fotogrametria é sua acessibilidade. A ascensão da tecnologia drone e do software de mapeamento simplificou os fluxos de trabalho e colocou mapas precisos e modelos 3D ao alcance de qualquer organização com um drone de câmera decente .

Além da calibração da câmera , planejamento básico de voo e plotagem de pontos de controle no solo, realizar uma missão de mapeamento e transformar esses dados em algo útil é relativamente simples. Existem inúmeros cenários em que esse processo produz resultados tangíveis, em setores tão variados como construção, conservação, mineração e agricultura.

É importante ressaltar que os resultados também são acessíveis . Mapas e modelos com recursos e cores reconhecíveis são instantaneamente intuitivos , tornando-os uma ótima ferramenta de colaboração e algo com que as partes interessadas podem trabalhar sem gastar muito tempo manipulando os dados.

Outra grande parte do apelo da fotogrametria é o preço acessível. Como mencionamos, começar significa investir alguns milhares de dólares em um drone de câmera profissional , sem falar no software necessário para processar seus dados.

Finalmente, a fotogrametria oferece uma abordagem mais flexível . Dependendo da tarefa em mãos, você pode ter mais controle sobre a compensação entre velocidade, altitude e precisão da missão .

contras da fotogrametria

Existem algumas desvantagens nos métodos de levantamento baseados em fotogrametria .

A primeira é que a precisão de seus mapas e modelos depende muito da qualidade da câmera do seu drone e do próprio drone .

O tamanho do sensor, a abertura, a resolução e a distância focal afetam a Distância de amostra do solo (GSD) junto com a altitude em que você está voando . Além disso , você terá dificuldade em produzir resultados com precisão absoluta sem vários pontos de controle de solo ou um drone habilitado para RTK ou PPK.

O segundo desafio que suas ambições de fotogrametria enfrentam é o clima. Ou, para ser mais específico , as condições de luz. Escuridão, nebulosidade, poeira e muito mais podem afetar negativamente a qualidade dos resultados da pesquisa.

Quando se trata de processamento de dados, você só pode medir o que pode ver claramente. Isso significa que voos com visibilidade limitada, seja por vegetação, sombras ou hora do dia , produzirão menos pontos no solo e mapas e modelos menos precisos.

Quando escolher LiDAR

O LiDAR é recomendado se você estiver mapeando terrenos complexos com uma alta porcentagem de cobertura vegetal. Por causa de suas medições diretas penetrando entre folhas, galhos e árvores , você pode construir nuvens de pontos de levantamento precisos com os dados resultantes.

A tecnologia também é ideal para medir com precisão objetos como cabos, que normalmente são muito finos para serem reconhecidos por qualquer outro método .

O LiDAR também deve ser seu método de escolha se a tarefa de levantamento em questão exigir precisão acima de tudo. No entanto, isso não ocorre sem desafios , que vêm na forma de custo e da experiência necessária para dar vida aos dados.

Escolha LiDAR para:

terrenos de difícil acesso, complexos e cobertos de vegetação
- Capture detalhes em estruturas finas, como linhas de energia ou bordas de telhados
- Projetos onde o detalhe e o rigor são as prioridades

Quando escolher a fotogrametria

A acessibilidade da fotogrametria a torna uma opção preferível para aqueles que são novos no levantamento com drones . Embora ser mais barato que o LiDAR não seja seu único benefício.

Na verdade, muitas aplicações seriam mais bem atendidas com a fotogrametria . Esse é particularmente o caso quando você deseja trabalhar em planos usando mapas ortomosaicos, colaborar usando modelos 3D ou fornecer atualizações acessíveis do progresso do projeto por um custo relativamente baixo .

Escolha a fotogrametria para:

Varreduras ricas em contexto que são acessíveis e requerem pós-processamento e conhecimento mínimos
Mapas e modelos fáceis de entender para olhos destreinados
Conjuntos de dados que precisam de uma avaliação visual
LiDAR vs fotogrametria: qual é mais preciso ?
Como as verdadeiras nuvens de pontos de cores criadas pelo DJI L1, a resposta aqui não é tão simples quanto preto e branco. LiDAR tende a produzir varreduras com maior detalhe e precisão em comparação com a fotogrametria . Além disso , como pode funcionar bem apesar dos desafios ambientais

(pense em pouca luz ou muito verde), é ideal para cenários em que você valoriza a precisão acima de tudo.

As nuvens de pontos LiDAR podem ser incrivelmente granulares , com até 500 pontos por metro quadrado e uma precisão de elevação vertical de menos de três centímetros . Com uma alta densidade de pontos de dados, você obtém um conjunto de dados mais robusto , o que, por sua vez, oferece mais versatilidade quando se trata de processar suas descobertas.

Isso não quer dizer que a fotogrametria seja inerentemente imprecisa . Se o seu terreno for relativamente simples e não tiver vegetação densa, você ainda pode criar mapas e modelos muito detalhados, especialmente se também estiver usando um módulo de posicionamento RTK.

LiDAR vs fotogrametria : os dados

LiDAR e fotogrametria são métodos fundamentalmente diferentes de coleta de dados.

Com o LiDAR, você obtém milhares de pontos de dados que formam uma nuvem de pontos 3D que descreve o terreno em questão . Você precisará incorporar cores de conjuntos de dados separados para torná-los visualmente acessíveis.

Com a fotogrametria , você acaba com centenas ou milhares de imagens que precisam ser processadas e unidas para produzir algo de valor – seja uma nuvem de pontos 3D, mapa ou modelo navegável.

O processamento LiDAR baseado em nuvem não é tão comum ou acessível quanto o software de fotogrametria baseado em nuvem . O que significa que você precisará ter um especialista no local que possa transformar esses dados brutos em algo acionável, junto com o software certo.

pensamentos finais

Avaliar o LiDAR e a fotogrametria como dois métodos concorrentes de coleta de dados não é a abordagem mais instrutiva . Como mencionamos, não é que um seja necessariamente melhor que o outro. Em última análise , é a tarefa em questão que determinará a melhor solução .

Se o contraste, a iluminação, o assunto e as condições estiverem a seu favor, a fotogrametria provavelmente é mais do que adequada para o trabalho. Mas para projetos de mapeamento desafiadores que envolvam precisão de elevação, estruturas complexas ou terreno parcialmente coberto, o LiDAR é provavelmente o caminho a seguir.

Obviamente, o custo e a experiência do seu equipamento também terão um papel importante em qualquer decisão entre os dois. Embora as cargas úteis mais recentes da DJI, P1 e L1 sejam uma prova da crescente acessibilidade e acessibilidade da tecnologia de topografia .

Em última análise , os profissionais da área precisarão se tornar adeptos do uso de ambas as tecnologias à medida que os drones que as transportam se tornam mais sofisticados .

Como adquirir e processar dados para produzir mapas 3D utilizáveis e acionáveis

O mapeamento de drones 3D tem muitas aplicações. Embora algumas aplicações sejam óbvias e bem conhecidas, como construção e agricultura, também existem algumas aplicações inovadoras de mapeamento por drones (como campos de golfe e recifes de corais). No entanto, produzir mapas úteis e acionáveis não é fácil . Existem centenas de coisas que podem dar errado em uma missão de mapeamento.

Neste capítulo, examinamos mais de perto as várias nuances da modelagem e mapeamento 3D de drones. Fornecemos informações que ajudarão você a EVITAR alguns erros comuns que os pilotos de drones costumam cometer.

Os mapas e modelos são diferentes

Voar no modo de voo livre e processar esses dados no Pix4D fornecerá um modelo atraente. Mas você certamente não pode agir sobre isso. Se você deseja obter dados bons e precisos, precisa de um plano sistemático de aquisição de dados . E a entrega do seu cliente determina seu plano de aquisição de dados.

Os entregáveis podem ser divididos em duas categorias : mapas 2D e modelos 3D. Os mapas 2D podem ser fornecidos na forma de ortomosaicos, modelos digitais de superfície, mapas KML e dados de contorno. Visto que você pode fornecer um modelo 3D na forma de uma nuvem de pontos ou uma malha 3D.

Muitas pessoas têm a ideia errada de que você precisa de um agrimensor licenciado para realizar uma missão de mapeamento 3D. Nada poderia estar mais longe da verdade. Lembre-se: como piloto de drone, embora você possa criar um mapa 3D, nunca poderá interpretá-lo. Somente um agrimensor licenciado tem autoridade para interpretar um mapa 3D, fazer medições e assiná-las. Portanto, você precisa de uma licença de agrimensor para medir linhas de propriedade . Mas se você estiver usando seu drone para fazer medições volumétricas , certamente poderá fazê-lo sem licença de agrimensor .

As condições meteorológicas têm uma grande influência nos dados de mapeamento 3D

O clima é crítico para o mapeamento: embora dias claros e ensolarados sejam melhores para fotogrametria , fotografar em dias nublados fornece os melhores dados de mapeamento. Lembre-se: não estamos preparados para modificar nossas fotos para melhores dados. Mesclar dados de áreas sombreadas com dados de áreas não sombreadas resultará em um modelo desleixado.

Dica profissional: não cometa o erro de sombrear seus pontos

GCP manuais. Como o tom vai mudar , você vai acabar pegando um modelo ruim.

Escolha o drone e a câmera certos para sua missão de mapeamento 3D

A linha Phantom é sem dúvida o melhor drone para mapeamento. Os mapeadores mostraram uma preferência crescente pela linha Phantom e Mavic. O uso de todos os outros modelos DJI está em declínio .

Além de escolher o drone certo, escolher a câmera certa também é importante. Simplesmente escolher o sensor de mais alta qualidade não é uma boa ideia quando se trata de mapeamento. Em vez disso, recomendamos uma câmera com obturador global em vez de obturador rotativo. Um obturador global pode gravar o quadro inteiro ao mesmo tempo. Considerando que, uma persiana registra cada quadro linha por linha .

Você deve ter cuidado com as câmeras DJI Zenmuse, pois algumas vêm com obturador global e outras com obturador rolante .

Chegar à linha Phantom com um obturador global a torna uma excelente escolha para missões de mapeamento. Isso resulta em dados mais precisos . Se sua câmera tiver um obturador rolante , você precisará voar mais devagar . Voar mais rápido resultará em uma imagem borrada e dados incorretos .

Lembre-se de levar em consideração as possíveis interferências magnéticas , das quais é muito importante verificar o drone. Por exemplo, se você decolou do estádio em vez do campo externo, seus dados de mapeamento podem estar desativados.

Dicas e truques para mapear uma estrutura complexa

Ao mapear uma estrutura complexa, você não terá escolha a não ser usar três ou quatro técnicas diferentes de aquisição de dados . Por exemplo, você pode acabar usando uma única grade , uma missão de grade dupla, uma missão orbital e uma

missão de voo livre ao mapear uma estrutura complexa .
qual você está tentando adquirir detalhes, você deve fazer
no mínimo duas órbitas. Apresentar mais de 2 órbitas
é sempre complicado. As chances de errar aumentam
exponencialmente. Mas, para edifícios complexos, não haverá
alternativa a não ser orbitar mais de duas vezes.

Ao mapear uma estrutura complexa, é isso que você pode fazer.
Primeiro, voe em uma única missão de grade e depois processe
os dados . Na segunda etapa do fluxo de trabalho, execute uma
missão de grade dupla e processe esses dados separadamente.
Em seguida, processe todas as órbitas em um processo
separado e mescle todas elas usando pontos de amarração
manuais. Os endpoints manuais garantem a mesclagem do
projeto desses subprojetos.

Lembre-se: o aplicativo de processamento não pode lidar com
todos os dados juntos. Portanto, você não tem alternativa a não
ser criar worksets enquanto mapeia uma estrutura complexa.

Dicas profissionais para mapeamento 3D

- Se você souber o que está fazendo , poderá facilmente obter
  uma precisão de menos de 4 a 6 cm usando a fotogrametria .
- Recomendamos ajustar a inclinação de sua câmera para
  remover o céu
- Lembre-se: inserir imagens oblíquas é sempre complicado
- captura de imagem vertical em comparação com a varredura
  de perímetro.
- Você não pode combinar a captura vertical de imagens com
  outras imagens
- O uso do Android permite a continuação das missões. Esta é
  uma grande vantagem ao mapear grandes extensões de terra.
- problemas técnicos de software . Por exemplo, você pode
  ter que lidar com TFRs fantasmas durante uma missão de
  mapeamento.
- A gravação em JPEG é recomendada. Gravar em RAW e

depois ir para JPEG pode causar muitos problemas.

As empresas percebem o poder do mapeamento de drones para trabalho virtual

Numerosos setores estão percebendo o poder do mapeamento de drones para o local de trabalho virtual. Os mapas e modelos de drones estão ajudando a conduzir trabalhos virtuais , auxiliando no roteamento, logística e organização da equipe.

Na era do distanciamento social, a condução regular de negócios apresentou muitos novos desafios . A maioria das empresas mudou para trabalhar em um local de trabalho virtual. Desde reuniões intermináveis no Zoom até viagens frutíferas à geladeira, estamos aprendendo rapidamente nossos limites de trabalhar remotamente. Agora as empresas estão percebendo como a modelagem 3D é poderosa para ajudar as equipes a se comunicar e planejar em ambientes virtuais. Quando você precisa trabalhar remotamente, a modelagem 3D permite que os funcionários se teletransportem para o projeto para uma melhor tomada de decisão.

Os engenheiros de projeto geralmente precisam visitar um canteiro de obras para coordenar várias equipes para trabalharem juntas. Agora com o distanciamento social, somos obrigados a espaçar as chegadas das equipes. Garanta que as equipes trabalhem quase sequencialmente. Uma equipe entra, modela o prédio, pontua e manda para a próxima equipe. A modelagem mantém as empresas em movimento.

Quando uma equipe conclui qualquer etapa das instalações, a edificação é modelada novamente. O gerente de projeto agora tem um modelo atualizado do ambiente. Agora o gerente de projeto pode marcar áreas e adicionar notas visuais, vídeos e até fotos.

<u>Modelagem Exterior... Apenas levantando voo.</u>

Poucos encontraram uma maneira eficaz de modelar ambientes externos. De arquitetos paisagistas à produção de filmes, o mapeamento/modelagem de drones oferece um valor significativo para ajudar as equipes a navegar pelo mundo exterior. Embora a modelagem de interiores já exista há algum tempo, a modelagem de exteriores, devido à sua complexidade, teve muito mais dificuldade em se enraizar no mercado.

Muitos clientes se perguntam por que é tão fácil modelar o interior de um edifício, mas não o exterior. A resposta é simples, vamos chamá- la de natureza humana. O maior motor de fotogrametria para construção de interiores sempre manteve o processamento interno. Os usuários simplesmente digitalizam um edifício e carregam as imagens para processamento. O software apresenta um modelo funcional ou não. Não há meio termo.

A modelagem externa não evoluiu da mesma forma que a modelagem interna. Embora existam processadores de nuvem para modelagem externa, todos os mecanismos de nuvem se concentram em dados 2D. Você verá reivindicações de marketing em todos os lugares, mas não há um bom mecanismo de reconstrução 3D na Internet. Francamente, você precisa de amplo conhecimento em aquisição de dados complexos e reconstrução complexa desses dados.

Como o software de modelagem e mapeamento de drones melhorou com a modelagem 3D, ainda existem muito poucos pilotos que entendem o fluxo de trabalho profundamente matizado. Se você deseja usar um modelo 3D para visualizar uma reforma de prédio ou visualizar a posição de uma câmera, você precisará de dados extremamente detalhados.

Mesclar modelos internos /externos

Indiscutivelmente, o mapeamento de drones fornece um nível de dados com o qual as empresas não estão acostumadas, o que é um dos maiores problemas enfrentados pelos modeladores de drones.

C omo você explica as centenas de entregáveis de um mapa ou modelo de drone ?

Como você explica os benefícios no planejamento, na navegação, mas também como você pode usar os mesmos dados para ajudar a vender um projeto? Quando podemos mapear o ambiente e colocar nossos designs dentro desse ambiente... agora estamos trabalhando virtualmente, juntos.

Muitas vezes, as equipes ficam obcecadas em qual mapa trabalhar.
Existem opções limitadas para exibir esses dados, mas descobrimos que o Sketchfab é o melhor. Para usuários mais novos que desejam experimentar coisas de graça, confira o Google Poly. O Sketchfab nos permite mesclar nosso grande mapa de visão geral do projeto com outros recursos de mídia adicionais.

Entregáveis para resolver problemas desconhecidos.

Depois de experimentar trabalhos de mapeamento de drones em todo o país, há mais usos para esses dados do que você pode imaginar. Espero poder dar uma ideia de como a digitalização do nosso mundo realmente nos ajuda a tomar decisões mais informadas . A digitalização do nosso mundo também cria eficiências extremas nos esforços colaborativos da equipe.

Já consegui modelar estádios de futebol , centros de convenções e cenários de cinema ... Na verdade, mesmo tendo quase 400 projetos de mapeamento em meu currículo, ainda tenho muito a aprender. Abaixo está uma lista de problemas que resolvemos para outras empresas com dados de mapeamento de drones ou um modelo 3D.

<u>Estádio de futebol | Análise desportiva | Triangulação de instalação de radar</u>

- Para melhor garantir a precisão do radar nos cálculos . Entenda melhor as áreas de interferência.

<u>construção</u>

- Para ajudar a visualizar o ambiente existente ao renovar um edifício.
- Para ajudar a calcular melhor os custos de material
- Para ajudar a entender melhor o cronograma do projeto devido aos desafios existentes
- Para adicionar uma representação 3D no topo do modelo para entender as linhas do site de zoneamento .

<u>Produção de filmes</u>

- Como o projeto de construção virtual , podemos planejar remotamente
- Despachar sequencialmente as equipes para realizar a cenografia, garantindo o distanciamento social.
- Para adicionar dicas visuais ao roteiro técnico para cada seleção de tiro
- Para planejar cada movimento da câmera , exporte a trajetória de voo e faça a câmera voar de forma autônoma .
- Para ajudar cada equipe a navegar pelo cenário para

planejamento
- Para ajudar todos a fazer medições lineares e entender a logística
- Produza mapas simples para ajudar as pessoas a dirigir!

Transporte

- Crie um modelo de ponte, ferrovia ou infraestrutura para inspecionar remotamente.
- acidentes fatais para medições mais precisas e eliminar acidentes de trânsito mais rapidamente .
- Medir vias de entrada e saída .

Preservação Histórica e Gestão de Emergências

- Para preservar nossos belos edifícios em caso de desastre (Notre Dame?)
- Para entender melhor como navegar em um prédio para emergências.

Centros de casamento/eventos

- Disponibilizar uma loja virtual que inclua fornecedores.
- Permita o planejamento virtual com coordenadores de eventos.
- Para garantir as medidas de distanciamento social (nunca foi tão fácil medir 2 metros)

Como criar mapas de hotéis ou resorts para hóspedes com mapeamento de drones

O mapeamento por drones ensinou hotéis a criar mapas com drones.

Muitos pilotos de drones argumentam que a melhor parte de seu trabalho é ajudar um cliente a encontrar uma solução criativa para vários problemas. Agora, os pilotos de drones estão usando mapas de drones para produzir ortomosaicos reais que são transformados em mapas de hotéis. Esses mapas simples e visuais podem ajudar os hóspedes do hotel a navegar mais facilmente pela propriedade e aproveitar as comodidades. Acomodações e resorts podem obter benefícios adicionais com o mapeamento de drones, pois pode mostrar a capacidade de se distanciar socialmente.

Durante uma estadia em um rancho "bed and breakfast" , recebemos o mapa de hóspedes de nossa suíte aprovada e socialmente distante. À primeira vista, o mapa não combinava com a natureza reconfortante do rancho. Foi feito principalmente com linhas e quadrados simples. Ao fazer o check-in, olhei para minha equipe e comecei a explicar como o mapeamento de drones seria poderoso para esse local incrível . Queríamos desesperadamente ajudar o rancho. Especialmente quando o distanciamento social é fácil neste lugar e se tornou um refúgio favorito após o COVID .

" Ezekiel, tudo o que temos a fazer é mapear o rancho. Remover alguns pontos e jogar no Photoshop."

Depois de explicar totalmente ao gerente de marketing, conseguimos permissão para voar no rancho . O mapeamento por drone geralmente fornece tantos dados que ficamos sobrecarregados e temos dificuldade em dizimar todas as informações. Ao adotar uma perspectiva criativa, podemos mesclar os aspectos técnicos do mapeamento de drones com a natureza criativa da edição do Photoshop. Felizmente, podemos explicar sucintamente como criar mapas de hotéis ou resorts com a ajuda de drones e mecanismos de fotogrametria como Pix4d e Drone Deploy.

<u>Fluxo de trabalho de mapeamento de drones para criar mapas</u>

de hotéis

Primeiro, precisamos selecionar um aplicativo de aquisição para controlar nosso drone e voar com uma rede dupla automatizada. Selecionamos nossas preferências para o ângulo da câmera , balanço de branco e sobreposição para garantir a melhor qualidade do mapa . Depois de estabelecer nossa missão de voar, é hora de medir AMDO . Teste nossas baterias e configure alguns pontos de controle de solo.

Depois de voar , apenas olhamos para nossas imagens para ver tudo o que não precisamos. Configuramos nosso projeto em nosso software de mapeamento de drones preferido e começamos a construir nossa nuvem de pontos. Após o processamento, teremos que rastrear as estradas, trilhas, piscinas, lagoas e até lagos . Vamos remover esses pontos, vamos definir a cor de fundo em nosso software. Agora tire uma captura de tela e escolha seu mapa base em um site de fotos de sua escolha. Francamente, a capacidade de rastrear todos os recursos existentes no terreno cria um processo eficiente para a criação de mapas.

Depois de adicionar os ícones , categorizar as estradas e adicionar um pouco da magia visual do Photoshop... temos um novo mapa para o hotel fornecer aos seus hóspedes .

Benefícios do mapeamento por drones para hotéis e resorts

Normalmente, quando viajamos para um grande resort ou hotel, recebemos um mapa que nos ajuda a entender como evitar nos perdermos e onde estacionar . Na maioria das vezes , encontraremos a piscina mais próxima e a distância relativa ao bar. Agora... não sei quanto a você ... Mas eu gostaria de planejar a caminhada mais curta possível da piscina até o bar. (Ok... me chame de preguiçoso)

Agora é aí que está o nosso problema. Embora a maioria dos mapas de resorts pareçam visualmente estimulantes com ícones de desenho animado e linhas pontilhadas ... os mapas não estão em escala. Portanto, não seria capaz de entender com precisão a distância a pé da piscina até o bar. Não conseguimos comparar as distâncias de cada bar e piscina. Devido a esse problema, agora temos que caminhar até cada piscina. Isso desperdiça um valioso tempo de férias.

O mapeamento por drone permite que os pilotos criem ortomosaicos com relativa precisão. Usando pontos de controle de solo, podemos controlar melhor a precisão relativa e absoluta. Esse mapa deve acabar fornecendo uma derivada relativamente à escala.

Problema resolvido, os hóspedes do hotel agora poderão comparar as distâncias do bar a cada piscina. A decisão do melhor local para a piscina ficará muito mais fácil . O mapa ajudará os hóspedes a economizar tempo e a entender melhor os serviços disponíveis e, principalmente , como chegar lá .

Brincadeiras à parte, esse tipo de mapa pode ser extremamente útil para qualquer um de nossos queridos amigos que estão restritos a uma cadeira de rodas. Os mapas de hotéis podem ajudar a fornecer uma representação visual das melhores rotas de navegação. Muitas vezes, quando viajamos, simplesmente queremos nos sentir apreciados. Ao fornecer mais informações e uma representação visual em escala, você pode melhorar o dia de alguém .

Como o mapeamento 3D está redefinindo a reconstrução de acidentes

Neste capítulo, examino o campo da reconstrução de acidentes. Quais são os vários parâmetros que os cientistas de acidentes observam ? Qual é a ciência por trás da reconstrução de acidentes ? Também discutimos se os dados produzidos por drones são comparáveis aos produzidos por um scanner 3D .

A reconstrução de acidentes é uma profissão crítica com margem zero para erro. Reconstrucionistas de acidentes investigam acidentes de carro , por que eles batem e como eles batem. E as consequências de seu trabalho muitas vezes se espalham na arena jurídica. Reconstrucionistas de acidentes são contratados por advogados para investigar um acidente de carro .

É um erro pensar que todo acidente de carro é investigado e mapeado. De um modo geral , os acidentes graves são mais prováveis de serem investigados do que os crimes menores. Em muitos casos, os reconstrutores de acidentes têm pontos de dados limitados para trabalhar. E muitas vezes eles são solicitados a investigar o local de um acidente anos após a ocorrência do acidente. Eles trabalham em estreita colaboração com a polícia . E, muitas vezes, são pontuais revendo o trabalho da polícia .

<u>Entenda a ciência da reconstrução de acidentes.</u>

Os cientistas de acidentes analisam alguns fatores importantes para recriar as evidências e determinar o que realmente aconteceu . Por exemplo, as marcas de deslizar são um indicador extremamente útil . Usando fatores como marcas de derrapagem, o coeficiente de atrito e o ponto final de repouso, um reconstrutor de acidentes pode determinar a velocidade com que o carro estava indo. Outros fatores que um reconstrutor de acidentes leva em consideração são o grau ou ângulo , o peso dos carros e a quantidade de rotação .

Para começar, temos um carro viajando a uma velocidade desconhecida. A unidade freia e para o carro. Quando você aplica os freios, o peso do carro muda para o eixo dianteiro, fazendo com que os pneus dianteiros fiquem um pouco empenados. A carga é deslocada principalmente para as bordas ou paredes laterais do pneu .

À medida que o carro desliza, o percurso raspa pequenos pedaços de borracha deixando -os na estrada. Marcas de derrapagem mais longas significam que o veículo estava indo mais rápido . Observe que o atrito cinético ou o coeficiente de atrito se opõe à velocidade do veículo . E uma vez que você está patinando , você fica à mercê do coeficiente de atrito . Uma vez que um reconstrutor de acidentes determina o ponto de repouso, ele ou ela pode trabalhar para trás a partir daí para determinar o que realmente aconteceu .

<u>Como o mapeamento 3D com drones está redefinindo a reconstrução de acidentes</u>

A reconstrução de acidentes já percorreu um longo caminho. Antigamente , a reconstrução da cena do crime era feita com giz e fita adesiva. E as medições foram feitas manualmente por meio de gráficos . Atualmente, scanners a laser 3D estão sendo usados para a reconstrução da cena do crime. Scanners a laser 3D contam com a tecnologia LiDAR . _ Os scanners a laser 3D são incrivelmente precisos . E é difícil contestar esses dados em litígios.

Então, os dados do drone e o mapeamento do drone são melhores do que uma estação total ou scanner a laser 3D ? A principal vantagem de optar pelo mapeamento por drone é que você obtém dados mais reais . Você pode transformar ótimas fotografias em ótimos dados de mapeamento e ótimos dados 3D que, por fim, resultam em uma ótima reconstrução .

podem fornecer dados mais rápidos ? Scanners 3D normalmente levam de 3 a 4 horas para recriar uma cena de acidente . Enquanto o mapeamento de drones é significativamente mais rápido . Você pode reconstruir uma cena de acidente com uma carga de bateria : 20 a 25 minutos.

A cada minuto que um acidente fica sem solução , permanece um perigo, aumenta a chance de acidentes adicionais em 2,8%.

Uma palavra de cautela aqui : os trabalhos de reconstrução de acidentes exigem um nível imenso de habilidade. A forma como você adquire os dados realmente importa, e as repercussões de errar são enormes. Dados incorretos podem resultar na falsa acusação de uma pessoa inocente. Portanto, este campo certamente não é para todos.

Para que os dados sejam admissíveis em tribunal, a maioria dos estados exige uma taxa de erro quantificável. É importante que essa tecnologia seja minuciosamente investigada para quantificar com precisão essas taxas de erro. Esta tecnologia é nova para reconstrução de acidentes. Mas é apenas uma questão de tempo até que o mapeamento por drones substitua completamente os dados digitalizados.

Como os drones são usados para a comercialização e manutenção de campos de golfe

A baixa participação da nova geração e a ausência de um jogador de golfe famoso como Tiger Woods certamente contribuíram para esse declínio acentuado. Não surpreendentemente, vários campos de golfe fecharam na última década. Neste capítulo, exploro como os drones podem ajudar os proprietários de campos de golfe a superar esse momento difícil.

C omo o mapeamento UAV pode levar a uma redução nos custos de manutenção de campos de golfe? C omo os drones podem ajudar na comercialização de campos de golfe? Também discutimos a configuração da câmera e os acessórios ideais para obter as melhores imagens possíveis do drone.

C omo reduzir os custos de manutenção de campos de golfe usando o mapeamento de UAV

Os campos de golfe têm custos de manutenção notoriamente altos. Manter grandes extensões de vegetação saudável requer milhões de litros de água todos os dias. Você também deve usar fertilizantes e pesticidas para impedir a propagação de fungos que podem eventualmente levar ao desbaste do gramado de golfe.

Drones equipados com sensores infravermelhos podem ajudá-lo a identificar áreas afetadas pelo crescimento de fungos antes mesmo de serem visíveis ao olho humano.

Usando o mapeamento NDVI, você pode diferenciar facilmente entre grama saudável e não saudável . NDVI é o índice normalizado de diferenciação da vegetação. Com esta tecnologia , você pode alocar recursos como água, pesticidas e mão de obra de forma eficiente. Então, como funciona o mapeamento NDVI?

O olho humano vê o gramado do golfe como verde . No entanto, junto com a luz verde, a grama também reflete " luz infravermelha próxima" ou luz NIR. Esta luz não é visível ao olho humano.

O uso de um sensor de câmera de drone projetado especificamente para aplicações agrícolas (como o Parrot Sequoia) ajudará você a ler a luz NIR.

Usando o mapeamento NDVI, um piloto de UAV pode criar um mapa codificado por cores que identifica áreas secas ou doentes . Este mapa ajudará o proprietário do campo de golfe a tomar decisões baseadas em dados para uma alocação eficiente de recursos. Então você pode:

Identifique facilmente áreas secas e áreas que recebem muita água ; Com essas informações você pode reduzir o consumo de água.

Reduza o uso de pesticidas pulverizando apenas áreas quentes ou afetadas

Estratégias de marketing para campos de golfe

A estratégia de marketing do campo de golfe deve ser projetada tendo em mente o perfil demográfico típico de um jogador de golfe . Claramente, estamos atendendo ao grupo demográfico mais velho aqui . Então, que tipo de música e efeitos de vídeo atrairiam a geração mais velha? C omo você pode facilitar a navegação em seu vídeo de marketing do campo de golfe ? Recomendamos fornecer imagens com alto contraste e usar fontes fáceis de ler.

caminho aéreo com seu drone para capturar os detalhes de cada buraco.

O que é uma estrada para o ar ? É um vídeo que mostra o percurso da bola de golfe desde o início da jogada até ao buraco. Portanto, sua rota aérea deve começar a partir daí, subir e depois descer. Isso daria aos golfistas uma bela visão de cada buraco individual e também os ajudaria a planejar sua estratégia de jogo.

Criar belos mapas interativos em 3D com seu drone é outra estratégia de marketing de campos de golfe para atrair clientes em potencial e reter os existentes.

Como os mapas interativos são reais, eles são extremamente envolventes. Você pode criar belos modelos de cada buraco individual que ajudam os golfistas a entender o layout do campo. Esses modelos 3D podem ser carregados em um site. Você pode até equipar um carrinho de golfe com telas que podem exibir esses modelos.

No que diz respeito aos envios de clientes, o Sketchfab é uma ótima plataforma para publicar e compartilhar seu mapa 3D. Você pode até adicionar anotações ao seu mapa 3D no Sketchfab. Anotações são notas que você pode acompanhar junto com seu modelo 3D. Depois de clicar na anotação, você pode ver o campo de golfe daquele ponto específico. Esta é uma ótima maneira de obter uma visão panorâmica de um buraco individual, bem como de todo o campo.

Configurações da câmera , acessórios e modos de voo para gravar em um campo de golfe.

Nascer ou pôr do sol é a melhor hora para gravar um vídeo de apresentação do campo de golfe. No entanto, recomendamos que você grave seu vídeo de navegação no meio do dia . Antes de começar, certifique- se de bloquear a exposição e o balanço de branco em um ponto específico . Você pode fazer isso facilmente com um cartão cinza neutro.

Para aumentar o apelo de suas imagens de drone, você precisa fazer a grama parecer mais verde e o céu parecer um pouco mais pop . Como faz isso? Recomendamos fotografar em D-Log para melhor clareza e detalhes de cores.

Você também pode usar um filtro ND para controlar a exposição. Recomendamos o uso de um ND16 para condições ensolaradas e ND8 para condições parcialmente nubladas. Se você estiver fotografando em um dia realmente nublado , não precisa de filtro.

Quanto ao disparo real, recomendamos o disparo no modo de atitude. Gravar no modo ATTI ele pode gerar algumas imagens incríveis para você . Você pode obter esses momentos de curvas naturais e inclinações incríveis se estiver fotografando no modo de atitude.

Você também pode considerar a gravação no modo de voo inteligente. Por exemplo, o ponto de interesse é um ótimo modo de voo. Você pode capturar algumas imagens incríveis bloqueando o meio do verde como seu ponto de interesse . Uma palavra de cautela aqui . A velocidade e a distância são importantes para um movimento suave ao voar em modo de voo. Não se mover rápido o suficiente ou não ter um raio grande o suficiente afetará sua filmagem. Se o seu raio é 15 metros, recomendamos uma velocidade de voo de 12 km por hora.

conclusão __

O uso de drones para marketing de campos de golfe é uma forma inovadora de reter clientes existentes e atrair novos. E o mapeamento NDVI é uma ótima maneira de garantir a alocação eficiente de recursos.

Os campos de golfe certamente podem usar a tecnologia drone para melhorar seu desempenho operacional e aumentar os resultados. Isso é particularmente verdadeiro no cenário atual, quando o esporte está passando por um declínio na popularidade.

O básico dos drones térmicos

Uma rápida olhada em como a tecnologia de imagem térmica combinada com a capacidade de manobra de um drone pode beneficiar seus negócios

calor 101

O calor nada mais é do que a vibração dos átomos : quanto mais vibram, mais quentes se tornam. E conforme os átomos vibram, eles criam o que é conhecido como assinatura de calor. Esta assinatura de calor é o que as câmeras detectam termográfico . _

Termografia é o campo de estudo que lida com o calor ou radiação infravermelha (IR) que um objeto emite naturalmente. Instrumentos termográficos , como câmeras termográficas , detectam e exibem as assinaturas de calor de objetos animados e inanimados .

Existem alguns fatos importantes sobre a termografia que precisam ser destacados antes de entrar nos detalhes da termografia . Primeiro, os humanos podem sentir o calor, mas não podem vê-lo porque o calor ocorre no comprimento de onda infravermelho do espectro eletromagnético . Além disso , a luz visível que os humanos podem ver é, na verdade, apenas uma pequena margem do espectro eletromagnético . As câmeras térmicas , por outro lado, capturam a energia infravermelha e geram imagens adequadas à nossa visão limitada .

Em segundo lugar, é importante observar que nem todos os objetos emitem uma assinatura de calor precisa. O grau em que um objeto absorve ou reflete o calor é chamado de emissividade e varia muito entre os objetos. Além disso , objetos com alta emissividade, como madeira, podem ser facilmente detectados com um dispositivo de imagem térmica , enquanto aqueles com baixa emissividade, como esses ladrilhos, não podem ser facilmente detectados com uma maratona térmica _ _

Como funciona uma câmera termográfica_

As câmeras térmicas medem principalmente a temperatura da superfície de um objeto e são projetadas para detectar mudanças sutis na temperatura . No entanto, espelhos, objetos brilhantes e áreas altamente polidas refletem a radiação térmica e, portanto, não podem ser medidos com precisão com uma câmera termográfica . Por outro lado, superfícies não reflexivas, como concreto, madeira e até mesmo humanos , têm um alto grau de emissividade e, portanto, podem ser medidas com mais precisão usando imagens térmicas .

Uma câmera térmica consiste em uma lente especializada que permite a passagem de frequências infravermelhas. Além disso , a câmera inclui um sensor térmico e um processador de imagem , todos acondicionados em um estojo protetor. A câmera geralmente é montada no gimbal de um drone que gira até 360 graus e ajuda a estabilizar a câmera . À medida que o drone voa, o sensor térmico da câmera detecta comprimentos de onda infravermelhos e os converte em sinais eletrônicos. Depois de receber os sinais, o processador de imagem cria o que é conhecido como termograma ou imagem termográfica que é composta por um mapa de cores que mostra diferentes valores de temperatura.

Em termos técnicos , o sensor térmico é na verdade chamado de microbolômetro. Este sensor altamente sofisticado absorve essencialmente a energia infravermelha e, em seguida, cria um termograma com base em suas medições. Curiosamente, os microbolômetros do passado tinham que ser contidos em materiais de resfriamento exóticos e, portanto, eram considerados "resfriados". Como resultado, esses primeiros microbolômetros eram muito caros. Felizmente, a tecnologia avançou a um ponto em que os microbolômetros agora podem "funcionar a frio" e ainda fornecer qualidade excepcional.

Lendo imagens térmicas __

O software de imagem térmica Drone oferece uma variedade de paletas de cores para você escolher . Essas paletas geralmente variam de uma configuração de branco quente com itens quentes exibidos em branco e itens mais frios exibidos em preto, até uma configuração de preto quente onde os padrões de cores são invertidos. Outra paleta de cores comum é a configuração do arco-íris que mostra o calor em uma variedade de cores com os elementos mais quentes mostrados em vermelho, laranja ou amarelo, enquanto as temperaturas mais frias são mostradas em azul ou preto.

Drones mais avançados geralmente oferecem uma variedade maior de paletas de cores para que os consumidores possam selecionar a tela ideal para suas necessidades específicas. Por exemplo, a câmera termográfica DJI Zenmuse H20T fornece doze paletas de cores que mapeiam para 256 cores e são exibidas nos formatos JPEG ou MPEG-4 de 8 bits.

Processamento de imagem com uma câmera termográfica _

Depois de capturar imagens da câmera térmica , o software do drone exibe cada clipe em uma galeria na tela, da mesma forma que um smartphone exibe segmentos de vídeo capturados . Os clientes podem usar uma variedade de pacotes de software para inspecionar e editar essas imagens .

Geralmente, as câmeras térmicas simples simplesmente capturam imagens térmicas sem as leituras de temperatura . Por outro lado, câmeras de ponta, como a Zenmuse H20T, medem dados termográficos em cada pixel individual e , consequentemente, registram as leituras de temperatura reais junto com as imagens térmicas . Esse nível de detalhe, juntamente com informações de GPS georreferenciadas para cada foto, torna a avaliação da imagem muito mais rápida e conveniente .

leituras de superfície

Embora altamente sensíveis, as câmeras termográficas podem ser afetadas por muitos fatores, incluindo a hora do dia , as condições da superfície e a refletividade de um objeto . Condições climáticas como ar quente , umidade, nuvens, chuva e neve também podem reduzir significativamente a precisão de uma leitura térmica . Além disso , fumaça, poeira e detritos podem ter um impacto negativo.

O revestimento da superfície de um objeto também pode desempenhar um papel. Por exemplo, dois objetos feitos do mesmo material podem receber medições diferentes da câmera termográfica se um dos objetos estiver corroído ou pintado recentemente ou alterado de outra forma em relação ao outro objeto . Nesse caso, a câmera termográfica geraria diferentes leituras de temperatura para ambos os objetos .

Outros fatores também podem influenciar as medições térmicas . Por exemplo, na imagem abaixo, todos os painéis solares são feitos do mesmo material, mas alguns estão gerando leituras térmicas diferentes devido à posição da câmera em relação à posição do sol. .

Por esses mesmos motivos, é importante sempre fazer uma avaliação cuidadosa de suas leituras térmicas antes de chegar a qualquer conclusão .

falácia comum é que as câmeras térmicas podem ver através do vidro . Na verdade, eles não podem. Em vez disso, eles simplesmente medem a temperatura da superfície do vidro sem olhar através dela . No entanto, pode ser difícil para as câmeras termográficas obter uma medição precisa de um objeto de vidro, pois ele pode estar refletindo o calor do sol, do solo ou de outros objetos próximos .

Fatores de leitura de superfície a serem considerados

Alguns dos fatores que afetam a precisão das medições de temperatura termográfica são :

condições meteorológicas
Fumaça, poeira e detritos
A emissividade de um objeto
a transparência de um objeto
A refletividade de um objeto
a hora do dia
O ângulo de visão
O tipo de tinta em um objeto.
A distância da câmera a um objeto
A quantidade de energia térmica em uma área .
A aspereza ou suavidade de um objeto.

Também deve ser observado que uma câmera térmica não pode detectar vazamentos de gás.

Sistemas de câmera dupla

Os sistemas de câmera dupla capturam imagens térmicas e coloridas simultaneamente . Uma boa ilustração desse recurso é a carga térmica híbrida Zenmuse H20T da DJI , que consiste em duas câmeras em uma : uma câmera de luz visível normal e uma câmera de imagem azul- petróleo .rmic . Os sistemas de câmera dupla geralmente usam software avançado para fornecer leituras térmicas mais precisas .

isotermas

Uma isotérmica é uma configuração de temperatura definida pelo usuário. Esse recurso permite que os clientes definam faixas de temperatura específicas que serão exibidas no painel de controle de um drone para destacar os pontos de acesso. Por exemplo, um guarda florestal pode estar procurando leituras de alta temperatura para alertá-lo sobre possíveis incêndios e, portanto , pode configurar o monitor térmico do drone para mostrar apenas leituras isotérmicas em faixas de temperatura mais altas . Como resultado, o ranger seria alertado sobre perigos potenciais em tempo real enquanto pilotava um drone térmico, em vez de esperar que as imagens gravadas fossem renderizadas e depois analisadas.

Pontos de preço da câmera térmica

Deve-se notar que nem todas as câmeras térmicas são criadas iguais. Por esse motivo, existem vários fatores importantes a serem levados em consideração ao decidir comprar um, como:

O campo de visão (FOV) refere-se ao tamanho da imagem observável capturada pela câmera .

A resistência às intempéries denota o quão bem um gabinete elétrico pode suportar os elementos e é medida em níveis de proteção de entrada (IP). Se você antecipar que suas missões exporão seu drone e sensores térmicos a condições climáticas adversas , como chuva ou neblina, é recomendável considerar a combinação M300 RTK + H20T, que apresenta resistência a intempéries líder do setor.

A banda espectral refere-se ao alcance eletromagnético que pode ser detectado pelo sensor da câmera .

A sensibilidade térmica denota a sensibilidade da câmera térmica e até que ponto a câmera percebe as diferenças de temperatura . Isso também é conhecido como temperatura diferencial equivalente ao ruído (NEDT).

A resolução da imagem refere-se ao tamanho e número de pixels que uma imagem contém, bem como ao nível de detalhes da imagem.

Guia completo para inspeções de drones com base nos

melhores casos de uso

A inspeção por drones é muito mais do que apenas capturar imagens . Elimina completamente os riscos de segurança do envio de pessoal para ambientes hostis, o que é uma prioridade em qualquer setor.

Imagine se você pudesse realizar uma inspeção precisa de painéis solares ou turbinas eólicas no meio de uma área rural remota sem subir em andaimes ou abaixar uma corda, apenas 50 vezes mais rápido e com a segurança da terra firme .

É assim que as inspeções visuais de hoje se parecem, em que um drone pode facilmente voar ao redor e sobre os ativos de uma empresa para coletar uma infinidade de dados: imagens térmicas , de zoom e visuais.

Longe vão os dias em que as equipes tinham que passar pelo incômodo de erguer andaimes em um vasto trecho de terra para inspecionar os postes de energia . Uma vez que a inspeção do drone está em andamento , o processo automatizado permite que os operadores coletem dados precisos, confiáveis e, o mais importante, repetíveis para futuras missões.

inspeções de instalações e serviços públicos onde cada minuto conta, a implantação mais rápida de drones reduz o tempo de inatividade operacional, muitas vezes permitindo que as inspeções sejam realizadas sem que o ativo seja desconectado da rede e evita que as empresas percam receita.

A implantação de um drone para inspecionar ativos não apenas economiza tempo precioso e custos exorbitantes; também salva vidas, acabando com as preocupações de saúde e segurança de qualquer empresa.

Principais casos de uso de drones para inspeções

As inspeções por drones estão incluídas em uma infinidade de aplicações, desde petróleo e gás até arquitetura, agricultura, engenharia e até políticas públicas , entre outros setores . Esses são alguns dos setores mais relevantes que passaram por uma transformação dramática em seu trabalho de inspeção, o que se traduz em economias milionárias.

Inspeção de drones para agricultura:

A integração de drones multiespectrais fornece aos agricultores dados de alta qualidade para ajudá-los a identificar culturas saudáveis e em deterioração e permite uma intervenção precisa. Os drones também podem inspecionar uma lavoura periodicamente, ajudando os agrônomos a identificar melhores oportunidades de manejo da lavoura. Pesquisas personalizadas com drones podem ser realizadas com drones de calibre multiespectral P4 para facilitar as atividades de agricultura de precisão, como mapeamento de contorno, gerenciamento de gado, avaliação de culturas e estimativa de seguro e rendimento.

Inspeção por drones para arquitetura, engenharia e construção :

As inspeções de drones em todos esses setores têm requisitos semelhantes em termos de precisão e eficiência de tempo.
Independentemente de o ativo a ser inspecionado ser um lote de terreno ou prédios, identificar rapidamente os perigos potenciais em grandes canteiros de obras a partir de uma visão panorâmica ajuda as empresas a evitar erros dispendiosos enquanto protegem os civis no trabalho . Em alguns outros casos, as inspeções de drones podem ajudar na modelagem de informações de construção (BIM) por meio de mapeamento 3D, estoques de materiais e monitoramento de progresso.
Em alguns dos casos mais interessantes , os drones aumentaram significativamente a segurança das inspeções de telhados e criaram alternativas viáveis para que as avaliações de propriedades continuassem a operar apesar das restrições de acesso do COVID 19. O resultado direto Uma abordagem

"sem contato" para inspeções com a ajuda do drone tecnologia significa sinistros de seguro mais precisos e decisões de negócios mais inteligentes por parte dos subscritores de seguros.

Particularmente para grandes projetos de infraestrutura financiados pelo governo, a inspeção e levantamento por drones resultou em uma notável aceleração e eficiência geral do trabalho, como no caso da rede rodoviária europeia.

Inspeção de drones para produtos químicos , petróleo e gás:

Quando se trata de segurança, a indústria de petróleo e gás é indiscutivelmente o setor que mais se beneficia das inspeções de drones. Em um estudo de caso recente, uma refinaria e fábrica química com 930 hectares representa um ambiente altamente hostil para os seres humanos, contendo unidades de destilação de petróleo bruto, crackers catalíticos e outras operações para produção de hidrocarbonetos. Com equipes médicas para atender os trabalhadores, os drones assumiram a difícil tarefa de inspecionar essas unidades, aliviando problemas de saúde e reduzindo custos irracionais.

por drones em locais de produtos químicos são úteis para prevenir e/ou acelerar intervenções em caso de vazamentos perigosos que representem sérios riscos para as pessoas e o meio ambiente. Os locais a serem pesquisados podem incluir refinarias , chaminés, oleodutos , tanques de armazenamento, plataformas offshore, estradas de acesso e locais de pesquisa de exploração .

Inspeção de drones para eletricidade:

Talvez o setor mais empolgante do nosso tempo, a energia solar também é um dos recursos mais complexos de gerenciar, devido ao alto nível de manutenção que a tecnologia de painéis solares exige para atender à demanda geral. A inspeção por drones de painéis solares combinada com câmeras térmicas aumentou drasticamente a velocidade e a cobertura de campo, enquanto as inspeções manuais tradicionais não forneceriam uma avaliação precisa de toda a área .

a inspeção de drones em linhas de energia tornou-se uma das aplicações de crescimento mais rápido sob pressão crescente para cumprir requisitos legais e padrões de segurança . A exposição constante aos elementos pode contribuir para a corrosão, exigindo inspeções frequentes de drones para facilitar a detecção precoce e a avaliação de danos .

Inspeção de drones para mineração :

A manutenção é essencial para manter os locais de mineração funcionando e livres de possíveis riscos à saúde dos mineiros. As inspeções com drones estão remodelando o setor de mineração com a capacidade de obter dados críticos sem exigir o desligamento da máquina. Os benefícios das inspeções com drones são inúmeros, desde a possibilidade de gerar informações volumétricas de alta qualidade com milhões de pontos de medição; operações simplificadas em grandes áreas sem presença humana; planejamento de voo automatizado, resultando em menos erros humanos e operacionais.

Inspeção de drones para segurança pública :

Embora seja natural pensar em Busca e Salvamento quando falamos de drones para operações de resgate, a inspeção por drones é uma atividade integral, se não subestimada, neste setor.

os oficiais de segurança pública no levantamento de montanhas inacessíveis com risco de explosão de gás ou na investigação pós-incêndio para coletar imagens com mais eficiência do que com um caminhão de escada.

Prós e contras da inspeção interna e externa com drones

Ao planejar uma inspeção de drones para sua empresa, uma das primeiras coisas a considerar é a vantagem de ter uma equipe de inspeção de drones interna ou a praticidade de terceirizar uma.

Embora uma equipe interna de inspeção de drones pareça uma proposta atraente, a legislação que rege os drones está em constante evolução, dificultando o acompanhamento ou mesmo o foco dos funcionários no trabalho.

As empresas precisam de confiança para saber que todas as operações serão executadas sem problemas.

O foco principal de uma equipe terceirizada de inspeção de drones está nas operações e legislação de drones, além de manter os equipamentos saudáveis e atualizados com o firmware mais recente .

Eles também terão experiência de trabalho em vários ambientes, todos os quais apresentam seus próprios desafios : por exemplo, voar para o centro de Buenos Aires ou uma capital de um país pode exigir que você obtenha autorização do controle de tráfego , tráfego aéreo , polícia e outros entidades ou autoridades .

No caso de petróleo e gás, quase todo o pessoal é designado para uma plataforma ou instalação específica . Dadas as eficiências alcançadas com a tecnologia , um ativo individual não requer inspeções constantes de drones, não deixando nenhum incentivo para que os funcionários continuem treinando .

No entanto, optar por um departamento interno de inspeção de drones oferece algumas vantagens importantes, além dos custos adicionais óbvios. Uma equipe centralizada pode lidar com questões ou problemas imprevistos mais rapidamente , além de fazer a ligação com outros departamentos, tornando a comunicação e o fluxo de trabalho mais eficientes do que depender de fornecedores externos .

A obtenção de sua Autorização Operacional da Autoridade de Aviação Civil exige que a empresa crie um Manual de Operações detalhando como espera conduzir as operações de voo.

Uma vez feito isso, espera-se que os pilotos mantenham seu tempo na aeronave em que voam regularmente para garantir que suas habilidades motoras sejam aguçadas. Por fim , a tecnologia está sempre avançando, por isso o investimento regular em uma frota de drones é fundamental .

Dados capturados por inspeção por drone

de drones podem fornecer é inestimável quando combinada com a velocidade e eficiência intrínsecas dessa tecnologia . Aqui está um rápido resumo de todos os pontos de dados que as empresas podem obter por meio de inspeções de drones , classificadas por setor:

Agricultura:

- Cultura e saúde vegetal
- colheitas
- Contagem e tamanho de colheitas e plantas.
- Danos causados pelo tempo (inundações , tempestades)
- Qualidade do solo e nutrientes
- ciclo da cultura
- Mapas GPS para planejamento agrícola e agricultura de precisão

Arquitetura, engenharia e construção :

- Modelos 2D e 3D (compatível com software GIS) e mapas ortomosaicos de estaleiros e edifícios.
- Imagens térmicas para identificar danos potenciais ou existentes

Produtos químicos , petróleo e gás:

- Imagens visuais e térmicas de possíveis vazamentos e vegetação invasora, inclusive por meio de cargas úteis de detectores de gás
- Modelos 2D e 3D de instalações e estruturas verticais

Eletricidade:

- Completar as inspeções de rotina dos ativos de distribuição e transmissão .
- Modelos 2D e 3D em tempo real
- Dados visuais e térmicos das subestações para possíveis danos .
- Inspeções de caldeiras
- Leitura de temperatura em tempo real

Mineração:

- Mapeamento visual e térmico ao vivo para detectar danos e monitorar o inventário
- Mapas de elevação, medições volumétricas e modelagem 3D
- Imagens visuais para monitorar a conformidade da estrada de transporte

Segurança Pública :

- Modelos 3D de locais em risco Imagens visuais e térmicas para avaliação de danos e planejamento rápido de intervenções
- Mapeamento para fins de documentação

Como realizar uma inspeção de telhado com um drone

O telhado do seu prédio pode ser fácil de ignorar, até que de repente não é mais. Pequenos danos por intempéries e envelhecimento, bem como ameaças menos sutis como tempestades, podem lentamente corroer o desempenho e a estabilidade do seu telhado, até que um dia você acorde precisando de reparos de emergência e acabe com uma conta muito maior . do que você esperava.

A solução? Inspeções periódicas e exaustivas do telhado realizadas por um profissional com um drone. Desde a redução de horas de trabalho até a garantia de uma análise mais abrangente , os drones revolucionaram a maneira como os proprietários e empreiteiros pensam sobre a avaliação do telhado.

Quando e por que você precisa de uma inspeção de telhado

Se você possui uma propriedade residencial ou comercial, é importante saber que tipo de desgaste seu telhado sofreu e procurar sinais de problemas adversos que possam surgir no futuro.

Algumas das razões pelas quais você pode precisar de uma inspeção de telhado incluem:

Proteção de garantia – Muitos acordos *de garantia* exigem que os proprietários realizem uma inspeção do telhado em uma base definida para que a garantia permaneça em vigor.

Verifique o clima – Danos causados pelo clima são complicados. No dia a dia , você pode não notar muitas mudanças. No entanto, a qualidade do seu telhado irá deteriorar-se lentamente se não for devidamente mantido. Uma inspeção pode ajudá-lo a detectar áreas problemáticas com antecedência e fazer reparos corretivos antes que você tenha que pagar uma conta maior .

Avaliação de Vazamento – Não há nada pior do que um telhado com vazamento. Simples assim.

Problemas de drenagem – Poucos problemas relacionados ao telhado podem ser tão devastadores quanto ralos entupidos . Deixados sem controle por longos períodos de tempo , eles podem causar poças de água que eventualmente começam a vazar pelo telhado e causar danos a toda a propriedade. Uma inspeção do telhado pode detectar o acúmulo de folhas e detritos nas calhas e ajudar a prevenir problemas futuros.

Danos de manutenção – Embora você sempre assuma que os empreiteiros contratados para outros trabalhos, como substituir ladrilhos ou limpar ralos , não criarão novos problemas, essa expectativa nem sempre corresponde à realidade. Se o dano não for relatado, intencionalmente ou simplesmente porque o empreiteiro desconhecia um problema, isso pode causar grandes problemas no futuro.

Instalação de painel solar – Adicionar painéis solares à sua propriedade pode fornecer uma fonte de energia interna que não apenas ajuda a reduzir as emissões de gases de efeito estufa, mas também pode proporcionar economias significativas a longo prazo. No entanto, existem vários requisitos que seu prédio precisará atender para se qualificar para a instalação de painéis solares, como decretos estaduais e locais. Seu telhado é uma grande parte da equação, pois precisará ser forte, limpo, inclinado na direção certa e grande o suficiente para transportar painéis solares suficientes para fazer o investimento valer a pena. Uma inspeção do telhado pode ajudar a esclarecer cada um desses pontos para que você possa tomar uma decisão informada.

Verificações preventivas – Só porque você não tem motivos para acreditar que sua propriedade sofreu novos danos, não significa que não seja uma boa ideia verificar. As inspeções periódicas, mesmo além daquelas exigidas pela garantia , podem ajudá-lo a detectar padrões de desgaste e fazer as correções apropriadas antes que surja um problema.

<u>As vantagens de uma inspeção de telhado por drone</u>

Então você entende a importância de uma inspeção de telhado, mas por que uma inspeção de telhado com um drone?

Há muitas vantagens em realizar uma inspeção de telhado com um drone, incluindo menos tempo, trabalho, risco e, finalmente, um forte retorno do investimento para empreiteiros e proprietários. Algumas das principais razões pelas quais empreiteiros e proprietários de residências em todo o mundo estão recorrendo a inspeções de telhados com drones incluem:

<u>precisão </u>

Não importa o quão profissional você seja, o erro humano é inevitável - acontece com todos nós! Usando técnicas de levantamento adequadas , um drone pode criar imagens com escala precisa e manter os resultados consistentes ao longo de um projeto . Isso é especialmente verdadeiro se você estiver trabalhando com um drone que pode automatizar rotas de voo (mais sobre isso posteriormente), pois isso elimina outra área potencial de erro humano da equação .

Tempo

Simplificando, com a ajuda de um drone, as inspeções de telhado (e inspeções do local em geral) não demoram tanto. No passado, os inspetores de telhados precisavam fazer medições do solo e, em seguida, encontrar uma maneira de subir até o telhado para terminar o trabalho. Agora, com a ajuda de um UAV, os inspetores ficam em um só lugar, executam apenas uma trajetória de voo e deixam o software de costura fazer o resto. O resultado? Modelos 2D ou 3D em tempo recorde .

Para os empreiteiros, um drone corporativo abre a possibilidade de trabalhar em mais projetos em um dia do que nunca. Para os proprietários, elimina muito do incômodo das inspeções regulares do telhado.

A segurança

O objetivo de uma inspeção de telhado é aumentar a segurança do seu edifício. A última coisa que você deseja é que alguém de sua equipe se machuque durante o processo de inspeção . Com a fotografia aérea feita com O UAV pode tirar imagens de pontos de vista que os humanos não podem alcançar com segurança. Tirar fotos do topo de uma chaminé, por exemplo, é muito mais seguro do que ficar em pé em uma escada ou no topo de um prédio. Usar um drone para algumas ou todas as inspeções de telhado pode ajudar a reduzir o nível de risco associado ao seu projeto.

Custo

Embora os proprietários de empresas frugais possam estar preocupados com o preço inicial de um drone, o caso de um forte retorno sobre o investimento ainda é claro . Ao usar a tecnologia drone , um empreiteiro pode reduzir os custos trabalhistas (e possíveis pagamentos de seguro para trabalhadores feridos), bem como realizar mais trabalhos de inspeção do que seria possível sem a ajuda de drones.

Características a considerar em um UAV

Há vários fatores a serem considerados ao procurar o drone certo para sua próxima inspeção de telhado. A escolha certa provavelmente dependerá das especificidades dos trabalhos que você fará e se eles são específicos para telhados ou incluem outros trabalhos de levantamento .

um desempenho máximo na inspeção de telhados , você vai querer um drone mais leve . Ao contrário de trabalhos de pesquisa maiores , que podem envolver tirar fotos aéreas de muitos quilômetros de propriedade, uma inspeção de telhado exigirá que um drone se vire rapidamente e tire fotos de objetos relativamente pequenos , como lareiras. Como tal, você precisa de um drone que seja bastante ágil .

Por mais pesado que seja o seu drone, e se você for um inspetor de telhados ou proprietário, provavelmente também desejará ter certeza de que está usando um drone projetado para o trabalho comercial. Drones empresariais tendem a ser mais duráveis e confiáveis do que seus equivalentes amadores e geralmente são compatíveis com cargas úteis e softwares especializados da indústria . Os principais fornecedores de drones, como a DJI, provavelmente também oferecerão a seus clientes corporativos um nível mais alto de manutenção e suporte pós-venda, pois é mais provável que os drones corporativos sejam usados regularmente e posicionados naqueles que podem incorrer em um nível mais alto de desgaste e desgaste. manutenção. eu choro.

Um dos principais recursos de um drone de inspeção de telhado é a capacidade de estabelecer uma trajetória de voo autônoma. Os trabalhos de inspeção de telhados , especialmente aqueles que se concentram em um problema ou recurso específico , podem ser difíceis de capturar manualmente. Uma rota de voo autônoma permitirá que você trace um curso para seu drone com antecedência e faça os ajustes necessários.

Tudo o que você precisa saber sobre drones para sua fazenda solar

Inspeção, eficiência e mais de parques solares

A capacidade de um drone de cobrir grandes distâncias e fornecer imagens aéreas de alta resolução permitiu que muitas empresas otimizassem sua eficiência ao concluir tarefas demoradas ou perigosas . Os drones forneceram aos gerentes de fazendas solares dados precisos por meio de novos desenvolvimentos tecnológicos, como sensores térmicos , garantindo que as operações de rotina sejam realizadas com mais eficiência .

As empresas do setor de energia estão combinando tecnologia de ponta com drones para aumentar a eficiência das operações de suas usinas de energia , e os drones desempenham um papel crítico em sua busca para fornecer energia confiável e acessível a seus clientes.

<u>indústria de energia solar : crescendo com maiores necessidades de otimização</u>

Em resposta às crescentes preocupações com as mudanças climáticas e as emissões de carbono, muitos países ao redor do mundo aumentaram seus investimentos em projetos de energia renovável . A energia solar tem sido uma solução preferida ao considerar as muitas fontes de energia renovável . Na última década (2009-2019), os investimentos em energia solar atingiram US$ 1,3 trilhão em todo o mundo, representando metade do total de ativos que contribuíram para o crescimento da energia renovável.

Um dos motivos da grande adoção de soluções solares tem sido a diminuição do custo total de instalação. A Solar KW, por exemplo, viu seus custos instalados caírem cerca de 73%, de US$ 4.621 em 2010 para US$ 1.210 em 2019. A meta agora é continuar tornando a energia solar acessível em todo o mundo . Para conseguir isso, os gestores solares devem otimizar as operações e criar valor ao longo de todo o processo de geração de energia .

<u>Desafios das inspeções de parques solares</u>

às demandas de energia , as empresas de energia solar devem instalar milhares de painéis solares espalhados por grandes áreas, muitas vezes altamente irradiadas. Essencialmente, uma fazenda solar requer cerca de 1.000 hectares para abastecer 100.000 residências.

As avaliações tradicionais do campo solar consistem em inspecionar cada painel com câmeras termográficas portáteis para verificar se há células ou fios defeituosos . Durante esse processo, o pessoal deve rastrear manualmente a localização dos painéis com falha para manutenção subsequente. Dadas as dimensões da maioria dos parques solares , esse método de inspeção é ineficiente e cria uma carga de trabalho mais pesada e às vezes perigosa para as equipes de manutenção e operações.

A integração da tecnologia drone sem dúvida melhorou a eficiência e a precisão do processo de inspeção. Drones como o DJI Matrice 300, equipados com cargas térmicas , podem pesquisar grandes áreas dentro de uma fazenda solar, coletando RGB de alta resolução e imagens térmicas durante um único voo.

melhorar as operações de inspeção, especialmente em áreas altamente irradiadas e que criam uma série de problemas para as equipes no local. O uso de drones permite que as equipes de fazendas solares reduzam o tempo de inspeção em 70%, uma redução significativa em comparação com os métodos tradicionais .

Realização de inspeções com drones de fazendas solares

A inspeção de parques solares com drones não é uma tarefa simples de voo. O processo envolve planejamento detalhado e conhecimento aprofundado da área a ser inspecionada . Várias etapas são necessárias para realizar uma inspeção bem-sucedida.

Avaliação da Fazenda Solar

Primeiro, a equipe de inspeção deve confirmar as dimensões do parque solar antes que um plano eficaz possa ser preparado. Cada inspeção tem as suas próprias características , mas existem alguns aspectos comuns a ter em conta na fase de avaliação. Isso inclui a área da fazenda, o número de painéis instalados e a capacidade de produção de energia .

planejamento de voo

Os planos de voo são criados com base nas informações coletadas durante a fase de avaliação e na capacidade da equipe de inspeção (ou seja, drones e pilotos disponíveis). Depois de avaliar a distância de amostragem de solo (GSD) exigida pelo cliente e a capacidade da bateria dos drones, a área máxima que pode ser coberta por voo pode ser confirmada . Esses planos de voo são importados para o aplicativo DJI Pilot, ajudando a preparar os operadores de drones para a execução .

coleta de dados

Neste ponto, a equipe de inspeção deve ter as informações e o plano de voo necessários para iniciar a operação. Recomenda-se ter várias baterias e a equipe de inspeção deve garantir que as baterias sejam trocadas e recarregadas regularmente para otimizar o fluxo de trabalho. Dependendo das dimensões da fazenda solar e dos planos de voo, as equipes de inspeção podem normalmente realizar até 25 voos e coletar mais de 6.500 imagens por dia .

Organização e processamento de dados

Todos os dados coletados devem ser armazenados e organizados para processamento. O software de fotogrametria reconstrói ortomosaicos RGB e mapas termais a partir das imagens obtidas . Ajuste também o posicionamento por meio de pontos de controle de solo. Uma vez estabelecidas as configurações de reconstrução e posicionamento, os arquivos de mapeamento podem ser integrados a um sistema de informações geográficas , onde as equipes de manutenção podem identificar rapidamente anomalias que refletem possíveis falhas .

do uso de drones para inspeções aéreas
RGB e imagens térmicas

As imagens aéreas fornecem uma perspectiva mais ampla dos parques solares e permitem que as equipes de manutenção recebam informações valiosas em tempo real, como o status de cada painel . Ao analisar mapas de calor , é mais fácil identificar problemas potenciais detectando anomalias de calor em células, cadeias ou painéis . A combinação de dados térmicos e RGB ajuda a determinar se as anomalias de calor são causadas por falhas físicas no painel, como delaminação, rachaduras, poeira ou problemas internos, como a incapacidade de conectar a um painel devido a falha no inversor ou no cabo .

Eficiência de tempo

Uma das principais razões para adotar drones para inspeções de painéis solares é uma maior eficiência na economia de tempo.
Usando duas equipes de drones, podemos pesquisar cerca de 250 hectares em um dia . A mesma quantidade de trabalho levaria três ou quatro meses se tivéssemos que inspecionar manualmente.

O uso de imagens aéreas não só contribui para melhorar a eficiência na solução de problemas, mas também auxilia muito na manutenção. Os mapas RBG e térmicos fornecem dados de localização precisos para falhas e problemas, aumentando significativamente a precisão das operações terrestres e reduzindo o erro humano.

informações históricas _

Manter registros de inspeções anteriores é útil para descobrir as causas por trás das falhas do painel . Em alguns casos, problemas com células solares não justificam a substituição de um painel, mas rastreá-los é essencial para evitar grandes falhas. Para tornar os dados históricos mais valiosos , recomenda-se realizar um levantamento aéreo após a conclusão da instalação e usar os dados resultantes como base para levantamentos futuros.

eficiência de saída

A detecção precoce de elementos defeituosos em uma fazenda solar ajudará a evitar grandes deficiências na produção. Quanto mais rápido uma equipe de manutenção puder detectar possíveis defeitos, mais rápido ela poderá responder e evitar grandes falhas do sistema . No final das contas, as inspeções e manutenções realizadas efetivamente se traduzem em proteger os interesses dos investidores e garantir que a demanda por energia mais limpa possa ser atendida com incrível eficiência .

Aplicações de drones continuam a se expandir
Com o surgimento de soluções centradas nos negócios, vários setores agora têm acesso a ferramentas que os ajudarão a concluir tarefas com muito mais eficiência . Os levantamentos de energia geralmente requerem imagens térmicas , enquanto as soluções de mapeamento se concentram mais no posicionamento preciso com módulos RTK. As equipes de operações devem avaliar o resultado desejado das inspeções de drones e encontrar uma solução adequada que atenda a essas necessidades.

À medida que mais empresas começaram a usar drones para aprimorar as operações de rotina, a DJI continua a desenvolver soluções com foco nos negócios para atender às demandas do setor. A versatilidade e ampla aplicação dos drones introduziram uma forma de trabalho mais segura e eficiente, anunciando um futuro promissor de tecnologia e inovação .

inspeção de drone de energia renovável por vez

As inspeções com drones estão ajudando a tornar a indústria de energia renovável mais rápida , barata e eficiente

A última década foi a mais quente já registrada . Com o aumento do nível do mar, o derretimento das geleiras e as mudanças nos padrões de chuva, os eventos climáticos extremos também se tornaram muito mais severos e frequentes. A necessidade de fazer a transição para energia limpa nunca foi tão importante . Mas com a nova infraestrutura de energia surgem novos desafios .

Em particular, à medida que a escala e o número de usinas de energia renovável aumentam para atender à nossa crescente demanda por energia verde , as inspeções seguras e eficientes são ainda mais importantes.

Os drones estão provando ser, em contraste com as pessoas que os percebem como brinquedos ou um hobby, soluções ideais para nossas crescentes demandas em nossa infraestrutura de energia renovável . Capazes de voar rapidamente através de campos solares e turbinas eólicas imponentes, os drones podem alertar as equipes de inspeção sobre quaisquer defeitos ou áreas a serem abordadas .

drones ao vento

A energia eólica está se tornando uma das tecnologias renováveis de mais rápido crescimento . À medida que os custos caem, a energia eólica aumenta em todo o mundo.

O vento é uma fonte de energia renovável limpa, gratuita e prontamente disponível . É aproveitado através do uso de parques eólicos e muitas vezes turbinas individuais. O vento faz girar as pás da turbina e transforma a energia cinética em energia rotacional . O eixo da turbina então gira e se conecta a uma caixa de engrenagens dentro da nacele que envia energia para um gerador, convertendo -a em eletricidade.

Com o crescimento da energia eólica , os drones estão sendo cada vez mais usados para escanear as turbinas eólicas em busca de defeitos e danos. Como o reparo de turbinas é incrivelmente caro , até US$ 30.000 por turbina por ano, juntamente com a perda de receita decorrente de dias de inatividade devido a danos, a inspeção e análise precoces são essenciais.

os gerentes de locais de energia eólica tiveram que empregar dois métodos de inspeção ; acesso por corda ou plataforma e inspeção de solo, em que um fotógrafo usa uma lente telefoto para capturar imagens das pás do solo. O acesso por corda tem um alto fator de risco e os custos de seguro o tornam caro. Também é um processo demorado, com uma inspeção completa de uma única turbina eólica levando de 3 a 6 horas. Isso além de várias verificações de segurança e tempo de preparação. As inspeções de solo geralmente produzem resultados ruins devido ao movimento rápido das pás. Como as inspeções são necessárias 2 a 3 vezes ao ano para cada turbina, os custos podem ser muito altos.

É aqui que os drones entram em jogo. Por exemplo, os drones RTK resistentes ao vento da DJI levam apenas 45 minutos para inspecionar completamente uma turbina. O drone pode ser pilotado manualmente ou por meio de voo de missão automatizado e pode ser implantado em minutos, deixando os técnicos em segurança no solo.

Sendo resistente ao vento, o módulo DJI RTK no Matrice 300 é a solução perfeita para inspecionar turbinas em condições ambientais frequentemente adversas. O drone pode transportar várias cargas úteis , incluindo o Zenmuse H20, que dá ao operador a capacidade de obter visualizações de close-up incrivelmente detalhadas . Com o sensor térmico do H20T , o perfil térmico de uma chapa pode ser capturado para identificar sinais de delaminação ou danos causados pela água.

<u>Drones em usinas solares é</u>

Se pudéssemos capturar apenas 18 dias de energia da luz solar na Terra, seria equivalente a toda a energia armazenada nas reservas de carvão, petróleo e gás natural do planeta. Claro, só podemos coletar uma pequena quantidade dessa energia , mas aproveitar a energia solar está fazendo uma diferença substancial para o planeta.

As fazendas de energia solar já são relativamente eficientes, pois são menos propensas a sofrer falhas em grande escala por serem distribuídas e modulares. Os sistemas distribuídos estão espalhados por uma área considerável , portanto, um problema como um evento climático severo em um local não interromperá a energia de uma região inteira. Os sistemas modulares são compostos por muitos painéis solares individuais. Portanto, mesmo que alguns dos painéis do sistema não estejam funcionando, o restante pode continuar funcionando normalmente. No entanto, isso significa que identificar e reparar painéis e equipamentos defeituosos é fundamental para minimizar a perda de produção de energia ; Painéis solares sujos podem perder até 20-50% de sua produção de energia .

monitoramento e inspeção rápidos e econômicos de fazendas solares, o que significa que há interrupção mínima na operação e manutenção ; maiores benefícios de desempenho. O uso de drones para examinar painéis solares agrícolas tornou-se generalizado devido à variedade de recursos de inspeção e vigilância remota (RGB e câmeras infravermelhas).

Anteriormente, uma equipe de trabalhadores usando apenas instrumentos portáteis inspecionava a pé a enorme usina solar. Isso era caro, demorado e muitas vezes levava apenas 2-3 % do total da planta a ser testado. Agora, usando drones como o Matrice 300 RTK montado com um termovisor híbrido Zenmuse H20T , pesquisas abrangentes podem ser realizadas por uma fração do custo e em pouco tempo.

drone voa pela usina solar capturando imagens térmicas e visuais dos painéis . Após o voo, um software como o DJI Terra pode processar as imagens para produzir um relatório que permite aos operadores identificar unidades defeituosas que precisam de limpeza ou reparo . Se o termovisor detectar níveis excessivos de calor, isso indica que um painel está danificado ou com defeito, pois o painel não consegue absorver o calor normalmente.

Drones em usinas nucleares

Apesar de um equívoco comum , as instalações nucleares fornecem energia livre de carbono . A energia nuclear também é a fonte mais confiável de geração de energia . A produção de eletricidade nuclear interrompe a liberação de 528 milhões de toneladas métricas de CO_2 na atmosfera a cada ano .

as usinas nucleares apresentam desafios especiais para manter os funcionários saudáveis e seguros. Às vezes, os trabalhadores são obrigados a entrar em áreas de alta dosagem para garantir a segurança da planta. Colocar a vida em risco para essas atividades necessárias é uma forma de tornar as plantas locais mais seguros . Os drones são uma dessas soluções usadas para inspecionar salas perigosas, monitorar o status dos tanques de resíduos de radiação e ler medidores em áreas de alta dosagem .

As usinas nucleares são altamente regulamentadas e preocupadas com a segurança. Acidentes com vazamentos podem ter consequências graves, por isso os processos de inspeção são rigorosos e críticos . No entanto, essas inspeções têm sido tradicionalmente demoradas, caras e carregam um alto fator de risco; muitas vezes simplesmente envolvendo um trabalhador em um traje de radiação segurando uma lanterna.

Os drones podem acessar locais potencialmente perigosos e de difícil acesso com rapidez e segurança . O M300 RTK com o Zenmuse H20T é uma dessas soluções. Seus recursos térmicos permitem que os inspetores detectem possíveis defeitos estruturais ou tensões que são invisíveis a olho nu. O M600 Pro é outra alternativa com sua capacidade de carregar uma carga útil pesada (6 kg) e compatibilidade com várias câmeras Zenmuse e sensores de terceiros.

Drones na gestão sustentável de estoques e armazéns

Os drones fornecem uma variedade de soluções econômicas para muitos setores. Um que agora é considerado essencial, em parte devido ao Covid-19 e aos bloqueios locais, é o comércio eletrônico. Os drones são usados ativamente nas cadeias de suprimentos e as empresas estão aproveitando essa nova tecnologia para gerenciar estoques, reduzir custos operacionais e aumentar as margens .

Com armazéns que exigem maior capacidade, juntamente com giros de estoque cada vez maiores, há muitos problemas para as equipes de gerenciamento de armazéns resolverem. O espaço de armazenamento deve ser altamente otimizado para reduzir custos para o operador e para o cliente. Como os armazéns costumam estar completamente cheios, semanalmente e às vezes diariamente, as verificações e inspeções de estoque são cruciais. Dependendo do tamanho do depósito , isso pode ser um grande empreendimento e uma "ciência" própria.

o gerenciamento de estoque do armazém mais preciso e acessível; áreas anteriormente de difícil acesso ou potencialmente perigosas podem ser acessadas rapidamente e com o mínimo de esforço . Os riscos de segurança associados ao trabalho em altura e à proximidade de empilhadeiras são bastante reduzidos. Além disso, as empilhadeiras usam cerca de 72kw por hora, enquanto um drone usa cerca de 0,72kw por hora.

Máquinas voadoras ecológicas e limpas

Prevê-se que as energias renováveis aumentem 7,1% ao ano até 2040. Espera-se que ultrapassem o carvão como a principal fonte de energia até o final da década . Seu crescimento será o mais acelerado do setor elétrico , cobrindo quase um terço de toda a demanda de energia em dois anos ; contra 24% em 2017.

Tal crescimento significa empregar e desenvolver inovações para tornar os locais de levantamento de energia de todos os tipos mais seguros , rápidos e econômicos. Os drones já estão trabalhando com sucesso neste campo e continuarão a fornecer respostas para possíveis problemas. Eles provaram ser um divisor de águas em uma indústria de energia que está se adaptando pelo motivo mais importante de todos; o futuro da Terra.

AGRICULTURA

3 perguntas comuns sobre drones na agricultura

Com setores como o imobiliário ficando excessivamente saturados, é fundamental que o piloto do drone saia de sua zona de conforto e considere opções menos exploradas. Uma dessas opções é usar drones na agricultura. No entanto, para atender com sucesso aos requisitos de um agricultor, um piloto de drone precisa usar o equipamento certo e seguir o fluxo de trabalho correto.

Neste capítulo, respondo a algumas perguntas comuns que os pilotos de drones nos fazem antes de oferecer seus serviços de drones para a indústria agrícola .

<u>É lucrativo iniciar um negócio de drones na agricultura?</u>

Muitos especialistas em comércio prevêem que as aplicações de drones na agricultura se transformarão em uma indústria multibilionária. Embora isso possa ser verdade, para iniciar e administrar um negócio lucrativo de drones agrícolas, os pilotos precisam de uma estratégia de negócios sólida .

Em termos gerais, as aplicações de drones na agricultura se estendem por 4 segmentos:

1. Digitalização de corte
2. Monitoramento de gado
3. Mapeamento de drones
4. Pulverização de culturas

Realizamos uma extensa pesquisa para explorar como as tecnologias de precisão são usadas na agricultura. cinquenta pessoas no negócio foram entrevistadas para coletar dados para este estudo. E houve alguns resultados interessantes:

1. 25% ofereceram UAVs a seus clientes .
2. Quase três quartos dos candidatos pesquisados lucraram com a tecnologia de taxa variável
3. "Baixa renda agrícola " foi a maior barreira para a adoção da tecnologia de precisão

Mas como você apresenta seus serviços de drone ao agricultor para superar a barreira da "baixa renda agrícola " ? Para superar essa barreira, recomendamos precificar seus serviços de drone por acre e destacar a economia por acre .

O uso de drones sobre a pulverização de culturas é definitivamente uma alternativa melhor aos aviões. Os aviões usados para fumigar lavouras acabam desperdiçando 70% do material. Considerando que, o uso de um drone ou helicóptero garante o uso ideal dos recursos (a pulverização precisa garante que o material seja pulverizado nas plantações em vez de voar em todas as direções).

O fato de que a " tecnologia de velocidade variável" é um dos usos mais populares da tecnologia de precisão é certamente encorajador . A "taxa variável " nada mais é do que racionalizar o uso de recursos como os defensivos, pulverizando -os apenas nas áreas problemáticas.Mas , antes de irmos longe, vamos discutir o fluxo de trabalho para o uso de drones na agricultura .

Preciso de uma câmera multiespectral para agricultura?

Se você puder. Alertamos os agricultores para não se deixarem influenciar por truques de marketing e falsas alegações. Usar uma câmera multiespectral montada em um drone é a única maneira de antecipar possíveis problemas ANTES que o olho humano possa vê-los. Assim, você pode agir imediatamente e pulverizar APENAS essas áreas problemáticas .

O P4 MULTISPECTRAL é um drone sensor multiespectral que vem com 5 lentes. Cada lente é projetada para "ler" a luz em um espectro diferente. Cada vez que um drone tira uma foto, o sensor de luz solar registra a quantidade de luz naquele momento específico.

Além disso , lembre-se : você não pode identificar QUAL é o problema, mas certamente pode identificar ONDE está o problema . Então, por exemplo, usando drones, você não pode realmente dizer se suas plantações são deficientes em nitrogênio ou ósforo . Também não consegue identificar se as seções do campo estão desidratadas .

Usando um drone equipado com um sensor multiespectral, os pilotos do drone podem criar um mapa de refletância que mostra onde o campo está funcionando bem e as áreas onde o campo não está funcionando tão bem. Em um mapa de refletância, nenhum equilíbrio de cores é aplicado e cada pixel indica a refletância do objeto. Se você puder colocar o mapa de refletância em cima de um ortomosaico RGB, certamente poderá agregar mais valor aos agricultores.

Depois de fornecer esses dados aos agricultores, um agrônomo "lerá " esses mapas e fará sugestões aos agricultores em relação à alocação de recursos.

Devo usar um computador de mesa para mapeamento de drones agrícolas ?

Essa é outra pergunta comum que os pilotos de drones nos

fazem. A (suposta) necessidade de um computador poderoso desencoraja muitos agricultores de adotar aplicativos de mapeamento baseados em desktop e, em vez disso, adotam soluções baseadas em nuvem. Felizmente, os avanços tecnológicos tornaram possível o processamento eficiente de dados em computadores comerciais. Por exemplo, com Pix4Dfields, você pode fazer um ortomosaico de 3 eixos em apenas 3-5 minutos.

Outra desvantagem de optar por uma solução baseada em nuvem é que o processamento de dados não é possível sem intervenção humana e, portanto, está sujeito a erros.

poderiam ajudar sua fazenda ?

Agricultura: uma profissão repleta de desafios

Você e o restante da comunidade agrícola desempenham o papel mais importante na manutenção de nossa sociedade. Cultivar e produzir as calorias do mundo não é tarefa fácil : clima imprevisível, mudanças climáticas , pragas e doenças atormentam sua profissão com incertezas. No entanto, é verdade que a população mundial continua a aumentar e cada ano há mais bocas para alimentar. Os agricultores sempre foram criativos e inovadores na adoção de novas ferramentas e técnicas . Agora, mais do que nunca, os agricultores estão abertos a novas tecnologias para maximizar seus rendimentos e, ao mesmo tempo, minimizar a incerteza para alimentar a crescente população mundial.

Levante-se para atender às demandas:

A chave para atender às demandas calóricas do século 21 é a agricultura de precisão, ou maximizar a eficiência da produção por meio de práticas baseadas em evidências e baseadas em dados . Os insights fornecidos pelo acesso a mais dados permitem que os agricultores eliminem as suposições, produzam mais e reduzam o desperdício de recursos como água, fertilizantes, pesticidas e mão de obra. Uma compreensão mais detalhada e abrangente de sua fazenda permite que você planeje com precisão, execute com precisão e responda rapidamente .

Agricultura de precisão movida a drones :

Uma ferramenta em particular elevou o potencial da agricultura de precisão a novos patamares: o drone. Uma visão aérea de seus campos e os dados fornecidos por drones podem ajudá-lo a tomar decisões mais informadas , eliminar suposições e evitar problemas antes que eles aconteçam.

Em um relatório da PwC, os drones foram projetados para fornecer US$ 32,4 bilhões em valor econômico aos agricultores. Em comparação com a maioria das máquinas agrícolas , os drones são bastante acessíveis. Enquanto tratores, enfardadeiras, pulverizadores e outras máquinas agrícolas custam centenas de milhares de dólares, você pode começar e obter informações valiosas de um drone por apenas alguns milhares. Do planejamento pré-plantio à manutenção da colheita e informações sobre a colheita, um drone pode fornecer valor durante todo o ano que, em uma estação de cultivo, pode se pagar .

Aqui estão apenas seis maneiras pelas quais um drone pode

ajudá-lo a cultivar com precisão e certeza:

1. Mapeamento de contorno:
Antes mesmo de começar a plantar, um drone pode ajudá-lo a mapear sua terra para melhor aconselhar sobre o gerenciamento da parcela. Dependendo das câmeras e sensores do seu drone, você pode medir a topografia de sua propriedade com fotogrametria ou Lidar para gerar mapas 3D. Esses dados podem ajudar a revelar pontos altos e baixos, onde pode ocorrer erosão do solo ou onde você pode ter problemas de irrigação. Armado com esse conhecimento, você pode planejar adequadamente e evitar problemas antes que eles ocorram.

2. Irrigação:
Antes e depois do plantio , seu drone pode monitorar a irrigação. Depois que as colheitas são plantadas, imagens espectrais ou térmicas de cima podem dizer quais plantas , ou partes de seu campo, têm água demais ou insuficiente . Com esta informação, você pode lidar com a sede de suas colheitas antes que os problemas se tornem sérios.

3. Gestão de gado:
Um drone voando acima pode contar e fazer um balanço de seu gado e rebanhos. Cada animal tem sua própria assinatura de calor que pode ser capturada e registrada por uma câmera termográfica . Este mesmo sensor térmico pode alertá-lo sobre bovinos com temperaturas corporais anormais, o que é um forte indicador de doença ou enfermidade. Seu drone também pode realizar pesquisas de manutenção de rotina em suas cercas de pastagem para identificar anomalias , como falhas estruturais. Se a cerca for quebrada , seu drone o avisará .

4. Avaliação da cultura:
das informações mais valiosas que os drones agrícolas podem fornecer estão relacionadas à saúde e à manutenção de suas plantações. Seu drone, se equipado com uma câmera multiespectral , pode criar mapas de Índice de Vegetação (VI)

para revelar informações críticas sobre suas plantações. Um VI comum , o Índice de Vegetação por Diferença Normalizada (NDVI) pode mostrar quais plantas são saudáveis e quais não são . O NDVI é calculado com base na quantidade de luz infravermelha (NIR) refletida pelas folhas de suas plantações. Folhas saudáveis refletem mais luz NIR , enquanto folhas doentes, estressadas ou desidratadas absorvem mais luz NIR . Um mapa NDVI capturado e gerado por um drone, dependendo de sua resolução, pode mostrar quais partes de seus campos, quais plantas ou até quais partes de plantas individuais precisam de sua atenção .

5. Estimativas de seguro e rendimento:
O seguro agrícola irá protegê- lo se suas colheitas ou gado forem perdidos ou danificados . No caso de secas , inundações, geadas fora de época ou outros desastres naturais, pode ser difícil comprovar suas perdas com rapidez e precisão . Os dados do drone que documentam o status pré e pós-desastre de suas plantações e gado, bem como uma previsão informada de redução nos rendimentos estimados, podem ajudá-lo a navegar pelos procedimentos de seguro de maneira rápida e contínua .

6. Pulverização de colheita de precisão :
O uso de drones para pulverização de precisão foi visto pela primeira vez no Japão na década de 1980 , mas as soluções atuais de pulverização por drones tornaram-se poderosas, rápidas e inteligentes. Um drone especializado pode substituir o uso dispendioso de aeronaves pilotadas voando baixo ou a contratação mais perigosa de mão de obra humana para a pulverização de culturas. Em vez de cobrir seus campos com grande custo financeiro e ambiental, seu drone de pulverização pode, com base nos dados de saúde da cultura de uma missão de reconhecimento, aplicar com precisão a quantidade certa de fertilizante, herbicida, fungicida ou pesticida, apenas nas plantas que precisam. .

Como tomar decisões baseadas em dados no mapeamento agrícola com drones

dados calibrados radiometricamente ...

Espera-se que a população mundial chegue a 9 bilhões em 2050. Esse aumento populacional significa que temos que procurar maneiras mais novas e eficientes de alimentar o planeta. O World Resources Institute estima um aumento de 23% nas necessidades de gado entre 2006 e 2050. Enquanto isso, as necessidades de carne bovina e ovina aumentarão em 30%.

Este aumento da população exigirá mais agricultura. Uma maior demanda por carne exigirá o plantio de mais sementes para alimentar o gado. É necessário aumentar a produtividade agrícola e utilizar os recursos da forma mais eficiente possível . É claro que abordamos agressivamente essa necessidade. Segundo o Banco Mundial, o percentual da população empregada na agricultura diminuiu de 43,28% em 1991 para 26,48% em 2017. A produção agrícola teve um grande aumento nesse mesmo período. Isso pode ser atribuído a importantes avanços tecnológicos .

Os drones podem desempenhar um papel muito importante

na obtenção de práticas agrícolas mais eficientes . Usando drones é possível implementar a tecnologia de taxa variável (resultando na alocação ideal de recursos). A PWC prevê um tamanho de mercado de US$ 34,2 bilhões para aplicações de drones comerciais na agricultura. Isso perde apenas para a infraestrutura.

Nesta seção, discuto o mapeamento NDVI. C omo o mapeamento NDVI é usado para avaliar a saúde da planta ? Eu também falo sobre Falso NDVI e dou razões para evitá-lo completamente. Como você pode escolher o sensor de câmera certo para mapeamento de drones agrícolas ? Qual a importância de usar dados calibrados radiometricamente ? Estas são algumas das questões em que mergulho. Continue lendo.

<u>C omo funciona o mapeamento NDVI ?</u>

NDVI é o índice normalizado de diferenciação da vegetação.

O olho humano vê todas as plantas como verdes. Isso não significa que todos os comprimentos de onda estão sendo absorvidos. Alguns comprimentos de onda estão sendo refletidos que o olho humano não pode ver. Portanto, se você é um piloto de UAV fazendo um trabalho de mapeamento NDVI, precisa de um sensor capaz de fazer essa diferenciação. Você deve determinar a quantidade precisa de luz que é refletida (mais sobre isso mais tarde).

Para isso, você terá que usar uma câmera que faça essa diferenciação e, portanto, elimine as plantas não saudáveis das saudáveis. Posteriormente, você pode obter informações acionáveis que ajudarão o agricultor a alocar seus recursos da maneira mais eficiente possível . Se você usar uma câmera que não foi projetada para entender a luz, pode acabar fazendo recomendações erradas a um agricultor .

As pessoas que usam uma câmera não infravermelha oferecem

o que é popularmente conhecido como serviços "Fake NDVI". Usar uma câmera comum para avaliar a saúde das plantas é uma má ideia. Usando False NDVI, você não pode separar a luz vermelha e infravermelha próxima. Isso leva a dados incorretos e decisões incorretas que, em última análise, são prejudiciais à saúde da cultura.

Por que o mapeamento Ndvi é tão útil para os agricultores

Vamos tentar entender por que o mapeamento NDVI é crítico para a tomada de decisões na agricultura.

NDVI = (NIR - Vermelho) / (NIR + Vermelho)

Assim, vemos todas as plantas como verdes. No entanto, juntamente com a luz verde, as plantas também refletem a luz infravermelha próxima. Como você pode ver na fórmula acima, o valor NIR é diretamente proporcional ao valor NDVI.

mais saudável a planta, maior o valor NIR. Vice-versa, uma planta morta ou doente terá um valor NIR menor . O valor de NDVI para plantas varia entre 0,1 e 1. Superfícies sem plantas têm um alto valor de vermelho e seu NDVI cai entre 0 e -1.

Com o mapeamento NDVI, você pode criar um mapa codificado por cores que mostra claramente as áreas doentes . Portanto, decisões baseadas em dados podem ser tomadas rapidamente . E o desperdício de recursos também pode ser evitado

Como escolher o sensor de câmera certo para mapeamento de drones agrícolas

Parrot Sequoia e MicaSense fabricam sensores especificamente projetados para aplicações agrícolas .

O Parrot Sequoia + vem com um sensor de luz solar e um sensor multiespectral. Como a quantidade de luz refletida das plantações tende a variar bastante, os resultados do mapeamento são propensos a distorções. Para resolver esse possível problema, um sensor de luz solar é instalado no topo do drone. Este sensor registra a luz solar nas mesmas bandas espectrais que o sensor multiespectral.

O sensor multiespectral montado na parte inferior do drone possui quatro bandas espectrais: vermelho, verde, borda vermelha e infravermelho próximo.

usar um drone para aplicações agrícolas , é imperativo que sua câmera seja calibrada radiometricamente . Isso permite que você faça julgamentos empíricos que podem beneficiar o agricultor. Por que isso é necessário?

do seu drone mede "na irradiância do sensor " . Enquanto a saída da câmera está na forma de um número digital ou DN. Na maioria das câmaras , o mapeamento da irradiância para DN não é conhecido. E esse mapeamento ou correlação tende a mudar com a mudança nas configurações da câmera . A calibração radiométrica deve ser realizada para cada banda, para diferentes configurações de câmera e ótica . É fundamental que esse mapeamento seja usado ao indexar a vegetação . Se você não usar dados calibrados radiometricamente , acabará fornecendo dados calculados a partir de DN bruto — dados imprecisos com consequências desastrosas.

Devo usar um drone de asa fixa para mapeamento agrícola ?

Você pode precisar de um drone de asa fixa para mapeamento agrícola se quiser cobrir grandes extensões de terra. Um drone de asa fixa pode voar mais rápido. Mas você deve ter cuidado ao fazer essa transição .

Quanto mais rápido você voar , mais terá que gastar com a câmera do seu drone . Voar mais rápido significa que você precisa de uma câmera com uma velocidade de obturador rápida . Evite usar filtros ND em alta velocidade; isso resultará em imagens borradas . Se você tentar unir imagens com uma grande quantidade de desfoque, acabará com um produto de baixa qualidade.

conclusão __

Você deve entender completamente as nuances do mapeamento de drones agrícolas antes de se aventurar neste campo. Não tente oferecer serviços de mapeamento "Fake NDVI". Esta é apenas uma receita para o desastre. E certifique-se de estar equipado com o drone e a câmera certos antes mesmo de pensar em trabalhar na fazenda . Se você planeja fazer trabalhos maiores , é melhor ir para uma aeronave de asa fixa com câmera de última geração . Por meio do mapeamento agrícola feito por drones, você pode, do seu jeito, ajudar a alcançar a segurança alimentar .

Fatos surpreendentes sobre a pulverização de drones

pesados podem ajudar os agricultores a reduzir custos e trabalhar de maneira mais inteligente

Os drones agora são ferramentas estabelecidas no setor agrícola, aumentando a produtividade da fazenda com dados aéreos oportunos . Mas, além de coletar informações vitais sobre a saúde das plantações e permitir a criação de mapas NDVI e RGB detalhados, os robôs voadores desempenham um papel ativo nas operações diárias. Drones de fumigação estão sendo usados para a aplicação de:

1) Fertilizantes

2) herbicidas

3) pesticidas

4) Fungicidas

5) Sementes e muito mais .

E eles estão fazendo isso de maneiras mais baratas , rápidas e precisas do que os métodos tradicionais .

A aplicação de agroquímicos é um dos pilares da agricultura moderna. É um ato de equilíbrio delicado que requer velocidade, cuidado e precisão. Introduzir os produtos químicos certos na quantidade certa nos lugares certos na hora certa é um desafio constante para os agricultores. Uma concentração muito alta em um só lugar pode levar a custos desnecessários e diminuir a qualidade do produto. Uma concentração muito baixa pode deixar as colheitas expostas e prejudicar o rendimento.

Os drones de pulverização da DJI são implantados em todo o mundo, pois os agricultores aproveitam a tecnologia mais recente para distribuir produtos químicos de maneira precisa , uniforme e eficiente. Em geral, a pulverização com drones contribui para a redução dos custos necessários para a aplicação de defensivos agrícolas , seja por meio de mão de obra ou aluguel de equipamentos, reduz a exposição a produtos químicos e , em alguns casos, aumenta o rendimento das lavouras.

Aqui estão algumas coisas que você provavelmente não sabia sobre a pulverização de drones ...

<u>Drones de pulverização contam com algoritmos especializados para contabilizar cargas líquidas em movimento</u>

Carregar uma quantidade significativa de líquido é muito diferente de carregar sensores, câmeras e outras cargas padrão que você esperaria ver em um drone DJI. Para desenvolver um algoritmo de controle de voo confiável e preciso, os engenheiros da DJI tiveram que levar em consideração o momento do líquido ao espirrar no tanque durante a operação.

Este desafio de engenharia é complicado pelo fato de que o impacto do momento do líquido está mudando constantemente à medida que gradualmente sai do tanque e dá lugar a mais oxigênio .

Os drones de pulverização podem pulverizar mais do que apenas líquido

A capacidade de automatizar a dispersão de agroquímicos com alto grau de precisão é um grande passo na digitalização da agricultura e uma agricultura mais inteligente . O último drone da linha AGRAS , o T30, oferece capacidade de 40 kg, vazão de 50 kg por minuto e alcance de 7 metros. Isso equivale a uma cobertura potencial de 40 acres por hora e um enorme aumento de produtividade para tarefas tipicamente manuais que exigem um espalhamento rápido e preciso.

E não é apenas para pesticidas e fertilizantes que os drones AGRAS da DJI podem ser usados. A tecnologia pode ser implementada para espalhar sementes, ração animal e herbicidas. Este último é um passo particularmente importante para o manejo de culturas como o algodão. A pulverização de herbicida automatizada e direcionada pode acelerar a desfolha, remover o excesso de folhagem e simplificar o processo de colheita do algodão .

Na Fazenda Kloubec Koi, em Iowa, especialistas em drones Aerial Influence adaptaram um drone DJI AGRAS para alimentar 30 hectares de peixes. A solução foi rápida , eficaz e automatizada.

E em um experimento inovador de 2019, os cientistas usaram um Agras MG-1S adaptado para reduzir a transmissão da malária em Zanzibar , na Tanzânia. O drone borrifou uma série de arrozais com um agente de controle biológico, que fica na superfície da água parada para evitar o surgimento de mosquitos recém- nascidos . Uma equipe de P&D da DJI modificou o drone para fornecer um líquido mais viscoso do que os pesticidas comuns, como parte de uma solução que pode ter enormes ramificações para a doença mais mortal que a humanidade já experimentou.

Japão é líder mundial na adoção de drones de pulverização

reputação do país como pioneiro em tecnologia , não é surpresa que as fazendas japonesas estejam entre as mais avançadas do mundo. Uma pesquisa da Universidade de Ciências de Tóquio destacou o impacto que os drones estão tendo em todos os setores .

Nos últimos anos , os drones de pulverização ganharam enorme força para a distribuição de pesticidas. Em todo o Japão , o número de hectares pulverizados com drones aumentou 45 vezes entre 2016 e 2023, e o número de UAVs registrados para pulverização agrícola aumentou de 227 para mais de 2.000. Tudo indica que essas tendências continuam até hoje . , particularmente com os grandes avanços na tecnologia de drones e o aumento da margem de manobra dos reguladores para aplicações de cargas pesadas .

A adoção da pulverização por drones no Japão não é apenas mais um exemplo de um país na vanguarda. Uma população envelhecida e cada vez menor significa que há menos mão de obra barata para realizar tarefas agrícolas , enquanto a massa de terra relativamente pequena do Japão significa que as operações agrícolas de pequena escala são comuns. Ambos os fatores têm impulsionado a adoção dos drones DJI AGRAS.

A maior barreira para a adoção de drones de pulverização é a legislação .

A gama AGRAS de pulverização agrícola, incluindo os novos T30, T10, T16 e T20, provou o seu valor em todo o mundo.

No entanto, algumas jurisdições têm sido mais lentas em conceder margem de manobra para operações de enxame e além da linha de visão (BVLOS) para drones dessa escala e/ou onde os agroquímicos fazem parte da equação

Nos EUA, os especialistas em agricultura de UAV Rantizo lideraram o caminho, tornando-se a primeira empresa aprovada pela FAA para pulverização agrícola em todo o país . No Malawi e em Moçambique, os drones de pulverização da DJI estão sendo introduzidos como parte dos esforços para tornar a agricultura mais lucrativa , ecológica e menos indiscriminada quando se trata de pulverização química potencialmente perigosa .

As metas da UE visam reduzir pela metade o uso de pesticidas químicos até 2030. Alcançar um declínio tão drástico sem comprometer o rendimento das colheitas dependerá inteiramente de métodos agrícolas mais inteligentes e precisos. Os drones de pulverização de culturas oferecem uma rota para a aplicação de agroquímicos mais específicos , principalmente em vinhas , pomares e culturas em áreas com declives acentuados.

Agricultura de precisão , 24 horas por dia

Os drones de pulverização são ferramentas poderosas que os agricultores podem implantar para acelerar e automatizar processos manuais. E o resultado dessa funcionalidade principal é uma virada de jogo para o futuro da agricultura. Essa tecnologia permite que os aspectos vitais da agricultura de precisão sejam realizados 24 horas por dia .

Embora os regulamentos tenham demorado a se ajustar ao que é tecnicamente possível , o hardware está pronto para funcionar. O novo DJI AGRAS T30 é um bom exemplo. Suas baterias inteligentes podem ser totalmente carregadas em apenas 10 minutos, permitindo operação contínua. Combinados com os insights gerados por ferramentas como o

P4 Multispectral, os drones de pulverização podem ajudar os agricultores a trabalhar de forma mais inteligente , rápida e com maior precisão do que nunca.

Agricultura de precisão com tecnologia drone

Quando se trata de alimentar a crescente população mundial, os agricultores merecem toda a ajuda possível. Para aproveitar ao máximo cada centímetro de terra agrícola, os agricultores modernos estão recorrendo a novas tecnologias, como drones.

A agricultura de precisão representa um bom caso de teste para drones na agricultura. Esta é uma metodologia baseada em um trabalho mais preciso e eficiente em seções individuais de campos maiores . Usando dados precisos, os agricultores podem desenvolver uma maneira mais granular de plantar e irrigar suas plantações, bem como aplicar fertilizantes, pesticidas e outros produtos químicos sensíveis .

À medida que a tecnologia se torna mais capaz de apoiar estratégias ambiciosas e os regulamentos legais sobre o uso comercial de drones mudam para permitir novas aplicações para esses drones, os agricultores com visão de futuro podem gerar níveis impressionantes de valor em relação ao custo.

O que é agricultura de precisão ?

de precisão , como metodologia , envolve o tratamento de diferentes partes do mesmo campo de maneiras únicas . Isso permite que os agricultores dividam suas terras em linhas mais granulares do que nunca e usem cada metro quadrado de maneira estratégica e sábia.

O Departamento de Agricultura dos EUA está observando a agricultura de precisão se desviar da agricultura mecanizada mais tradicional . Os métodos legados de aplicação de fertilizantes e pesticidas não eram precisos o suficiente para lidar com as condições dentro de partes de um campo; os tratamentos foram aplicados com base nas características médias de toda a área , que podem ser imprecisas e inúteis.

Agora, com a capacidade de capturar medições mais precisas em áreas individuais , mesmo a partir de sensores montados em drones, permitiu que uma nova era de agricultura inteligente criasse raízes. Quando os agricultores podem realizar a pulverização de precisão com base em dados precisos, o rendimento e a produção de suas colheitas podem aumentar enquanto o desperdício diminui.

A agricultura de precisão é comparada com uma forma mais clássica de cultivo e manejo agrícola , anterior à agricultura mecanizada. Naquela época , os agricultores podiam dividir cuidadosamente os campos e tratar cada segmento adequadamente. A agricultura de precisão combinou esse nível de especialização com automação moderna e consequentes melhorias na eficiência.

C omo os drones possibilitam a agricultura de precisão ?

Existem muitos casos de uso de drones na agricultura de precisão, especialmente quando se considera que os drones podem desempenhar várias funções . Do mapeamento aéreo mais frequente e preciso à pulverização cuidadosa de produtos químicos , um drone agrícola tem várias maneiras de se tornar uma ferramenta agrícola de precisão que aumenta a eficiência .

Imagens aéreas precisas para agricultura de precisão

Os drones são ferramentas úteis de agricultura de precisão para mapeamento e geração de imagens , mesmo quando comparados a outras tecnologias potenciais para o trabalho, como imagens de satélite . Por que os drones são melhores que os satélites como sistemas de coleta de dados ? Tudo se resume a um simples fato: os drones estão próximos às plantações, enquanto os satélites , por sua natureza, estão bem acima.

	SATÉLITE	DRONE
CUSTO	Alto, por uso	Baixo custo do drone
VELOCIDADE	espere pelo satélite	Implantar no comando
RESOLUÇÃO TEMPORÁRIA	Fora do prazo	atualizado
RESOLUÇÃO ESPACIAL	resolução de 25cm	Precisão em nível de centímetro com RTK
ÁREA DO MAPA	Ilimitado	3km² em um voo
MODELOS 3D E NUVENS DE PONTOS	Não	Sim

imagem de satélite , por mais avançada que seja a câmera em questão, continua saindo de órbita. Um drone voando sobre um campo oferece uma proximidade muito maior e, portanto, resolução de imagem. Além disso , quando um agricultor usa uma imagem de satélite, a imagem pode ter dias . Um drone pode fornecer informações mais atualizadas , permitindo uma precisão ainda maior sobre quais fertilizantes e pesticidas são necessários.

Quando equipados com sensores avançados, os drones podem fornecer imagens multiespectrais , dando aos usuários mais detalhes sobre o desempenho de uma cultura em particular . Essas câmeras capturam mais informações do que uma câmera padrão , mesmo na faixa do infravermelho próximo . Usando luz invisível a olho nu, essas câmeras podem ajudar os agricultores a criar mapas de seca mais precisos e realmente dar às plantações a atenção de que precisam.

Os mapas multiespectrais não são o único tipo de imagem aérea que é melhor quando tirada com um drone. Mapas padrão tirados em formatos vermelho-verde-azul (RGB) podem mostrar aos agricultores como o crescimento da colheita está progredindo . Para fins de agricultura de precisão, vale a pena tirar essas fotos por drones em vez de satélites . A resolução muito maior por pixel fornece uma imagem mais precisa e diferenciada da saúde da cultura, permitindo estratégias de agricultura de precisão mais personalizadas.

Pulverização e plantio de precisão do ar usando drones agrícolas

Os drones podem servir como o proverbial "olho no céu" para os agricultores, mas também podem estar mais diretamente envolvidos na agricultura de precisão. A capacidade de um drone de seguir um plano de voo cuidadoso sobre um campo também permite que ele execute tarefas de plantio ou pulverização. Alguns sistemas de espalhamento versáteis podem servir a várias funções, permitindo que os agricultores semeiem seus campos, replantem gramíneas ou espalhem produtos químicos em áreas escolhidas com precisão .

Os drones de hoje são notavelmente versáteis e eficientes do ponto de vista de energia. Por exemplo, um drone de pulverização movido a bateria pode receber uma carga completa em minutos em vez de horas, permitindo que os agricultores obtenham mais tempo de atividade desses ativos ao longo de um dia . Executar drones de pulverização e semeadura 24 horas por dia pode efetivamente adicionar mais horas úteis , e o esforço manual necessário para operar essas aeronaves é notavelmente baixo.

O uso de drones na aplicação precisa de produtos químicos, como pesticidas, é um avanço importante para o futuro da agricultura. O uso de quantidades menores desses agentes, onde são mais necessários , pode apoiar a conformidade com os regulamentos que exigem a redução de pesticidas.

Em áreas onde os regulamentos permitem que os drones operem além da linha de visão (BVLOS), os drones de pulverização podem ser especialmente eficazes . A implantação de uma frota de drones para cobrir grandes áreas com sementes ou agentes químicos pode ser um caso de uso poderoso no futuro próximo na agricultura, já que as autoridades da aviação consideram o futuro da operação de veículos .

Que sistemas de drones os agricultores experientes em tecnologia devem procurar ?

Quando chega a hora de implantar drones como parte de uma operação agrícola , seja um único veículo ou uma frota inteira, é importante que os agricultores selecionem equipamentos de agricultura de precisão de alta qualidade que atendam às suas necessidades. No passado, os drones podem ter ficado aquém das expectativas dos usuários, já que os primeiros modelos tinham pouca automação e faltavam os recursos do sensor para realmente fornecer aos agricultores os dados necessários para a agricultura .

Os últimos anos mudaram o status quo da tecnologia de agricultura de precisão para melhor, com novos modelos de drones e cargas úteis de fabricantes de equipamentos projetados tendo em mente casos específicos de uso agrícola . A seguir estão apenas algumas das configurações de hardware que podem trazer métodos futurísticos de agricultura de precisão para o presente .

Drones de imagem multiespectral – *O uso de um drone como o* P4 Multispectral permite que os agricultores obtenham uma visão aérea precisa , indo além do espectro visível. Este drone captura simultaneamente imagens RGB padrão e um Índice de Vegetação por Diferença Normalizada (NDVI) para fornecer informações acionáveis sobre determinadas áreas de um campo . Sua câmera suporta precisão em nível de centímetro , e o drone pode ser programado e posicionado mesmo em áreas sem fortes conexões de internet usando estações móveis de geoposicionamento .

Drones de pulverização – *Um drone de pulverização eficaz segue as informações coletadas por um* drone de imagem , usando sua perspectiva aérea para aplicar agentes químicos em campos com precisão e alto grau de automação. Drones desenvolvidos especificamente para a agricultura, como o Agras T30, são capazes de realizar voos autônomos nos mais diversos ambientes agrícolas , navegando via radar omnidirecional . Além de software eficiente e sistemas de voo confiáveis, esses drones apresentam sistemas otimizados de pulverização e espalhamento para aplicação química precisa ou até mesmo distribuição de sementes.

Pacotes de software de GPS – Embora seja natural pensar em hardware e cargas úteis ao projetar uma estratégia de agricultura de precisão baseada em drones, há um lado menos glamoroso, mas tão essencial para essas operações: as ferramentas de software que orquestram os dados e ajudam os agricultores a colocá-los em prática . vestir. Por exemplo, um sistema de informações geográficas (GIS), como o software de mapeamento DJI Terra, pode montar modelos de campo 2D e 3D precisos. Quando sobreposto com um índice de vegetação NDVI , os agricultores podem criar mapas de prescrição para operação automatizada de drones de pulverização.

Plataformas de software de gerenciamento de tarefas – O

uso de sistemas confiáveis de gerenciamento de tarefas e gerenciamento de dispositivos é essencial para operadores de drones de agricultura de precisão. Ao usar uma plataforma de software projetada para agricultura, os agricultores podem obter mais valor de suas operações com drones imediatamente, usando fluxos de trabalho projetados com suas necessidades em mente, em vez de ter que personalizar a funcionalidade. O gerenciamento de dispositivos não é apenas um pilar da agricultura de precisão hoje, mas também se tornará um dos pilares de operações mais automatizadas que virão quando mais operadores de drones puderem trabalhar com o BVLOS.

Qual é o futuro dos drones como tecnologia de agricultura de precisão ?

Tal como acontece com muitos usos para drones, como entrega de longa distância, uma das principais barreiras para aumentar as operações agrícolas é regulatória, não técnica . Os drones têm a capacidade de hardware e software para operar o BVLOS, portanto, um relaxamento das regras da aviação pode permitir que os agricultores cubram mais áreas automaticamente .

A história é semelhante para outras táticas como o enxame, que é a operação de vários veículos por um único operador. Normalmente, as isenções são concedidas para que as operadoras usem esse recurso em uma única área . No entanto, de acordo com o Commercial Drone Professional, a maré pode estar mudando. Um operador recebeu a capacidade de usar formações de spray de três drones em qualquer lugar nos Estados Unidos continentais. A empresa vê isso como uma oportunidade de resolver a escassez de mão de obra ajudando cada operador a cobrir mais área por hora do que antes.

À medida que os drones se tornam mais comuns em ambientes agrícolas , eles podem assumir muitas tarefas para ajudar os agricultores a otimizar a maneira como gerenciam suas plantações e muito mais . Mesmo antes do início do plantio, os agricultores podem gerar mapas de contorno 3D via GIS , permitindo que eles localizem as plantações de forma mais estratégica . Um passe de drone de imagem pode ajudar um agricultor a criar estimativas de rendimento da colheita para fins de seguro, além de avaliar a irrigação e o status de umidade do solo de cada parte do campo.

Agricultores com gado pastando podem até rastrear a posição de seus rebanhos usando câmeras baseadas em drones . Ao encontrar mais usos para drones na propriedade, esses proprietários podem recuperar rapidamente seu investimento na adoção da tecnologia de agricultura de precisão . Quer uma fazenda esteja fortemente focada em uma cultura ou em diversas operações, um drone é uma peça de tecnologia potencialmente útil .

Nos últimos anos, houve uma rápida evolução nas características práticas dos drones que têm o potencial de revolucionar a agricultura de precisão . O progresso regulatório contínuo e a adoção mais ampla de novas tecnologias , incluindo drones, trarão eficiência e valor para um número crescente de fazendas – a transformação já começou .

EPÍLOGO

Este foi o ato final do primeiro plano quinquenal do Señor Hornero (CE-VANT 8), um grande e merecido encerramento, onde tudo o que se aprendeu em 5 anos se reflete no papel e pode iniciar outra conversa, outro diálogo com o futuro e o presente pilotos, agentes da indústria ou a ela relacionados.
Desta forma e com este ato final, seguimos firmes na busca por um espaço aéreo seguro, legal e profissional; é claro que essa busca continuará, e acreditamos que é importante ter bons alicerces sólidos para poder avançar com todas as novas regulamentações e tecnologias que estão surgindo.
A viagem foi apreciada, com altos e baixos, pois um serviço de drone não é apenas pilotar um drone, mas também ser capaz de compreender o contexto, as necessidades específicas de cada pessoa e os requisitos técnicos e humanos de cada trabalho.

Isto está longe de ser um fim, é o fecho de uma etapa para iniciar uma nova, com novos objectivos e continuando com a firme convicção e crença de que o espaço aéreo... construímos juntos.